KB167705

슈퍼카
supercar

저자 | **리처드 니콜스(Richard Nicholls)**

영국과 미국에서 자동차 잡지 편집인이자 사진가, 작가로 활약해 왔으며 현재 영국 링컨셔(Lincoln-shire)에 머물고 있다. 다수의 드래그 레이싱과 서킷 레이싱 대회에 출전했고 관련 대회를 조직하기도 했으며 자신이 개조한 경주용 차로 콜렉션을 이룰 정도의 마니아이며 슈퍼카 분야의 세계적인 전문가이다.

역자 | **하지민**

연세대학교를 졸업했다. 캠핑·스키·자동차 마니아다.

Pocket Guide

SUPERCARS : 300 TOP PERFORMANCE MACHINES

Copyright © 2002 Amber Books Ltd.

This edition arranged with AMBER BOOKS LTD.,
2018 Human and Books Publishing Company
All rights reserved.

전설로 기록된 300대의 역대 슈퍼카들

슈퍼카
supercar

리처드 니콜스(Richard Nicholls) 저 | 하지민 옮김

Human & Books

*일러두기

- 본문은 한글 표기를 원칙으로 하되, 원문 확인이 필요할 경우 영어와 한글을 병기했다.
- 가급적 한글 용어를 사용하였으나, 널리 통용되는 영어식 표기는 그대로 사용했다.
- 추가 설명이 필요한 전문 용어는 괄호 안에 간단한 해설을 덧붙여 병기했으며 '편집자 주' 같은 별도 문구는 삽입하지 않았다.
- 게재 순서가 제작사별로 구분되어 있지만 차종별로 연관성을 찾아볼 수 있도록 권말에 색인을 마련했다.

슈퍼카
SUPERCAR　전설로 기록된 300대의 역대 슈퍼카들

리처드 니콜스(Richard Nicholls) 지음
하지민 옮김

초판 발행 ┃ 2018. 12. 1.

발행처 ┃ **Human & Books**
발행인 ┃ 하응백
출판등록 ┃ 2002년 6월 5일 제2002-113호
서울특별시 종로구 삼일대로 457 1409호(경운동, 수운회관)
기획 홍보부 ┃ 02-6327-3535, 편집부 ┃ 02-6327-3537, 팩시밀리 ┃ 02-6327-5353
이메일 ┃ hbooks@empas.com

ISBN 978-89-6078-678-3 (03690)

목차

서문

칼 벤츠(Carl Benz)는 그의 첫 사륜구동 자동차, '빅토리아(Victoria)'를 1893년 만들었다. 그리고 이듬해 1894년 '벤츠 벨로'를 생산하기 시작했다. 칼 벤츠는 그의 '벤츠 벨로(Benz Velo)'를 타고 역사상 최초의 자동차 레이스에 참가했다. 프랑스 파리에서 루앙에 이르는 120km 레이스 이후에, 자동차 매니아들은 차량을 고성능으로 튜닝하는 작업에 흥미를 가지기 시작했다.

20세기 초, 자동차 제조사와 자동차 매니아들이 그들의 자존심과 명예를 위해 경쟁하면서 레이싱은 점점 인기가 많아졌다. 당시 레이싱에서 승리하는 것은 자동차의 판매량을 비약적으로 끌어올릴 수 있는 방법이었다. 또한 슈퍼카는 대중들의 상상력을 자극했으며, 대중들을 환호하게 했다. 고성능 차량이라는 명함을 내밀기 위해서는, 19세기 이전엔 최고속도가 시속 80~100km 정도면 충분했다. 하지만 20세기 초반 그랑프리 레이싱을 거치며 시속 130~160km까지 기준이 올라갔고, 이후 최고속도 경신을 위한 차량 튜닝이 발전하면서, 불과 20여년만에 최고속도의 기록은 시속 320km까지 경신되었다. 자동차 제조사들은 계속해서 공도용 또는 트랙용 튜닝 차량을 선보였다.

에이시(AC) 에이스(Ace)는 원래 포드 제프리(Ford Zephry')의 직렬 6기통 엔진을 장착하고 있었지만, 캐롤 쉘비(Carroll Shelby)가 에이스의 심장을 포드의 4.8리터 V8엔진으로 교체한 뒤, 숨이 멎을만큼 빠른 2인승 로드스터가 되었다.

그러나 세계 1차대전 이후 유가가 고공행진을 하자, 스포츠카 산업에도 제동이 걸렸다. 1920년대 많은 고성능 머신들이 출시되었지만, 오직 부유한 사람들만이 소유할 수 있었다. 또한 1930년대 초 대공황의 여파로 자동차 산업 자체가 침체기를 겪게 되었다. 그러나 포드는 침체기를 버텨내며 1934년 최초로 V8엔진을 장착한 차량을 대량생산하며 대중에게 선보였다.

2차 세계대전 이후

2차 세계대전을 치루면서 유럽과 미국 모두 자동차 생산 공장이 전쟁 물자를 생산하는 기지로 이용되었지만, 전쟁이 끝난 뒤 경제가 다시 이전과 같은 수준으로 회복되면서 다시 공장에서는 자동차가 생산되기 시작했다. 양산차량에 적용한 최초의 V8엔진인 포드의 플랫헤드(Flathead, 1934년)엔진은 고성능 차량에 오랜 기간동안 사용되었는데, 플렛헤드 엔진의 가격이 저렴하고 토크가 좋았기 때문이다. 영국의 '알라드(Allard)'사는 1946년 J1 머신에 플렛헤드 엔진을 개조하여 장착했는데, 0-100km/h를 10초 이내에 돌파했으며, 최고속도는 시속 160km를 기록했다. 후기형 J2는 크라이슬러(Chrysler), 캐딜락(Cadillac), 또는 올스모빌(Oldsmobile)에서 생산한 미국 머슬카의 V8엔진을 가져왔는데, 엔진 성능이 매우 강력해서 최고속도 시속 193km를 자랑하는 그 유명한 1948년 재규어(Jaguar) XK120 로드스터 처럼 먼지바람을 일으키면서 달릴 수 있었다.

1950년대 세계 경제가 호황을 맞이하면서 많은 자동차 제조사들이 미국산 파워트레인을 사용했다. 미국인들은 거대하고 요란한 차를 좋아했고, V8엔진의 넉넉한 토크를 사랑했다. 이는 1950~1960년대 많은 자동차 제조사들이 참가한 '출력 전쟁'이 시작된 계기가 되었다. 크라이슬러는 1951년 새로운 반구형 연소실을 가진 V8 엔진인 '헤미엔진'을 선보이며 고출력 전쟁의 시작을 알렸다 (이전까지의 8기통 엔진은 대부분 직렬 8기통이었다). 반구형 연소실을 가진 엔진은 이전까지는 레이싱 머신에만 사용되었는데 크라이슬러는 이를 양산차에 처음으로 적용하였다. 당시 크라이슬러의 헤미엔진은 생산 단가가 과도하게 비싸서, 1951년까지 헤미엔진을 장착한 차량이 8만7000대밖에 판매되지 못하였다. 이와 대조적으로, 1955년 쉐보레(Chevolet)에서 4.3리터 쉐비 V8을 출시했는데, 특히 미국 젊은 층에게 인기가 대단했고 쉐비 V8엔진을 장착한 차량이 170만대나 판매되는 기록을 세웠다. 2년 뒤, 이 엔진은 기계식 퓨얼 인젝션 장치 (mechanical fuel injection)를 채택하고 배기량을 4.6리터로 늘렸다. 쉐보레는 새로워진 엔진의 배기량 대비 출력이 어마어마하다고 주장했으며, 쉐보레 세단에 신형 엔진을 장착하고 진행한 테스트로 그 주장을 증명해냈다.

머슬카 vs 이국적인 자동차

쉐보레(Chevolet)는 1960년대에도 계속해서 고성능 머신을 개발하며, '머슬카'로 알려진 크라이슬러(Chrysler) 닷지(Dodge) 등과 어깨를 나란히 하며 경쟁했다. 이 경쟁의 결과, 강력한 엔진을 상대적으로 가벼운 중형 사이즈의 세단 또는 쿠페에 적용시켜서 가속력을 더욱 향상시킨 차량이 등장하게 되었다. 닷지와 플리머스(Plymouth)는 헤미엔진을 계속해서 발전시켜서, 결국 6.9리터 425마력 엔진을 개발했다. 또한 이 엔진에 듀얼 카뷰레터를 장착해, 실제 출력이 550마력에 달하는 스트릿 헤미 엔진을 장착한 모델도 출시했다. 포드(Ford)는 나스카(미국의 레이싱 대회)에 헤미엔진을 장착한 닷지 데이토나(Daytona)와 플리머스 로드러너(Roadrunner)를 이기기 위해, 7리터 슈퍼 코브라 제트 토리노 톨데가스(Super Cobra Jet Torino Talledegas)를 출전시켰고, 승리를 따냈다. 1970년대 나스카 주최측에서 헤미엔진이 너무나 강력하다는 이유로 헤미엔진 탑재 차량의 출전을 금지시켰다는 점을 고려하면, 더욱 더 의미있는 승리였다.

반면, 쉐보레는 454마력을 내는 7.5리터 V8 '빅블락' 엔진을 개발하여 도로의 지배자가 되어가고 있었다. 자동차 매니아들에게 '쥐(Rat)'라는 별칭을 받은 이 엔진은, 400마력을 넘는 쉐보레 엔진 라인업 중에서도 최상위 엔진이었지만, 카마로(Camaro)와 콜벳(Corvette)에 사용된 6.9리터 엔진을 뛰어넘는 성능을 자랑하지는 못했다. 사실 1950년대 말부터 1960년대 초까지, 콜벳은 세계에서 가장 빠른 스포츠카였으며, 재규어(Jaguar)와 페라리(Ferrari)등 유럽산 스포츠카를 압도했다.

1930년대 알파로메오(Alfa Romeo)의 레이싱 드라이버와 팀 매니저 출신인 엔조 페라리(Enzo Ferrari)는, 1940년대 처음으로 공도용 자동차를 생산하기 시작했다. 그가 생산한 머신들은 디자인과 퍼포먼스 면에서 최고였으나, 가격도 매우 비쌌다. 당시 페라리의 자동차는 디자인이 매우 매혹적이고 속도도 빠르다

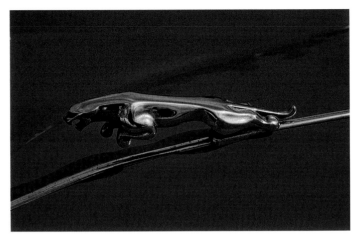

1933년 설립된 리처드 라이온즈의 'SS Car'는 1945년부터 재규어로 사명을 바꿨고 많은 위기를 버텨왔지만, 현재는 포드에 인수되었으며 향후 미래가 밝다.(역주: 재규어는 1989년 포드에 인수되었으며, 2008년 다시 인도의 타타자동차로 인수되었다.)

는 평판을 얻었는데, 또한 스털링 모스(Stirling Moss), 후안 마누엘 판지오(Juan Manuel Fangio)를 앞세워 르망, 그랑프리에서 우승컵을 들어올리기도 했다. 페라리가 많은 레이싱 우승컵을 차지하긴 했지만, 유럽에서 독주체제를 갖춘 것은 아니었다. 마세라티(Maserati)와 람보르기니(Lamborghini)가 페라리의 강력한 대항마였으며, 특히 마세라티는 최고속도 시속 274km를 자랑하는 5000GT와 보라(Bora)를 1971년 출시하며 페라리와 경쟁하기도 했다. 그러나 실제로 페라리와 호각지세를 이룬 회사는, 최초의 미드십 슈퍼카인 미우라(Miura)를 생산한(1966) 람보르기니였다. 페라리와 람보르기니는 이후 30년동안 강력한 경쟁자로 남았다. 30년 동안 페라리는 다이노(Dino), 데이토나(Daytona), 308을 선보였고, 람보르기니는 카운타크(Countach) LP400, LP500으로 페라리에 맞섰다.

포르쉐는 박스터를 통해 대중들이 포르쉐에 더 쉽게 다가갈 수 있는 계기가 될 것이라 기대했고, 5만3천 달러의 시작가는 사람들을 놀라게 했다. 박스터는 1997년 출시 이래로 큰 성공을 누려왔다.

포르쉐(Porsche)는 1948년 356을 출시하며 레이스 경쟁에 도전장을 내밀었으나, 폭스바겐을 기반으로 만들어진 356은 경쟁에서 승리할 만큼 강력하지 않았다. 그러나 1960년대 초 356을 계량한 카레라(Carrera) 모델은 달랐다. 포르쉐의 모든 역량을 총동원하여 만들어진 6기통 수평대향 엔진을 장착한 카레라 911은 강력한 성능을 자랑했다. 포르쉐는 1963년 등장한 카레라 911의 전통적인 모습을 1980년대 후반까지 크게 바꾸지 않고 계승했다. 동력계통을 계속해서 발전시키긴 했지만 절대로 정체성을 잃지 않고, 자동차 팬들은 오랜 기간동안 흠잡을 수 없는 퀄리티에 찬사를 보냈으며, 리어엔진 슈퍼카를 운전하는 스릴을 즐겼다.

영국산 스포츠카

영국에서는 재규어(Jaguar)가 고성능 스포츠카의 대명사였다. 재규어는 고성능 머신을 바탕으로 레이싱에서 영광의 순간들을 이뤄왔다. 리처드 라이온스

(Richard Lions)가 1931년 SS라는 차량을 발표하면서 재규어 자동차의 첫걸음이 시작되었다. 제2차 세계대전이 끝난 1945년부터 사명을 현재의 재규어로 바꿨고, 사명 변경 이후 선보인 차량은 2인승 로드스터인 XK120였다. XK120은 최고속도 시속 192km를 자랑했으며, 유럽과 미국에서 모두 좋은 판매고를 기록했다. 재규어의 첫 번째 레이싱 경기 출전은 XK를 기반으로 한 C-타입이었으며, C-타입은 특별히 튜닝된 최고속도 시속 152km의 204마력 엔진을 장착하였고 1951년과 1952년 르망 우승컵을 들어올렸다. C-타입의 후속 모델은 D-타입이었으나, 62대 한정으로 제작되었다. 대중적으로 더 알려지고 성공을 거둔 모델은 1961년 E-타입이었다. 영국의 M1 고속도로에서 실시한 최고속도 테스트에서 시속 243km를 기록한 E-타입이 영국 모터쇼에서 공개되었을 때 반응은 열광적이었다. 재규어의 최고 걸작인 이 놀라운 스포츠카는 특히 부유하고 유명한 사람들에게, 반드시 소유해야 하는 머신으로 여겨졌다. E-타입 이후, 재규어는 스포츠 세단을 잘 만드는 회사로 평가받았다. 1975년 E-타입은 후속작 XJS로 대체되었는데, XJS도 E-타입처럼 고성능 머신으로 평가받았다. E-타입과 XJS로 이어지는 시기는 재규어의 전성기였다.

재규어 이외에도 영국에는 많은 스포츠카들이 있었지만, 재규어만큼 많은 차량을 생산한 제조사는 없었다. MG가 재규어 다음으로 큰 회사였으나, 대부분의 모델은 고성능과는 거리가 멀었다. 특히 1960년대~1970년대로 넘어가면서 더 실용적이고 빠른 차량들이 판매량을 빼앗아 가면서 이 현상은 더욱 더 심해졌다. MG B, GBT Mk2와 V8엔진을 장착한 몇몇 차량이 근근히 명맥을 이어갔다. 그러나 다행스럽게도, MG의 전통은 계속해서 남았고, 오스틴(Austin)이 세단과 해치백의 스포츠 버전에 MG의 전통을 계승하였으며, 1990년대 MGR V8과 MGF의 오마주를 선보이기도 했다.

트라이엄프(Triumph)는 MG와 비슷한 인기를 끌었지만, 1960년대와

람보르기니(Lamborghini) 디아블로(Diablo)는 충분히 널찍했고, 선구자인 카운타크(Countach)를 실내 공간과 사용자 편의성면에서 압도했다. 가격표가 6자리인 만큼, 천연 가죽으로 뒤덮인 실내는 기본이었다.

1970년대를 지나면서 점진적으로 쇠퇴했으며 1980년대 영국의 레일랜드(Ley-land)에 흡수되었다. 그러나 뛰어난 성능을 자랑했던 TR6와 V8엔진을 장착한 TR8은 트라이엄프의 전성기라 할 만 했다.

TVR은 1960년대 이후 영국 자동차 역사에서 특기할만 한 회사이다. 고성능 차량을 소량 생산하며, 주기적으로 업데이트를 해서 수익성을 유지하는 회사이다. 1990년대 TVR이 놀라운 성능의 슈퍼카를 저렴한 가격에 생산하면서, TVR이 특기할 만한 회사라는 사실은 명백해졌다.

일본 슈퍼카의 위협

전 세계가 화려하고 현란하고 강력한 슈퍼카를 개발하는데 역량을 쏟고 있을

워크렛(Walklett) 형제가 1950년대 말 설립한 기네타(Ginetta)는 편의 장비는 없지만 스릴을 주는 차를 생산하며 살아남았다.

시기에, 일본은 세계 자동차 시장에서 브랜드를 각인시키기 위한 노력을 하고 있었다. 토요타(Toyota)는 1930년대 설립되었지만, 1960년대가 되어서야 영향력을 쌓기 시작했으며, 1970년에 비로소 셀리카(Celica)로 미국과 영국 스포츠카 시장에 진출했다. 짧은 역사에도 불구하고, 토요타는 셀리카의 높은 완성도와 아름다운 쿠페형 디자인으로 세계를 놀라게 했다. 셀리카의 성공은 미드엔진을 장착한 MR2와 강력한 수프라(Supra) 쿠페의 출시로 이어졌다.

닛산(Nissan)은 토요타와 경쟁했는데, 토요타 비슷한 자동차를 출시하며 경쟁했다. 그 중 큰 성공을 거둔 차는 그 유명한 240Z였다. 240Z는 단종 이후에 한참 시간이 지난 1990년대에 미국에서 한정판이 다시 제작될 정도로 큰 인기를 끌었다. 240Z의 성공을 바탕으로 닛산은 1980년대 실비아(Silvia) 터보와 300ZX 터보를 출시했다. 실비아 터보는 고성능 머신 중에서도 매우 비싼 편에 속했으며, 300ZX터보는 저렴한 가격으로 접할 수 있는 스포츠카였다. 닛산은 두 차량을 통해 터보차저 기술을 계속해서 발전시켜 나갔으며, 1990년대 한정생산된 GTiR 해치백 랠리카와, 슈퍼카 세계에서 인정을 받게 해준 스카이라인(Skyline) GTR을 출시했다.

미쓰비시(Mitsubishi)는 비록 이 책에서 한 문장으로만 다뤄지지만, 크게 뒤쳐지는 회사는 아니다. 1990년대 생산된 FTO, 이클립스(Eclipse) 스파이더, 랜서 에보(Lancer Evo)는 파워풀한 머신을 찾는 사람에게 좋은 선택지였다.

이 책에서 나는 운전의 열정을 자극시키는 크로스오버 차량을 다루기 희망했었다. 그러나 이 책에 있는 모든 차는 '슈퍼카'라는 이름을 붙일 수 있는 성능을 가졌는가라는 기준으로 선정되었다. 가끔은 디자인이라는 요소가 조금 개입되긴 했지만, 주된 선정 기준은 성능이다. 성능이야말로 슈퍼카를 정의하는 본질이기 때문이다.

에이시(AC) 에이스(Ace)

포드 V8엔진을 품은 영국산 2인승 로드스터

1997년 신차 출시를 앞두고 에이시(AC)는 차명을 무엇으로 할지 오랜 회의를 거쳤다. 회의 끝에 결정된 이름은 '에이스(Ace)'였다. 1991년 인터네셔널 오토모티브 디자인(International Automotive Design)에서 에이스를 디자인했으며, 시제품에는 코스워스(Cosworth)의 4기통 터보 엔진이 장착되었다. 양산차에는 포드의 V6엔진을 계량한 심장을 얹었지만, 에이스의 판매량은 신통치 않아서 고작 48대만이 판매된 뒤 에이시는 법정관리에 들어갔다. 이후 프라이드 자동차 그룹(Pride Automotive Group)이 에이시를 인수했고, 디자인을 좀 더 부드럽게 가다듬은 후 에이스를 재출시했다. 차체는 알루미늄으로 빚었으며, 차체 강성을 높이기 위해 스테인리스 스틸을 사용했다. 앞뒤 서스펜션은 모두 더블위시본을 채택했으며, 10인치 브레이크 디스크와 17인치 알로이 휠을 장착했다. 본넷 아래에는 시퀀셜 퓨얼 인젝션과 슈퍼차저를 장착한 머스탱의 V8 엔진을 장착했다.

최고속도	264km/h
0-96km/h	5.5초
엔진 형태	V8
배기량	4,942cc
변속기	5단 수동
최고출력	340마력(@5,700rpm)
토크	52kg·m(@3,500rpm)
공차중량	1,515kg
연비	6km/l

에이시(AC) 코브라(Cobra) 289

압도적 가속력을 뽐낸 경량 로드스터

에이시(AC) 코브라 289는 수많은 레플리카를 양산했으며, 캐롤 쉘비(Carroll Shelby)가 레플리카 제작의 시작이었다. 1961년 쉘비는 당시 6기통 에이시 에이스(Ace)를 생산하고 있던 허록(Hurlock) 형제에게 접근해서, 포드의 작고 가벼운 V8엔진을 이 차에 장착하도록 설득했다. 에이시는 이 참에 포드 엔진을 장착한 코브라를 양산하게 된다(1962). 초기형 모델엔 쉘비가 4.3리터 심장을 이식했으나, 75대만이 판매되었다. 1963년 쉘비는 엔진을 다시 4.7리터로 V8으로 교체하였으며, 랙앤피니언 스티어링을 장착했다. 그 결과 탄생한 경량 로드스터는 놀라웠다. 코브라는 1960년대에 가속력이 가장 빠른 차였다. 하지만 트윈 튜브식 섀시는 강성이 부족하다는 평가를 받았다. 서스펜션은 독립형 더블 위쉬본이었으며 커다란 브레이크 디스크를 사용했다. 내부는 텅텅 비어있다고 표현해도 무방할 정도로 편의장치가 없었다. 하지만 그 덕분에 1톤 미만의 공차중량을 유지할 수 있었으며 시속 160km까지 가속하는데 14초면 충분했다.

최고속도	224km/h
0-96km/h	5.5초
엔진 형태	V8
배기량	4,735cc
변속기	4단 수동
최고출력	271마력(@5,750rpm)
토크	52kg·m(@4,500rpm)
공차중량	920kg
연비	5.3km/l

에이시(AC) 코브라 MK IV

뛰어난 주행 성능을 자랑한 영국산 로드스터

1962년 쉘비가 에이시(AC) 코브라(Cobra)를 생산하기 위해 다듬은 에이시 에이스(Ace)는 전형적 머슬카였다. 1980년대 중반 서레이(Surrey)에서 생산된 AC 차량들은 코브라의 초창기 모델 중 현대적 버전인 MK IV를 모방했다. 여전히 머스탱의 V8 엔진을 사용했으나, 3세대 머스탱 5리터 엔진의 퓨얼 인젝션을 도입했으며, 차체 무게를 감량하기 위해 가벼운 엔진 블락을 사용했다. MK IV의 수동변속기는 매우 효율적이어서 에이스와 거의 동일한 가속력을 자랑하면서도 연료 효율은 더 좋아졌다. 서스펜션은 앞뒤 모두 더블 위시본이며, 11인치 브레이크 디스크를 사용해서 제동력도 우수했다. 하지만 실내는 몇 개의 필수적인 아날로그 다이얼을 제외하곤 전작과 비교해서 달라진 것이 없었다.

최고속도	216km/h
0-96km/h	5.3초
엔진 형태	V8
배기량	4,942cc
변속기	5단 수동
최고출력	225마력(@4,200rpm)
토크	40.5kg·m(@3,200rpm)
공차중량	1,122kg
연비	6km/l

에이시(AC) 슈퍼블로워(Superblower)

강력한 파워, 우수한 핸들링을 갖춘 영국산 2인승 로드스터

슈퍼블로워(Superblower)는 1960년대 초 캐롤 쉘비 작품을 재창조한 작품이다. 다만 좀 더 강력하게 재창조했다. 전작과 마찬가지로, 슈퍼블로워는 수제로 제작되었으며, 섀시도 트윈 라운드 튜브를 사용했다. 앞뒤 서스펜션 모두 더블위시본을 채택했고, 위시본의 앞뒤 길이가 달라서 조향이 우수했으며, 거대한 브레이크 디스크를 장착했다. 그러나 많은 사람들은 슈퍼블로워의 어마어마한 힘에 관심이 있었다. 코브라(Cobra)처럼 엔진은 머스탱 V8엔진을 가져왔으나, 이번엔 1987-1995 머스탱에 사용된 5리터 엔진이었다. 배기량만 업그레이드한 것이 아니라, 원래 강력했던 5.0 엔진(225마력, 40.5kg·m토크)에 포드 SVT에서 개발한 원심 송풍기(Centrifugal Blower)를 장착해서 파워를 끌어올렸다. 차체는 알루미늄 합금으로, 역시 수제로 작업했으며, 실내는 원작의 대쉬보드를 현대적으로 해석했다.

최고속도	248km/h
0-96km/h	4.2초
엔진 형태	V8
배기량	4,942cc
변속기	5단 수동
최고출력	355마력(@5,700rpm)
토크	52kg·m(@3,750rpm)
공차중량	1,163kg
연비	20km/l

어큐라(Acura) 인테그라 타입 R(Integra Type R)

혼다가 자랑하는 VTEC 기술이 집대성된 전륜구동 스포츠카

인테그라(Integra) 타입 R의 출시는 1997년이었지만, 그 뿌리는 몇 년 전으로 거슬러 올라간다. 1994년 혼다(Honda)는 AWD방식의 인테그라 프로토타입을 공개했지만, 무거운 무게와 비싼 비용 때문에 실제로 양산에는 실패했다. 그러나 계속해서 경량화에 집중했고, 전륜구동 방식의 인테그라를 개발해 F1에서 얻은 기술을 바탕으로 시험에 들어갔다. 1.8리터 엔진은 다양한 혼다의 VTEC 기술이 집대성되었다. 높은 압축비(11.1)를 견딜 수 있는 저마찰 피스톤, 효율성을 높인 흡배기 장치 등 다양한 기술이 사용되었다. 차체의 강성도 뛰어났으며, 서스펜션도 개량해서 앞은 맥퍼슨 스트럿을 채택했다. 또한 리미티드 스립 디퍼렌셜(LSD)이 장착되어 전륜구동 차 중 가장 뛰어난 핸들링을 자랑했다.

최고속도	228km/h
0~96km/h	6.7초
엔진 형태	직렬 4기통
배기량	1,797
변속기	5단
최고출력	195마력(@8,000rpm)
토크	17.6kg·m(@3,750rpm)
공차중량	1,103kg
연비	10km/l

알파로메오(Alfa Romeo) 1750 GTV

아름다운 디자인을 뽐내는 알파로메오의 고성능 스포츠카

알파로메오(Alfa Romeo) 1750GTV는 줄리아(Julia) 패밀리 카(이탈리아의 자동차 디자이너 조르제토 주지아로가 디자인한 세단, 스파이더 모델) 중 하나로, 1936년 데뷔한 빠르면서도 아주 아름다운 쿠페 모델이다. GTV(GT Veloce)는 다른 모델과 부품을 공유하는 고성능 버전이었다. 독립형 더블 위시본 서스펜션과 안티 롤 바를 사용했으며, 약간의 언더스티어 성향을 가졌지만 완벽한 핸들링을 자랑했다. 알루미늄으로 제작된 트윈-오버헤드 엔진은 커다란 밸브를 사용했으며, 배기 시스템을 손봐서 파워를 증가시켰다. 1.6리터의 배기량으로 시작했지만, 1967년 배기량이 1.7리터로 늘어났으며, 1971년엔 1.9리터까지 배기량이 증가했고, 이에 따라 출력도 높아졌다.

최고속도	185km/h
0-96km/h	9.3초
엔진 형태	직렬 4기통
배기량	1,779
변속기	5단 수동
최고출력	132마력(@5,500rpm)
토크	18.5kg·m(@2,900rpm)
공차중량	1,018kg
연비	13km/l

알파로메오(Alfa Romeo) GTV6

뛰어난 주행능력과 시대를 앞서간 디자인을 가진 알파로메오의 패스트백

조르제토 주지아로(Giorgetto Giugiaro)가 디자인한 GTV는 낮은 프론트 노즈, 날카로운 앞유리, 그리고 깎아지르는 듯한 패스트백 스타일을 지닌 아주 매력적인 자동차이다. 1970년 중반에 출시되었나는 점을 감안 할 때, 시대를 앞서는 디자인이있다. 출시 시점에는 2리터 엔진으로 시작했으나, 1981년 GTV6가 라인업에 추가되었다. 이듬해부터 4년 연속으로 GTV6는 '유럽에서 가장 뛰어난 투어링 카'라는 찬사를 받았는데, 5년 연속으로 받지 못한 이유는 5년째에 이 차가 단종되었기 때문이다. 1972년 알페타를 기반으로 한 GTV6는, GT카 성향에 맞추기 위해 휠베이스를 102mm정도 줄였다. 엔진은 1979년형 알파로메오의 식스(six) 세단에 사용되었으며, 이 엔진은 1980년대 널리 사용되었다. 특수 합금으로 제작된 엔진은 보쉬의 멀티포인트 인젝션 방식을 채택했으며, 토크의 분배가 완벽해서 운전의 재미를 극대화시켰다. 특히 고 rpm 구간에서 V6엔진이 쏟아내는 배기음이 압권이었다. 기어박스가 후면을 향해 있는 구조로, 앞뒤 무게배분도 완벽에 가까웠다.

최고속도	211km/h
0-96km/h	8.8초
엔진 형태	V6
배기량	2,492
변속기	5단 수동
최고출력	154마력(@5,500rpm)
토크	30.4kg·m(@3,200rpm)
공차중량	1,291kg
연비	11km/l

알파로메오(Alfa Romeo) 스파이더(Spider)

아름다운 이탈리안 클래식 디자인을 한 알파로메오의 2인승 로드스터

스파이더의 날카로운 디자인은 그 유래가 1989년 출시된 SZ까지 올라간다. 또한 1991년 제네바 모터쇼에서 선보인 컨셉트카 프로테오(Proteo)와도 디자인에 연관성이 있다. 스파이더는 1994년 공개되었는데, 오랜 시간동안 기다릴만한 보람이 있는 차였다. 차체를 타고 흐르는 측면 캐릭터 라인과, 트윈 헤드램프가 잘 조화된 아름다운 그릴 덕분에, 스파이더는 이탈리안 클래식의 진수로 평가받았다. 보통의 알파로메오 스포츠카와 달리 전륜구동이었지만, 앞에는 맥퍼슨 스트럿 서스펜션, 뒤에는 멀티링크 서스펜션을 장착해 파워를 효과적으로 사용했다(이전 모델은 더블위시본과 리지드 액슬 서스펜션을 사용했다). 트윈 점화 플러그가 사용된 16밸브 엔진은 7000rpm 레드라인까지 부드럽게 파워를 뿜어냈다.

최고속도	208km/h
0-96km/h	8.9초
엔진 형태	직렬4기통
배기량	1,970
변속기	5단 수동
최고출력	150마력(@6,200rpm)
토크	18.5kg·m(@4,000rpm)
공차중량	1,373kg
연비	9.5km/l

알파로메오(Alfa Romeo) SZ

완벽한 무게배분을 자랑한 알파로메오의 한정판 고성능 스포츠카

알파로메오는 1989년, SZ를 통해 스포츠카의 영역으로 진입하려고 했고, 많은 이들은 생각보다 늦은 시기라고 판단했다. 그러나, SZ의 엄청난 핸들링 실력과 한번 잡으면 결코 놓지 않는 그립감은 이러한 걱정이 기우라는 것을 증명해 보였다. 놀랄만한 성능의 비밀은 바로 변속기의 위치였다. 뒤쪽에 장착된 변속기 덕분에 완벽한 무게 배분에 성공했다. 알파 75 세단에 기반을 둔 SZ는 강철 프레임을 사용해서 섀시를 조립했기 때문에 강성이 매우 높았으며, 믿음직스러웠다. 알루미늄으로 제작된 V6 엔진은 210마력의 힘을 쏟아냈으며, 각각의 실린더에서 포효하는 소리를 냈다. 앞 서스펜션은 토션바 방식을 사용했고 알파로메오의 차 중 가장 완벽한 코너링 실력을 뽐낸 차량으로 기억될 것이다. 1000대 미만이 판매된 탓에 SZ는 도로에서 쉽게 보기 힘든 차 중 하나지만, 만약 본다면 모든 이의 이목을 끌 만큼 매력적이다.

최고속도	245km/h
0-96km/h	7.2초
엔진 형태	V6
배기량	2,959
변속기	5단 수동
최고출력	210마력(@6,200rpm)
토크	24.4kg·m(@4,500rpm)
공차중량	1,263kg
연비	7km/l

알라드(ALLARD) J2

미국산 V8엔진을 장착한 경량 로드스터

J2는 시드니 알라드(Sidney Allard)가 만들면 미국산 V8를 가벼운 로드스터에 장착했을 때 얼마나 효율적이고 파워풀한지를 증명해 보인 머신이다. 그는 아둔(Ardun)에 의해 계량된 4.3리터 머큐리(Mercury) V8 엔진을 선택했다. 그러나 미국으로부터의 엔진 수급이 원활하지 못해서, 결국 캐딜락 V8 또는 5.4리터 크라이슬러 헤미엔진을 사용하게 되었다. J2는 경량 로드스터였는데, 섀시의 강성이 충분히 확보되지 않아서 핸들링이 좋지 않았다. 또한 다른 단점은 앞축이 분리되어 있었다는 점인데, 이는 단단한 뒷 축으로 보완했다. 이 차는 서킷에서 매우 빨랐고, 커다란 스티어링 휠과 넓은 페달, 그리고 직선에서만 도움이 되는 이상한 기어쉬프트를 가지고 있었다. 후기형 J2X는 차체의 앞부분이 더 길어졌으며, 서스펜션이 향상되어 좀 더 좋은 머신이 되었다.

최고속도	176km/h
0-96km/h	8.0초
엔진 형태	V8
배기량	4,375
변속기	3단 수동
최고출력	140마력(@6,200rpm)
토크	30.4kg·m(@4,500rpm)
공차중량	942kg
연비	5km/l

에이엠(AM) 제네럴 허머(General Hummer)

걸프전을 주름잡은 미 육군의 전술형 자동차로, 민수용으로도 큰 인기를 끌었다.

고기동성 다목적 차량(High Mobility Multipurpose Wheeled Vehicle, HMMWV), 또는 널리 알려진 대로 험비는 11개월간의 네바다 사막에서의 혹독한 테스트를 거쳐 1980년 출시되었다. 험비의 성능에 매료된 미 육군은 1983년 5만5000대의 험비를 주문하기도 했다. 험비가 대중에게도 인기를 끈 것은 1993년 걸프전 이후였다. 험비는 스몰블럭 쉐보레 가솔린 엔진을 장착하고 대중에게 판매되었다. 1994년에는 심장을 GM의 6.4리터 V8 터보 디젤 엔진으로 교체하고 막강한 토크를 쏟아냈다. 험비는 애초에 군용으로 이용될 것을 염두에 두고 설계되었기 때문에 중량이 매우 무거웠고, 사다리 형태의 섀시가 많이 사용되었다. 거친 노면을 이겨낼 수 있는 독립적인 서스펜션이 장착되었으며, 당연히 4륜 구동이 탑재되었다. 또한 2-스피드 트랜스퍼 케이스, 센터 디퍼렌셜과 4단 자동변속기를 사용했다.

최고속도	140km/h
0-96km/h	17.3초
엔진 형태	V8 디젤
배기량	6,472
변속기	4단 자동
최고출력	195마력(@3,400rpm)
토크	58.1kg·m(@1,700rpm)
공차중량	3,009kg
연비	4km/l

에이엠시(AMC) AMX

세계 최고 속도 기록을 세운 2인승 미국 머슬카

1968년 AMX는 기본적으로는 재플린(1957 포드 T-버드부터 이어진 미국의 2인승 스포츠카)의 숏바디 버전이다. AMX는 '실험적인 미국 자동차(American Motors Experimental)의 약자이며, 기본형 모델은 4.8리터 V8엔진을 장착했다. 옵션으로 5.6리터 V8, 그리고 강력한 6.6리터 V8 엔진도 선택할 수 있었다. 미국의 레이싱 드라이버 크레이그 브리드러브(Craig Breedlove)가 6.6리터 AMX를 가지고 텍사스의 테스트 트랙에서 106번의 최고속도 세계기록을 세웠다(1968년 2월). 이를 기념하기 위해 AMC는 50대의 브리드러브 스페셜 에디션을 제작해서, 빨간색, 하얀색, 그리고 파란색 페인트로 도색함으로써 이 기록을 자축했다(4.75리터 엔진이 들어간 점은 옥의 티). 독립형 앞 서스펜션과 안티 롤 바로 인해 우수한 핸들링이 가능했고, 랙타입 파워 스티어링 휠, 디스크 브레이크와 리미티트 슬립 디퍼렌셜(LSD)를 갖춰, AMX는 드래그 레이스에서도 우수한 성능을 발휘했다.

최고속도	200km/h
0-96km/h	6.6초
엔진 형태	V8
배기량	6,390
변속기	3단 자동
최고출력	315마력(@4,600rpm)
토크	57.4kg·m(@3,200rpm)
공차중량	1,545kg
연비	4km/l

앙글리아(ANGLIA) 개서(Gasser)

드래그 레이스용으로 튜닝하기 위해 널리 사용된 소형차

1950년대 드래그 레이스가 점점 인기를 끌자, 레이서들은 더욱 더 작고 가벼운 차에 커다란 엔진을 탑재하길 원했다. 포드의 작은 '앉아서 앞다리를 드는(사이클 선수의 자세)'차는 1939년 앙글리아(Anglia) EO4A로부터 시작되었다. 이 차는 커다란 엔진을 장착할 수 있어서 1953년부터 1959년까지 인기를 끌었다. EO4A의 단순한 내부구조 덕분에 알루미늄 패널으로 교체해서 무게를 줄일 수 있었으며, 필요 없는 부분을 잘라내면 앞부분에 커다란 공간을 마련할 수도 있었다. 기본 서스펜션으로도 레이서들은 차를 잘 다룰 수 있었고, 개량된 V8엔진을 장착할 경우, 무게 대비 출력(마력)은 슈퍼카 수준을 상회했다. 자동차 레이싱이 발전하면서, 안전을 위해 롤케이지 장착이 의무화 되었고, 드래그 레이스를 위한 서스펜션도 장착되었으며, 슈퍼차저 또는 아산화질소로 출력을 끌어올리기도 했다. 이러한 장치들은 드래그 레이스에서 속도를 빠르게 했을 뿐만 아니라 위험한 레이스로부터 운전자를 보호하는 역할도 했다.

최고속도	272km/h
0-96km/h	2.4초
엔진 형태	V8
배기량	5,735
변속기	4단 클러치리스 수동
최고출력	775마력(@6,200rpm)
토크	91.8kg·m(@4,000rpm)
공차중량	850kg
연비	1.42km/l

애스턴 마틴(Aston Martin) DB5

역사상 가장 아름다운 애스턴 마틴으로 꼽히는 차로, 제임스 본드의 본드카로도 잘 알려져있다.

'골드 핑거(Gold Finger)'에서 나온 본드카로 잘 알려진 DB5는 단순한 무비스타가 아니다. 역사상 가장 아름다운 애스턴 마틴으로 꼽히며, 탁월한 그랜드 투어러로 널리 인정받고 있다. 강력한 강철 튜브를 바탕으로 한 튼튼한 플랫폼이 장인이 손으로 빚은 알루미늄 차체를 뒷받침한다. 코일 스프링 방식의 더블 위시본 서스펜션을 앞부분에 장착했으며, 뒤쪽은 리지드 액슬 방식이었다. 알루미늄으로 제작된 직렬 6기통 엔진은 DB4에도 적용된 엔진이었으나, 엔지니어 타덱 마렉(Tadek Marek)이 이를 4리터로 개량하여 DB5에 장착했다. 트윈 오버헤드 캠샤프트와 트리플 SU 카뷰레터를 통해 최고 314 마력에 달하는 힘을 낼 수 있었다. 처음 90대를 생산한 이후에는 ZF사의 5단 변속기를 적용했으며, 앞뒤 모두 디스크 브레이크가 사용되었다.

최고속도	229km/h
0-96km/h	8.6초
엔진 형태	직렬6기통
배기량	3,995
변속기	5단 수동
최고출력	282마력(@5,550rpm)
토크	51.2kg·m(@4,500rpm)
공차중량	1,568kg
연비	5.3km/l

애스턴마틴(Aston Martin) DB6

DB5의 후속작으로, 내외부에 최신 사양이 적용된 럭셔리 쿠페였다.

1966년 DB5의 후속으로 출시된 DB6에는 최신 사양이 대거 적용되었다. 차체는 스틸 플랫폼 구조에서 좀 더 현대적인 모노코크 디자인으로 변경되었고, 내부 판넬은 스틸 소재가 적용되었으며, 플로어 팬은 알루미늄으로 제작되었다. 전작보다 94mm 늘어난 휠베이스 덕분에 거주성이 소폭 향상되었으며, 서스펜션은 DB5와 동일하게 앞에는 더블위시본이 적용되었고, 뒤는 와트사의 리지드 액슬 서스펜션이 적용되었다. 엔진 역시 DB5에서 가져왔는데, 출력을 소폭 향상시켰으며 특히 밴티지 모델은 325마력에 달하는 출력을 쏟아냈다. 전면부 디자인은 전작과 유사했으나 후면부 디자인은 DB6만의 독특한 매력을 봄냈다. 특히 한껏 치켜올린 스포일러는 디자인을 아름답게 만드는 중요한 요소였다. 이는 공기역학적으로도 중요한 역할을 했는데, 다운포스를 일으켜 고속에서 안정적으로 주행할 수 있게 하였다. 또한 인테리어도 월튼 카펫, 가죽 시트, 우드/알루미늄 혼합 소재의 스티어링 휠을 사용해 고급스러웠다.

최고속도	240km/h
0-96km/h	6.7초
엔진 형태	직렬6기통
배기량	3,995
변속기	5단 수동
최고출력	325마력(@5,750rpm)
토크	53.1kg·m(@4,500rpm)
공차중량	1,553kg
연비	3.8km/l

애스턴마틴(Aston Martin) 비라지(Virage)

DBS의 후속작으로, 엔진과 변속기를 계량하여 퍼포먼스를 향상시킨 스포츠 쿠페

애스턴마틴의 1988 비라지는 1960년대 말 출시된 DBS의 후속작이었다. 차체는 현대적인 스틸 세미-모노코크 프레임을 사용해서 강성을 확보했다. 하지만 서스펜션은 이전 애스턴마틴 차량과 동일한 구형 서스펜션을 장착했다. 앞 13인치, 뒤 11인치 디스크를 사용해서 무거운 중량에도 제동력을 확보했다. 엔진은 콜뱃의 튜너로 알려진 리브 칼로웨이(Reeves Calloway)가 살짝 손을 봤는데, 내부 밸브간의 간격을 더 가깝게 배치하여 엔진의 플로우를 향상시켰으며, 거대한 V8 엔진의 패키징도 계량했다. 이 과정을 통해 32마력을 향상시켰으며, 변속기는 ZF사의 5단 수동변속기를 장착했다. 내부도 당연히 고급스러운 가죽과 월넛으로 장식했다. 또한 아우디의 헤드라이트와 폭스바겐 시로코의 테일램프를 차용했음에도 완성도 높은 디자인으로 인기를 끌었다.

최고속도	251km/h
0-96km/h	7.0초
엔진 형태	V8
배기량	5,340
변속기	5단 수동
최고출력	330마력(@6,000rpm)
토크	45.9kg·m(@3,700rpm)
공차중량	1,791kg
연비	4.6km/l

애스턴마틴(Aston Martin) DB7

애스턴마틴이 포드에게 인수된 뒤, 많은 자원을 투입해 출시한 고성능 스포츠 쿠페

1992년 포드가 애스턴마틴을 인수한 이후, 연구개발에 필요한 충분한 재원이 갖춰졌고, 곧 애스턴 마틴은 위대한 DB6의 후속작을 출시할 수 있었다. DB7은 엔진을 제외하고는 재규어 XJS와 유사한 면이 많았다(재규어 역시 당시 포드 소속). 명성높은 자동차 회사인 TWR의 도움으로 계량한 3.2리터 직렬 6기통 엔진은 1리터당 100마력이 넘는 쏟아냈다. 실린더 1개당 4개의 밸브를 장착했으며, 시퀀셜 퓨얼 인젝션 방식과 슈퍼차저 덕분이었다. 차체는 알루미늄으로 숙련된 기술자에 의해 수제로 제작되었으며, 복합 판넬을 사용했으며, 애스턴 마틴의 전통을 계승한 복고풍 디자인으로 인기를 끌었다. 거대한 18인치 브레이크 디스크는 고속에서도 훌륭한 제동력을 자랑했으며, 실내도 고급스러운 가죽과 목재로 꾸몄다.

최고속도	252km/h
0-96km/h	6.0초
엔진 형태	직렬6기통
배기량	3,239
변속기	5단 수동
최고출력	335마력(@5,750rpm)
토크	54kg·m(@3,000rpm)
공차중량	1,754kg
연비	4.9km/l

애스턴마틴(Aston Martin) 자가토(Zagato)

이탈리아 디자인 하우스 자가토가 디자인한 애스턴 마틴의 한정 생산 슈퍼카

첫 번째 자가토는 1960년대 초반에 출시되었다. 1984년, AM의 회장 빅토르 건틀렛과 지아니 자가토가 초창기 자가토를 재창조하여 애스턴마틴으로 출시하기로 했다. 1986년 마침내 자가토의 생산이 시작되었으며, 오직 스케치만 공개된 상태에서 7백만 달러의 주문이 들어왔다. V8 밴티지 엔진이 사용되었으며, 더블 위시본과 디온 서스펜션이 사용되어 뒤쪽의 커다란 리어 벤틸레이션이 차 내부로 옮겨졌다. 쇼트-스트로크 알로이 V8엔진은 1969년 제품이었으나, 점점 발전하여 트윈 오버헤드 체인방식의 캠샤프트, 베버 카뷰레터, 코스워스의 피스톤을 사용했고, 흡배기 방식도 계량했다. 자가토는 최고시속 290km를 자랑하는 슈퍼카였으나, 75대만이 한정 생산되었다.

최고속도	292km/h
0-96km/h	4.8초
엔진 형태	V8
배기량	5,340
변속기	5단 자동
최고출력	432마력(@6,200rpm)
토크	53.3kg·m(@5,100rpm)
공차중량	1,650kg
연비	4.2km/l

아우디(Audi) A4 BTCC

아우디의 자랑 콰트로 시스템으로 랠리에서 뛰어난 성과를 낸 랠리카

영국 투어링카 챔피언십(British Touring Car Championship)은 1990년대 자동차 레이싱 중 가장 인기있는 대회 중 하나였다. 따라서 아우디가 참가를 결정했을 때, 반드시 좋은 성적을 거두고자 하는 목표가 있었다. 아우디는 1996년 처음으로 참가했으며, 첫 라운드에서부터 2번의 승리를 거뒀다. 첫 시즌에 8번의 승리를 거두며, 다른 제조사에 비해 2배나 많은 승리를 기록하게 되었다. 아우디 승리의 비결은 사륜구동 시스템 덕분이었다. 아우디의 사륜구동 시스템은 125kg이나 무게가 더 나갔음에도 불구하고 엄청난 트랙션을 선사했으며, 고속으로 코너링을 해도 무리가 없었다. A4 BTCC는 강성이 매우 뛰어난 멀티-포인트 롤 케이지를 장착했으며, 더블위시본과 스트러트를 사용했다. 또한 가벼우면서도 제동력이 우수한 알로이 브레이크 캘리퍼를 장착했다. 1.9리터 엔진은 1개의 실린더에 4개의 밸브를 사용했으며, 208x483mm 휠을 사용했으며 던롭사의 타이어를 채택했다.

최고속도	243km/h
0-96km/h	4.9초
엔진 형태	직렬 4기통
배기량	1,998
변속기	6단 시퀀셜
최고출력	296마력(@8,250rpm)
토크	25.5kg·m(@7,000rpm)
공차중량	1,042kg
연비	1.78km/l

아우디(Audi) 콰트로(Quattro) SWB

콰트로 시스템을 장착해 1980년대 랠리를 지배한 아우디의 랠리카

1980년대 아우디의 최첨단 콰트로 터보는 사륜구동 시스템을 스포츠카 시장으로 진출시키는 계기가 되었다. 1981년 아우디가 랠리 챔피언십 참가를 승인받았을 때, 이 차는 50위에 그쳤다. 하지만 다음해, 아우디는 우승컵을 들어올렸다. 콰트로는 1980년 중반 랠리카 경주를 지배했다. 그 중심에는 306마력을 내는 후기형 숏-휠베이스 모델인 20-밸브 스포츠 콰트로가 있었다. 양산형 차량에도 랠리카에 사용된 부품이 많이 적용되었는데, 200 터보 프론트 엔드, 쿠페 스타일의 플로어팬, 폭스바겐에서 가져온 리어 디퍼렌셜 등이 그것이었다. 맥퍼슨 스트럿 서스펜션과 4륜구동 시스템은 접지력을 엄청나게 향상시켰다. 스포츠 콰트로는 케블러(Kevler)와 유리 섬유를 사용해 체중을 감량하였으며, 극한의 퍼포먼스를 위해 포르쉐의 브레이크를 사용했다.

최고속도	246km/h
0-96km/h	5.0초
엔진 형태	직렬 5기통
배기량	2,133
변속기	5단 수동
최고출력	306마력(@6,700rpm)
토크	34.8kg·m(@3,700rpm)
공차중량	1,303kg
연비	4.67km/l

아우디(Audi) RS2

포르쉐와 함께 개발한 슈퍼카급 성능의 왜건

많은 사람들은 RS2가 워낙 성공적이어서, RS2의 전작인 230마력의 S2 아반트(아주 빠르면서
도 실용적인 아우디 80 왜건)를 잘 기억하지 못하곤 한다. 그러나, 아우디가 포르쉐와 협력하여
개발한 RS2는 퍼포먼스를 새로운 레벨로 끌어올린 차로 평가받는다. 아우디 80 왜건부터 시작
해서 포르쉐는 스트럿 서스펜션을 계량하고, 레이스에 걸맞는 안티 롤바와 빌슈타인 쇼크 업소
버를 사용했다. 4륜구동 시스템은 중앙의 토션 타입 디퍼렌셜을 사용해 그립을 향상시켰고, 근
접한 기어비를 가지는 6단 변속기를 사용했다. 브레이크는 4-포트 캘리퍼를 사용한 디스크를
장착했으며, 이는 포르쉐 968과 동일한 사양이다. 5실린더 엔진은 아우디 엔진이지만, 포르쉐
가 커다란 인터쿨러를 장착하고, 인젝터와 연료펌프 등을 추가해서 성능을 끌어올렸다.

최고속도	253km/h
0-96km/h	4.8초
엔진 형태	직렬 5기통
배기량	2,226
변속기	6단 수동
최고출력	315마력(@6,500rpm)
토크	40.8kg·m(@3,000rpm)
공차중량	1,595kg
연비	7.1km/l

아우디(Audi) S4

콰트로와 터보차저가 장착된 세로베치 엔진을 특징으로 하는 아우디의 고성능 세단

아우디의 4륜구동이 점점 발전하면서, 아우디는 고성능 시장에서 두각을 나타냈다. S4는 가장 최신의 강력한 사륜구동 차였으며, 또한 가장 강력하면서도 운전자를 편안하게 해주는 세단이 었다. S4는 A4를 기반으로 제작되었으나, 가로배치된 엔진을 제거하고 세로배치 V6 엔진을 장착했다. 아우디는 저 rpm에서도 충분한 토크를 발휘하는데 역량을 집중했으며, 엔진 뱅크에 작은 터보를 장착해서 터보랙을 거의 느낄 수 없도록 했다. 덕분에 이 엔진은 33.8kg·m의 토크를 일상영역인 1850~2600rpm에서 쏟아냈다. 각각 독립적인 더블위시본 서스펜션은 완벽한 코너링을 선사했으며, 203x431mm의 알로이 휠(45-시리즈 타이어)을 장착했고, 10인치/12인치 브레이크 디스크로 충분한 제동력을 확보했다.

최고속도	230km/h
0-96km/h	5.9초
엔진 형태	V6
배기량	2,671
변속기	6단 수동
최고출력	250마력(@5,800rpm)
토크	34.8kg·m(@1,850rpm)
공차중량	1,633kg
연비	7.8km/l

아우디(Audi) TT

**동글동글한 디자인으로 널리 알려진 아우디의 스포츠카로, 외모 뿐만 아니라 성능도
출중했다.**

폭스바겐 골프를 기반으로, 아우디는 디자인의 걸작으로 평가받는 TT를 출시했다. 둥글둥글한
외모와 가죽에 스티치를 덧댄 인테리어는, 누가 봐도 아우디의 작품이라는 것을 알수 있게 한
다. 아우디TT의 외모는 VW2 오토 유니언 레이서를 떠올리게 하며, 거대한 17인치 직경의 휠
은 차를 코너에 몰아붙였을 때 환상적인 느낌을 선사해준다. 기본형 TT의 엔진은 폭스바겐과
아우디에서 널리 사용된 1.8리터 터보 엔진이며, 고성능 모델에는 실린더당 5개의 밸브를 장착
하고, 터보차저를 올리고 흡기 매니폴드를 추가한 아우디 콰트로의 엔진을 심어서, 6단 변속기
와 결합하여 225마력을 냈다. 서스펜션은 앞 맥퍼슨 스트럿, 뒤 더블위시본을 사용했으며, 콰
트로 시스템이 운전자에게 엄청난 그립과 놀라운 핸들링을 선사해줬다. 그러나, 기본형 모델도
도로에서 즐기기에 충분한 퍼포먼스를 제공했다.

최고속도	208km/h
0-96km/h	7.4초
엔진 형태	직렬4기통
배기량	1,781
변속기	5단 수동
최고출력	180마력(@5,500rpm)
토크	23.4kg·m(@1,950rpm)
공차중량	1,323kg
연비	11.07km/l

아우디(Audi) V8 콰트로

아우디 최초의 8기통 엔진을 장착한 최상급 스포츠 세단

4륜구동 시스템이 아주 성공적인 것으로 판명되자, 아우디는 4륜구동 기술을 적용한 V8콰트로를 1989년에 출시했다. 이 세계적인 레벨의 스포츠 세단은 BMW, 벤츠와 경쟁하였다. V8 콰트로의 섀시는 1980년대의 섀시를 계승하여 다소 오래된 것이었지만, 4륜구동 시스템과 앞뒤 디퍼렌셜은 당시 최신기술이었다. 엔진도 마찬가지로 최신 기술이 집약되었는데, 양산차에 적용된 첫 번째 아우디의 8기통 엔진이었다. 알루미늄으로 제작된 오버헤드 캠샤프트도 기술적인 걸작품이었다. 처음엔 3.7리터의 배기량이었으나, 후기형 모델(1992~1994)엔 배기량이 4.2리터로 늘었다. 크로스-스포크(교차된 부챗살) 스타일의 알로이 휠은 후기형 4.2리터 V8콰트로 모델임을 알아볼 수 있게 하는 특징이었으며, 4계절용 스포츠 세단 중 가격대비 성능비가 뛰어난 모델이었다.

최고속도	232km/h
0-96km/h	6.6초
엔진 형태	V8
배기량	3,562
변속기	4단 자동
최고출력	240마력(@5,800rpm)
토크	33.1kg·m(@4,400rpm)
공차중량	1,772kg
연비	5.7km/l

오스틴(Austin) 힐리(Healey) 3000

랠리에서도 우승컵을 들어올린 오스틴의 소형 경량 2인승 스포츠카

'도날드 힐리(Donald Healey)'사는 1952년 얼스 코트 모터쇼에서 작고 엄청난 스포츠카, 100을 공개했다. 4기통 2.6리터 오스틴 애틀랜틱 엔진을 사용한 이 로드스터는 트라이엄프 TR2의 맞수로 알려졌다. 4년 뒤, 100온 심장을 오스틴 사의 6기통 2.6리터 엔진으로 교체하며 차명도 100-6으로 변경했다. 오스틴 힐리 3000 MK1은 1959년 출시되었고, 124마력의 출력을 발휘했다. 스포츠 로드스터처럼 생긴 외모와는 다르게, 리에주-로마-리에주(Liege-Rome-Liege) 랠리에서 우승하며 랠리카로서의 가치도 증명해 보였다. 1961년 출시된 3000 MK2모델은 곡면 앞유리, 측면 바람막이용 창문을 사용하여 전작과 외모에서 차별성을 두었다. 마지막 MK3(1964-1969) 모델은 세 모델 중 최고였는데, 150마력을 발휘했으며 서보 브레이크를 장착했다. 모든 힐리 차량은 프레임바디 형식이었으며, 위시본과 하드 리프 스프링 서스펜션을 채택해서 코너링이 쉬웠으며, 기본적으로 언더스티어 성향이나 금방 오버스티어로 전환할 수 있었다.

최고속도	193km/h
0-96km/h	10.1초
엔진 형태	직렬 6기통
배기량	2,912
변속기	4단 수동
최고출력	148마력(@5,250rpm)
토크	22.3kg·m(@3,500rpm)
공차중량	1,159kg
연비	6km/l

벤틀리(Bentley) 아주어(Azure)

컨티넨탈(Conditental) R을 기반으로 만든 럭셔리 2도어 컨버터블

컨티넨탈 R을 베이스로 해서, 벤틀리는 이탈리아 디자이너 피닌파리나(Pininfarina)와 함께 럭셔리한 2-도어 컨버터블 아주어를 1995년 발표했다. 피닌파리나는 뒷좌석 바로 뒤로 접히는 루프도 디자인했다. 아주어는 컨티넨탈 R의 모노코크 섀시를 일부 보강해서 사용했으며, 어댑티브 쇼크 업소버를 장착하고 셀프 레벨링 서스펜션을 뒤쪽에 사용했다. 13.4인치 브레이크 디스크를 장착했으며, 보쉬 ABS 브레이크를 사용했다. 엔진은 토크가 매우 뛰어났는데, 터보차저가 장착되었고 코스워스가 튜닝한 롤스로이스 V8엔진을 사용했다. 이 엔진의 토크는 역사에 꼽힐만큼 강력한 엔진이었다. 또한 전장이 5.3m에 달해, 실내공간도 매우 여유로웠다.

최고속도	240km/h
0-96km/h	6.3초
엔진 형태	V8
배기량	6,750
변속기	4단 자동
최고출력	385마력(@4,000rpm)
토크	74.7kg·m(@5,100rpm)
공차중량	2,615kg
연비	5.7km/l

벤틀리(Bentley) 컨티넨탈 R(Continental R)

벤틀리의 럭셔리 패스트백으로, 비싼 가격만큼 매우 고급스러운 소재가 대거 사용되었다.

1952년 런던 모터쇼에서 공개된 벤틀리 컨티넨탈 R은, 모터쇼에 온 사람들이 한번쯤 뒤돌아서 감상할만큼 매혹적인 패스트백 디자인을 자랑했다. 그러나 보통 사람들의 수년치 연봉보다 비싼 가격으로 인해, 엄청난 부자들만이 소유할 수 있었고, 3년동안 207대가 판매되는데 그쳤다. 컨티넨탈은 차체를 MK4 벤틀리 세단과 공유했으며, 앞쪽엔 더블위시본, 뒤쪽엔 리프 스프링 서스펜션을 채택해서 주행감이 매우 편안했다. 또한 컨티넨탈 R의 정숙성은 아주 뛰어났는데, 시속 160km 이상의 고속에서도 실내가 매우 조용했다. 4.6리터 직렬 6기통 엔진은 '적당하다' 라고 벤틀리가 묘사했는데, 빠르면서도 정숙한 것이 특징이었다. 실내는 전형적인 신사의 클럽처럼 고급스러웠다.

최고속도	187km/h
0-96km/h	13.5초
엔진 형태	직렬 6기통
배기량	4,566
변속기	4단 수동
최고출력	정보없음
토크	정보없음
공차중량	1,610kg
연비	5.7km/l

벤틀리(Bentley) 터보 R/T(Turbo R/T)

7리터 터보 엔진을 장착한 벤틀리의 고성능 럭셔리 세단

벤틀리의 역사는 고급스럽고 우아함의 역사이다. 하지만 '고성능'도 벤틀리의 역사를 지탱하는 한 축이라고 할 수 있다. 1982년까지 벤틀리는 돈으로 살 수 있는 가장 고급스러운 차량을 생산하는데 집중했으나, 터보차저를 장착한 뮬산은 달랐다. 이 차는 무거운 고성능 차량이었으며, R/T가 이 전통을 계승했다. 크고 고급스럽고 무거운 차가 이렇게 빨리 달리려면 엄청난 파워가 필요했다. 가렛(Garret)사의 터보차저를 장착한 7리터 엔진덕분에, R/T는 지면에 붙어서 달리는 슈퍼카처럼 빠르게 달릴 수 있었다. 딱딱한 서스펜션과 전자제어되는 쇼크 업소버는 부드러운 주행을 가능하게 했으며, 핸들링 또한 완벽했다. 커다란 18인치 휠과 265/45타이어를 장착했다.

최고속도	243km/h
0-96km/h	6.7초
엔진 형태	V8
배기량	6,750
변속기	4단 자동
최고출력	400마력(@4,000rpm)
토크	66.2kg·m(@2,000rpm)
공차중량	2,477kg
연비	4.4km/l

BMW 2002 터보

랠리에서 뛰어난 성적을 거둔 BMW의 레이싱카

1969년 BMW는 유럽 투어링카 챔피언십에서 양산차 BMW 2002 터보를 기반으로 한 2002로 우승을 차지했다. 2002터보 차체에 칠해진 줄무늬 모양은, 이것이 레이싱을 지향하는 양산차라는 것을 알게 해준다. 또한 이 시기에는 드물게 퓨얼 인젝션을 채택했다. 공도에서 이 차를 다루기가 그렇게 쉽지는 않았는데, 엔진에 장착된 터보차저가 3800rpm 이전까지는 큰 힘을 발휘하지 못했기 때문이다. 하지만 3800rpm에 도달하면 6.2kg·m의 추가 토크(최대 토크의 1/3)가 터져나오며, 등이 시트로 쏠리는 급격한 가속을 느낄 수 있다. 이 차는 0-100km/h를 8초 내로 주파했으며, 이는 당시 최고의 스포츠카 말고는 기록하기 힘든 수치였다. 서스펜션은 앞에는 맥퍼슨 스트럿을 사용했으며, 뒤에는 세미-트레일링 암과 안티 롤바를 장착해서, 우수한 그립과 핸들링을 확보했다.

최고속도	208km/h
0-96km/h	7.6초
엔진 형태	직렬 4기통
배기량	1,990
변속기	5단 수동
최고출력	170마력(@5,800rpm)
토크	23.9kg·m(@4,500rpm)
공차중량	1,082kg
연비	6.4km/l

BMW 3.0 CSL

BMW CSi 쿠페의 레이싱 버전으로, 경량화와 공기역학적 설계로 뛰어난 퍼포먼스를 발휘했다.

1971년 출시된 CSL은 멋진 디자인으로 유명한 CSi 쿠페의 파생품으로, 유럽 투어링 카 챔피언십을 위해 태어났다. BMW는 최대한 경량화한 공도용 버전을 출시하기 위해 1000개가 넘는 버전을 준비했으며, 출시된 공도용 버전은 알로이 보닛, 트렁크 리드와 도어에 경량 소재를 채택했고 내부에는 고정된 버킷시트와 스포츠 스티어링 휠이 사용되었다. CSi와 마찬가지로 독립 서스펜션이 채택되었고, 앞에는 맥퍼슨 스트럿, 뒤에는 안티롤바와 트레일링 암 서스펜션을 적용했다. 직렬 6기통 엔진은 싱글 오버헤드 캠을 사용했으며, 보쉬사의 퓨얼 인젝션을 사용해 200마력을 뿜어냈으며, 후기형 레이싱 버전은 370마력까지 출력을 쏟아냈다. 또한 에어로 다이나믹 파츠들이 장착되었는데, 대표적으로 후면에 장착된 거대한 스포일러는 다운포스를 뿜어냈다. 7x14인치 알로이 휠과 195 타이어가 좋은 그립을 선사했다.

최고속도	212km/h
0-96km/h	7.6초
엔진 형태	직렬 6기통
배기량	3,003
변속기	4단 수동
최고출력	200마력(@5,500rpm)
토크	26.9kg·m(@4,300rpm)
공차중량	1,313kg
연비	6km/l

BMW 850i

아름다운 디자인의 대형 쿠페로, 럭셔리함과 운전의 재미를 모두 잡은 BMW의 걸작품

6시리즈 쿠페의 웅장한 후속작인 1989년 850i는 6시리즈 쿠페보다 더 커졌고, 무거워졌고, 그리고 더 파워풀해졌다. BMW는 850i를 설계할 때, 누구나 운전하기 쉬운 차를 만들고자 했다. 850i는 자동 차체 제어 장치와 트랙션 컨트롤을 사용해 어떤 상황에서도 운전자가 차를 컨트롤할 수 있도록 했다. 자동 차체 제어 장치는 뒷바퀴 조향과 연결되어 어떠한 오버스티어도 일어나지 않도록 했다. 또한 엔진은 맥라렌 F1에 사용된 엔진을 베이스로 했으며, 엔진 출력을 살짝 내렸음에도 불구하고 300마력의 힘을 발휘했다. 850i의 주행감은 부드럽고 조용하고 편안함을 강조했다. 아름다운 쿠페형 차체는 필러를 사용하지 않았음에도 불구하고 차체 강성을 잃지 않았는데, 지붕 안에 숨겨진 롤오버 바 덕분이었다. 하부도 부드럽게 제작되어, 0.29의 항력계수를 기록하는데 큰 기여를 했다.

최고속도	256km/h
0-96km/h	7.4초
엔진 형태	V12
배기량	4,988
변속기	6단 수동
최고출력	300마력(@5,200rpm)
토크	45.2kg·m(@4,100rpm)
공차중량	1,886kg
연비	7.1km/l

BMW 알피나(Alpina) B10

BMW 535i를 기반으로 전문 튜너 '알피나'가 튜닝한 고성능 버전의 스포츠 세단

1988년 BMW가 신형 5시리즈를 출시하고 난 뒤, BMW의 전문 튜너인 독일의 알피나가 535i 모델을 바탕으로 B10을 발표했다. 알피나는 535i의 서스펜션을 0.5인치 낮추고, 빌스타인 쇼크 업소버와 강력한 안티롤바를 장착했다. 또한 핸들링을 향상시키기 위해 15인치 순정 휠을 제거하고 8x17인치 20스포크 알로이 휠을 장착했다. 차체 변화는 최소화시켰는데, 그래도 전면 스포일러를 장착했으며, 후면에도 작은 알피나 뱃지가 장착된 스포일러를 달았다. 실린더 내부 압력을 높이고, 캠샤프트를 계량하여 엔진 성능을 향상시켰다. 또한 두개의 터보차저를 장착한 바이터보 버전은 360마력에 달하는 힘을 발휘했다. 후기형 모델에서는 가속력을 향상시키기 위해 일부 부품을 교체했는데, 최고속도가 살짝 줄었지만 여전히 매우 빠른 투어링 카였다.

최고속도	251km/h
0-96km/h	7.0초
엔진 형태	직렬 6기통
배기량	3,430
변속기	5단 수동
최고출력	254마력(@6,000rpm)
토크	32.4kg·m(@4,000rpm)
공차중량	1,543kg
연비	7.5km/l

BMW M 로드스터(Roadster)

강력한 6기통 엔진을 장착한 BMW의 2인승 고성능 후륜구동 로드스터

1995년 BMW가 Z3를 출시했을 때 Z3는 140마력 4기통 엔진을 사용했다. 사람들은 더 강력한 출력을 원했고, BMW는 2.8리터 직렬 6기통 엔진을 장착한 모델을 출시한다고 발표했는데, 제네바 모터쇼에서 공개한 M로드스터 컨셉트카와 유사할 것이라는 암시를 남겼다. 이듬해, M 로드스터가 양산에 들어갔는데, M3에 사용된 직렬 6기통 엔진을 장착했다. BMW의 지론인 '출력이 전해지는 바퀴와 조향하는 바퀴는 별개여야 한다'라는 생각은 계속해서 이어졌으며, 앞 서스펜션은 M3에서 가져왔고 뒷 서스펜션은 3시리즈에서 가져왔다. BMW의 가변밸브시스템(VANOS)를 활용해 엔진 출력 손실을 최소화했다. 이 차는 미국에서는 240마력으로 출력이 제한되었으나, 유럽형 버전에서는 M3와 같은 321마력을 발휘했다.

최고속도	220km/h
0~96km/h	5.2초
엔진 형태	직렬 6기통
배기량	3,152
변속기	5단 수동
최고출력	240마력(@6,000rpm)
토크	31.9kg·m(@3,800rpm)
공차중량	1,402kg
연비	9.6km/l

BMW M1

내구 레이싱 출전용으로 만들어진 스포츠카로, 뛰어난 성능을 갖췄지만 무거운 차체가 단점이었다.

M1은 그룹4 내구 레이싱에 출전할 수 있는 스포츠카를 만들기 위해 시작되었다(1972년). 몇 번의 시행착오를 거친 끝에 컨셉트카와 디자인은 조금 달라졌다. 조르제토 주지아로는 양산형 M1의 디자인을 완성했으며, 1978년 생산이 시작되었다. 불행하게도, 강철로 만들어진 섀시와 보강재로 인해, 유리 섬유를 차체에 사용했음에도 다른 스포츠카와의 경쟁에서 이기기에는 너무 무거웠다. 엔진은 277마력을 발휘했으며, 1960년대 나온 직렬6기통 모델 중에서는 아주 뛰어난 수치였다. 그룹5 레이싱용 버전으로 튜닝된 M1은 터보차저를 장착하여 700마력까지 발휘했으며, 가변식 더블위시본 서스펜션을 채택하고 클러치와 브레이크 패달을 계량하여, 조향성과 반응성을 급격하게 향상시켰다.

최고속도	260km/h
0-96km/h	5.7초
엔진 형태	직렬 6기통
배기량	3,453
변속기	5단 수동
최고출력	277마력(@6,500rpm)
토크	32.3kg·m(@5,000rpm)
공차중량	1,419kg
연비	4.6km/l

BMW M3

BMW 3시리즈를 기반으로 만들어진 고성능 모델로, BMW를 상징하는 뛰어난 스포츠카

BMW는 1988년 레이싱용 고성능 모델을 개발하려는 프로젝트를 시작했고, 1993년식 E36 3
시리즈 세단을 바탕으로 M3가 개발되었다. M3는 기존 3시리즈에서 조향성과 파워를 대폭 개
선했으며, 앞 맥퍼슨 스트럿, 뒤 멀티링크 서스펜션을 채택했고 17인치 휠과 광폭 타이어를 장
착하여 주행성과 조향성을 향상시켰다. 파워트레인은 당시 최신 기술이 집약되었는데, 트윈 오
버헤드 캠샤프트와 BMW의 가변밸브 시스템이 적용되어 저 rpm의 토크를 향상시켰다. 6단
수동 변속기와 트랙션 컨트롤이 강한 출력을 뒷받침했으며, 트랙션 컨트롤을 끈 상태에서도 차
를 제어하는 것은 어렵지 않았다. 이런 강력한 성능과 실용성을 갖춘 스포츠카는 거의 없었다.

최고속도	224km/h
0-96km/h	5.6초
엔진 형태	직렬 6기통
배기량	3,201
변속기	6단 수동
최고출력	321마력(@7,400rpm)
토크	47.1kg·m(@3,250rpm)
공차중량	1,523kg
연비	7km/l

BMW M3 1987

초기형 M3의 후속작으로, 기존 명성을 이어서 시장에서 큰 성공을 거둔 스포츠카

그룹A 레이싱에 참가하려면 5000대 이상의 양산형 차량을 생산해야 한다는 호몰로게이션 규정을 충족시키기 위해, BMW는 M3를 5000대 이상 판매한 뒤 후속작을 발표했다. 후속작은 4기통엔진을 장착해서 192마력을 발휘했으며, 시장에서 큰 성공을 거뒀다. 독립형 서스펜션은 기본적으로 3시리즈와 동일했지만 쇼크 업소버, 스프링, 안티롤바 등이 계량되었으며, 커진 바퀴는 고속 안정성을 향상시켰다. 디스크 브레이크의 크기도 커졌으며, 리미티드 슬립 디퍼렌셜(LSD)이 추가되었다. 내부 소재를 계량한 엔진의 레드존은 7000rpm까지 올라갔다. 휠과 휠하우스 모두 커졌으며, 뒷 창문의 각도가 변경되었고 필러도 두꺼워져서 전반적으로 뻣뻣한 모양이 되었다.

최고속도	225km/h
0-96km/h	6.9초
엔진 형태	직렬 4기통
배기량	2,302
변속기	5단 수동
최고출력	192마력(@6,750rpm)
토크	23kg·m(@4,750rpm)
공차중량	1,299kg
연비	7.8km/l

BMW M5

BMW 2세대 5시리즈를 기반으로 제작한 스포츠카로, 뛰어난 성능과 편안한 주행이 강점이었다.

2세대 5시리즈는 이전 모델보다 많은 면에서 발전했는데, 더 튼튼한 차체, 완벽한 서스펜션을 자랑했다. 2세대 5시리즈는 M5를 만들기 위한 좋은 기초 모델이었다. 모든 M모델은 차체를 낮추고, 스프링과 쇼크 업소버를 계량하며, 안티롤바를 더 두껍게 해서 똑똑한 조향성을 선물했다. 8x17인치 휠과 12인치 브레이크는 무거운 세단인 M5에 완벽한 제동성능을 선물했다. 엔진은 BMW M1을 계량해서 가져왔는데, M1과 마찬가지로 7000rpm이상의 회전을 낼 수 있었다. 1992년 말 출시된 M5는 3.8리터 340마력게 6단 변속기, 더 커다란 브레이크와 18인치 휠을 채택했다. M5의 성능은 공도용 차량중에서 어마어마한 성능이었으며, 아주 편안하기도 했다.

최고속도	248km/h
0-96km/h	6.5초
엔진 형태	직렬 6기통
배기량	3,535
변속기	5단 수동
최고출력	310마력(@6,900rpm)
토크	35.9kg·m(@4,750rpm)
공차중량	1,729kg
연비	5.7km/l

BMW M5 1985

M5에 슈퍼카 엔진을 장착하고 많은 부품을 계량한 고성능 스포츠카

M535i가 1980년 디자인의 변경 없이 출시되었는데, 모터스포츠 기술은 거의 포함되지 않았다. 그러나 1985년 M5는 슈퍼카 M1의 엔진을 장착했다. 압축비가 높고, 흡배기 포트가 확장된 알루미늄 실린더, 트윈 오버헤드 캠샤프트, 보쉬 퓨얼 인젝션, 오일 쿨러, 이중 배기 시스템이 사용되었다. 보통의 5단 기어로는 부족해서, BMW는 게트랙(Getrag) 사에서 특별히 제작한 도그-레그(dog-leg) 1단 기어를 제공한다. 서스펜션은 뒤쪽은 특허받은 트랙링크를 사용했으나, 앞쪽은 전통적인 맥퍼슨 스트럿을 사용했다. 거대한 디스크를 사용한 ABS 브레이크는 충분한 제동력을 확보했으며, 실내로 들어가면 드라이빙 포지션도 완벽했으며, 파워 시트 및 에어컨도 있었다.

최고속도	235km/h
0~96km/h	6.0초
엔진 형태	직렬 6기통
배기량	3,453
변속기	5단 수동
최고출력	256마력(@6,500rpm)
토크	32.8kg·m(@5,000rpm)
공차중량	1,554kg
연비	7.1km/l

BMW M6

BMW 6시리즈를 기반으로 강력한 엔진과 모터스포츠 파츠를 장착한 당대 최고의 스포츠쿠페

BMW 6시리즈 중 가장 고급형인 635CSi는 1983년 출시 당시 최고의 퍼포먼스와 멋진 디자인을 자랑했다. 이 차를 기반으로, BMW의 모터스포츠 디비전은 유럽 전역에서 M635CSi로도 알려진 M6를 생산했다. 빌스테인 가스 쇼크 업소버(Bilstein Gas Shock Absorber), 딱딱한 스프링과 안티롤바를 사용했다. 또한 낮은 차체 포지션으로 인해 코너에서 안정성이 향상되었으며, 배터리를 트렁크로 이동해서 무게배분이 더 좋아졌다. 24밸브 엔진은 M1 슈퍼카에서 가져왔는데, 중앙에 장착된 점화 플러그와 경량의 알로이 헤드를 바탕으로 폭발력을 향상시켰다. 전 맥퍼슨 스트럿, 후 멀티링크 서스펜션으로 핸들링 성능을 향상시켰으며, 촘촘한 기어비의 변속기는 항상 엔진을 파워밴드에서 작동하도록 했다. 1980년대 BMW 중 가장 강력한 이 차에는 11인치 브레이크 디스크가 장착되었다. 또한 내부에는 에어컨도 있었으며, 컴퓨터가 장착되었고 가죽소재가 사용되었다.

최고속도	253km/h
0-96km/h	6.7초
엔진 형태	직렬 6기통
배기량	3,453
변속기	5단 수동
최고출력	286마력(@6,500rpm)
토크	33.9kg·m(@4,500rpm)
공차중량	1,513kg
연비	6.4km/l

BMW Z3

고성능과 고효율을 동시에 달성한 BMW 최초의 2인승 로드스터

Z1로드스터 컨셉트카가 1986년 8000대 생산되었으나, 이는 BMW Z시리즈의 테스트에 지나지 않았다. 하지만 대중들은 BMW가 대중을 위한 로드스터를 만들어주길 열망했다. 마쯔다와 토요타가 그들의 로드스터로 큰 인기를 끌며 경쟁하자, 1996년 비로소 BMW는 로드스터를 출시할 때가 왔다고 판단하고, Z3를 시장에 선보였다. BMW의 프론트-엔진 후륜구동 플랫폼을 적용했으며, 길고 경사진 보닛 아래에는 1.8리터 엔진을 품었다. 이 차는 BMW의 각종 부품을 현명하게 사용했는데, 앞 서스펜션은 3시리즈 세단에서, 뒤 세미 트레일링 암은 3시리즈 컴팩트에서 가져왔다. 24밸브 엔진은 저 rpm엔진에서 높은 토크를 발휘했으며, 고 rpm에서 높은 출력을 냈고 또한 연비도 효율적이었다.

최고속도	185km/h
0-96km/h	8.2초
엔진 형태	직렬 4기통
배기량	1,895
변속기	5단 수동
최고출력	138마력(@6,000rpm)
토크	18.0kg·m(@4,300rpm)
공차중량	1,242kg
연비	10.5km/l

BMW M 쿠페

BMW Z3 로드스터에 지붕을 얹은 모델로, 높아진 강성만큼 더 뛰어난 성능을 발휘했다.

시장에서 큰 성공을 거둔 Z3 로드스터에 지붕을 덮은 차를 출시하는 것은 현명한 결정이었으나, 대부분의 사람들은 왜건처럼 생긴 M쿠페가 직선에서 절대 다른 차를 이길 수 없을 것이라 생각했다. 그러나 이러한 생각은 M 쿠페가 M 뱃지를 단 차라는 것을 망각한 사람들이 한 생각이었다. 루프가 추가되어 로드스터 버전보다 2.5배에 달하는 차체 강성을 확보했으며, 이는 차의 반응성을 급격하게 향상시키는 효과를 낳았다. 기본적으로 언더스티어 성향이지만, 출력이 워낙 강력해서 트랙션 컨트롤을 끈 상태에서 금방 바로잡을 수 있었다. 엔진은 트윈 오버헤드 캠샤프트를 사용했으며, BMW의 가변 밸브 시스템을 사용해 321마력을 쏟아냈다. 거대한 12.4인치 브레이크 디스크는 우수한 제동력을 확보했고, 안티롤바는 차체를 안정적으로 유지하는데 도움을 주었다. 차량 내부는 보통의 M 차량과 유사했다. 운전자의 자세를 잘 잡아주는 시트, 알칸타라 가죽으로 장식한 스포츠 스티어링 휠 등이 사용되었다.

최고속도	222km/h
0-96km/h	5.1초
엔진 형태	직렬 6기통
배기량	3,152
변속기	5단 수동
최고출력	240마력(@6,000rpm)
토크	31.9kg·m(@3,800rpm)
공차중량	1,423kg
연비	7.5km/l

뷰익(Buick) GNX

ASC와 맥라렌(McRalen)의 기술이 들어간 고성능 미국산 쿠페

차에 관심이 없는 사람들은 뷰익 GNX를 보면 그냥 평범한 미국산 쿠페라고 생각할 지 모른다. 그러나 ASC와 맥라렌의 도움을 받아 제작한 V6 터보엔진을 장착한 이 차는 엄청난 출력과 강력한 토크를 발휘한다. 처음 이 차는 1978년 터보를 장착한 V6엔진(150마력)의 뷰익 리갈로 데뷔했다. 4년 후 215 그랜드 내셔널(GN)이 도로에서 달릴 수 있도록 만들었꼬, 1984년 파워를 200마력까지 상승시켰다. 엔진을 일부 계량하고 인터쿨러를 장착하여 1986년에는 235마력까지 출력을 끌어올렸고, 이듬해 맥라렌과의 협력을 통해 강력한 토크와 더불어 276마력의 출력을 발휘하도록 엔진 성능을 향상시켰다. 547대밖에 생산되지 않았지만, GNX는 그만한 가치가 있다. 뛰어난 핸들링을 위해 서스펜션을 계량하였으며 코너링에서의 성능이 향상되었다.

최고속도	198km/h
0-96km/h	5.5초
엔진 형태	V6
배기량	3,785cc
변속기	4단 자동
최고출력	276마력(@4,400rpm)
토크	48.6kg·m(@3,000rpm)
공차중량	1,611kg
연비	8.2km/l

뷰익(Buick) GS400

직선에서 엄청난 성능을 발휘한 럭셔리 아메리칸 대형 머슬카

뷰익은 GS모델을 럭셔리 기함으로 포지셔닝했으나, 1969년에는 스트리트 파이터 기질의 머슬카에 어울리는 강력한 엔진도 함께 장착했다. 기본적으로 느긋한 일상 주행에 어울리는 주행 감과 약간의 언더스티어 성향을 가지고 있었지만, 직선주로에서의 성능만은 엄청났다. 6.6리터 '네일헤드' 엔진은 GS340의 지루하고도 강력한 엔진을 가지고 왔는데, 11:1의 압축비, 4배럴 카뷰레터를 장착하고, 보닛 위에 엔진 열을 식히기 위한 인덕션도 설치했다. 변속기는 GM의 터보-하이드라마틱 3단 자동 변속기를 장착했으며 리미티드 슬립 디퍼렌셜이 사용되어 얇은 타이어로도 그립을 확보할 수 있었다. 패스트백 쿠페 스타일이 기본형이었으나, 1776대만 한정 생산된 컨버터블이 인기를 끌었다. 1970년 GS400은 GS455가 출시되며 단종되었다.

최고속도	200km/h
0-96km/h	5.8초
엔진 형태	V8
배기량	6,555
변속기	3단 자동
최고출력	345마력(@4,800rpm)
토크	59.4kg·m(@3,200rpm)
공차중량	1,63kg
연비	5km/l

뷰익(Buick) GSX

중형 세단 GS455를 기반으로 만든 강력한 아메리칸 머슬카

중형세단 GS455는 대부분의 사람들에게 충분한 성능을 제공했으나, 어떤 이들은 차가 너무 얌전하다며 만족하지 못했다. 뷰익은 이에 강력한 GSX를 1970년에 출시했다. 이 차는 GS455와 동일한 파워를 쏟아내지만, 서스펜션을 계량했으며, 매그넘 500 휠, 스포일러, 스쿠프와 스트라이프 무늬를 통해 더 공격적인 디자인을 뽐냈다. 서스펜션은 앞은 독립 위시본, 뒤는 코일 스프링이었으며, 뒤쪽에 장착된 안티롤바가 코너링시 성능을 향상시켰다. 또한 11인치 브레이크 디스크와 리어 드럼이 제동력을 한층 강화했다. 7.5리터 엔진은 뷰익의 엔진 라인업 중 가장 크고 강력한 엔진이었으며, 대부분의 구매자들은 4배럴 쿼드라젯 카뷰레터, 하이 리프트 캠샤프트와 10.5:1 압축비를 포함하는 스테이지 1 옵션을 선택했다. 옵션 1은 400마력과 67.5kg·m의 토크의 강력한 성능을 발휘했는데, 이는 머슬카 중에서도 가장 파워풀한 성능이었다.

최고속도	197km/h
0-96km/h	5.5초
엔진 형태	V8
배기량	7,456
변속기	4단 수동
최고출력	360마력(@4,600rpm)
토크	68.9kg·m(@2,800rpm)
공차중량	1,618kg
연비	2.5km/l

뷰익(Buick) 리베이라 그랑 스포츠(Riviera Gran Sport)

개성있는 디자인과 거대한 엔진을 장착한 럭셔리 아메리칸 머슬카

제리 허쉬버그(Jerry Hirshberg)가 디자인한 1971년형 리베이라는, 뷰익의 전통적인 디자인 관념에서 완전히 탈피해서, 기존 뷰익과의 연관성을 찾기 힘들었다. 이전 모델들보다 더 커지고 무거워졌지만, 8개의 긱진 포인드에서 극적인 디자인을 연출했으며, 두드리진 트렁크 리인은 '보트 꼬리 뷰익'이라는 별명을 가지게 했다. 각각 분리된 외부 섀시를 조립한 형태로 제작되었으며, 앞에는 독립적인 위시본 서스펜션이, 뒤에는 코일 스프링을 지탱하는 리지드 액슬 서스펜션이 장착되었다. 그랑 스포츠 패키지는 스프링과 쇼크 밸브를 계량하고, 안티 롤바를 보강하는 패키지였다. 당시 기름값이 1갤런에 30센트밖에 하지 않을 때였기에, 뷰익은 7.5리터의 거대한 엔진을 장착하는데 거리낌이 없었다. 이 엔진을 장착한 차량은 더 많은 토크와 파워를 뿜어냈으며, 직선주로에서의 강력함보다는 고급스러운 주행에 어울리는 엔진이었다. 그랑 스포츠는 2년 동안만 생산되었으며, 몇 년 뒤 디자인이 바뀐 채로 다른 버전이 출시되었다.

최고속도	192km/h
0-96km/h	8.1초
엔진 형태	V8
배기량	7,456
변속기	3단 자동
최고출력	330마력 (@4,600rpm)
토크	61.5kg/m2 (@2,800rpm)
공차중량	1,965kg
연비	2.8km/l

캐딜락(Cadillac) 시리즈(Series) 62

크라이슬러의 인기에 대항하기 위해 만든 특이한 디자인의 머슬카로, 거대한 엔진을 장착했다.

GM은 1950년대 크라이슬러의 높아가는 인기에 대응하기 위해, 유명한 디자이너 할리 얼(Harley Earl)을 기용해 새로운 캐딜락 모델, 시리즈 62를 출시했다. 얼은 그의 항공 산업에서의 경험을 살려 차체를 디자인했다. 보통 차에서 보기 힘든 거대한 뒤쪽 라인은 총알이 튀어나가는 듯한 느낌을 줬으며, 앞쪽 펜더와 그릴은 자기 자신을 반영하는 듯 했다. 4개의 헤드램프는 마치 샷건을 보는 듯 했으며, 위쪽 헤드램프는 다가오는 차량을 자동으로 파악하여 조명 각도를 조절했다. 시리즈 62는 코일 스프링과 텔레스코픽 쇼크 업소버를 사용했으나, 가장 상위 모델인 '엘도라도'는 에어 서스펜션을 장착할 수 있었다. 보닛 아래의 거대한 V8엔진은, 싱글 카뷰레터 버전은 325마력, 트리플 카뷰레터 버전은 345마력을 발휘했다.

최고속도	194km/h
0-96km/h	11.0초
엔진 형태	V8
배기량	6,390
변속기	3단 자동
최고출력	325마력(@4,800rpm)
토크	58.7kg·m(@3,400rpm)
공차중량	2,200kg
연비	4.6km/l

칼라웨이(Callaway) 콜뱃 스피드스터(Corvette Speedster)

전문 튜너 리브 칼라웨이가 콜뱃을 계량해서 만든 한정생산 슈퍼카

리브 칼라웨이(Reeves Callaway)가 알파로메오 GTV6에 트윈터보를 장착하자, 쉐보레의 경영진은 이에 깊은 영감을 받았다. 칼라웨이의 알파로메오가 보통 세단에서 230마력을 발휘하자, 쉐보레 경영진은 그에게 콜뱃에도 마법을 부려주길 원했다. 3년 뒤 칼라웨이는 880마력을 내는 슈퍼카를 만들었는데, 차체는 프랑스계 캐나다인 폴 도이치맨(Paul Deutschman)이 디자인했다. 스피드스터는 1991년 LA 모터쇼에서 데뷔했으며, 50대만이 한정생산되었다. 극단적으로 낮은 차체 아래에는 코일오버 서스펜션이 장착되었고, 칼라웨이/브렘보 브레이크 시스템이 적용되어 제동력을 극대화했다. 엔진은 내부 부품을 계량하고 트윈 로토마스터 터보를 장착하였으며 냉각 시스템을 강화했다. 칼라웨이는 오늘날에도 콜뱃 튜너로서 사업을 지속하고 있다.

최고속도	296km/h
0-96km/h	4.5초
엔진 형태	V8
배기량	5,700
변속기	6단 수동
최고출력	420마력(@4,250rpm)
토크	75.9kg·m(@2,500rpm)
공차중량	1,455kg
연비	3.7km/l

케이터햄(Caterham) 21

스릴넘치는 드라이빙을 느낄 수 있는 케이터햄의 경량 로드스터

영국 서레이에 기반을 둔 케이터햄은, 스릴넘치는 주행 성능을 강조한 케이터햄 세븐의 현대적
인 로드스터 버전을 만들고자 했다. 그들은 케이터햄 세븐의 본질인 스릴 넘치는 드라이빙을 잃
지 않기 위해 많은 노력을 기울였다. 차체는 세븐과 동일하게 스틸 튜브으로 만든 프레임을 기
반으로 제작했으며, 단 하나 다른 점은 차의 앞부분을 양옆으로 조금 늘려놓은 것이었다. 앞에
는 가변식 슬림라인(Slim-line) 서스펜션, 뒤는 드 디온(de Dion) 서스펜션을 장착하여, 핸들링
의 반응성을 향상시켰으며 경량화에도 성공했다. 실내는 구성이라고 할만한게 별로 없었지만
편안함을 제공했다. 기본형 모델은 1.6리터 118마력을 발휘했으며, 1.8리터 190마력을 발휘
하는 고성능 모델도 있었다. 기본형 모델도 0~96km를 6.7초만에 주파하는 성능을 자랑했다.

최고속도	203km/h
0-96km/h	6.7초
엔진 형태	직렬 4기통
배기량	1,588
변속기	6단 수동
최고출력	136마력(@7,000rpm)
토크	15.5kg·m(@5,000rpm)
공차중량	6,66kg
연비	8.3km/l

케이터햄(Caterham) 세븐(Seve) JPE

케이터햄 세븐을 계량한 한정판 로드스터로, 제로백 신기록을 세우기도 했다.

케이터햄의 경량 로드스터인 세븐은 1970년과 1980년을 거치면서 점점 발전해왔다. 1992년 영국 서레이에 기반을 둔 케이터햄은 세븐의 한정판을 출시했다. 스틸 튜브를 이용한 프레임과 섀시를 사용하면서도 튼튼한 차체를 만들었다. 세븐과 마찬가지로 전 더블위시본, 후 드 디온 서스펜션을 장착했으며, 랙앤피니언 방식의 스티어링을 채택했다. 복스홀의 2리터 엔진을 계량하고 F1 드라이버인 조나단 팔머의 도움을 받아 발전시킨 엔진에는 베버의 퓨얼 인젝션을 사용했으며, 각각의 모터는 스윈던 레이싱 엔진에서 가져왔다. 이 차는 한때 0~96km 기록을 가지고 있기도 했으며, 0-96-0 기록은 페라리 F40을 이기기도 했다.

최고속도	235km/h
0-96km/h	3.7초
엔진 형태	직렬 4기통
배기량	1,998
변속기	5단 수동
최고출력	250마력(@7,750rpm)
토크	25.1kg·m(@6,250rpm)
공차중량	531kg
연비	7.1km/l

케이터햄(Caterham) 슈퍼 세븐 HPC(Super 7 HPC)

스틸 프레임 섀시에 강력한 2리터 엔진을 장착한 케이터햄의 경량 로드스터

케이터햄의 여타 모델과 동일한 섀시와 바디를 사용한 슈퍼 세븐 HPC는 처음에는 복스홀 엔진을 사용했지만, 나중에는 포드와 로버의 파워플랜트를 사용했다는 점이 차이점이다. 영국 자동차 회사인 서레이는 튼튼한 스틸 프레임 섀시를 사용해 HPC를 만들었다. 기본 제공되는 롤 오버 바는 뒤쪽이 직각으로 떨어지는 것이 특징이었다. 각각 독립적으로 작용하는 앞 더블 A암, 뒤 드 디온(De Dion) 서스펜션이 사용되었으며, 냉각성능을 갖춘 브레이크 디스크가 장착되었으나 크기는 그다지 크지 않았다. 왜냐하면 차량이 워낙 경량이어서 큰 브레이크 디스크가 필요치 않았기 때문이다. 7x16크기의 휠과 굿이어 이글의 타이어는 공도용 차량 중 가장 높은 성능을 자랑했다. 엔진은 GM과 복스홀에서 가져왔으며, 2리터 16v 엔진은 엄청난 토크를 뿜어냈으며, 계량된 카뷰레터 덕분에 7500rpm까지 끌어올리는 것도 용이했다.

최고속도	202km/h
0-96km/h	5.4초
엔진 형태	직렬 4기통
배기량	1,998
변속기	5단 수동
최고출력	175마력(@6,000rpm)
토크	28.4kg·m(@4,800rpm)
공차중량	6,30kg
연비	6.9km/l

쉐보레(Chevolet) 454SS

쉐보레의 첫 머슬 트럭으로, 튼튼한 트럭에 강력한 엔진을 장착했다.

유가가 안정세를 찾아가던 1980년대 중반에 들어, 자동차 제조사들은 미국인들의 픽업트럭 사랑과, 더 파워풀한 차를 원하던 수요를 결합시켜, 머슬트럭이라는 새로운 시장을 개발했다. 오랜 시간동안 픽업트럭을 만들어온 쉐보레는 1989년 454 C1500를 출시하며 머슬트럭 시장에 첫 발을 내딛었다. 454 C1500은 바로 직전해에 디자인 업데이트가 된 트럭으로, 최신 디자인을 자랑했다. SS454는 픽업트럭답게 튼튼한 바디-온-프레임 방식이었으며, 승용차처럼 앞 더블 위시본 서스펜션을 채택했다(하지만 뒤 서스펜션은 화물차에 주로 사용되는 판스프링 방식이었다). 빌스타인(Bilstein) 쇼크 업소버를 사용했으며, 스티어링과 변속기도 개선했다. 7.4리터 엔진은 3/4 또는 1톤 픽업트럭에 사용되는 엔진이었으며, 저 rpm에서도 높은 토크를 발휘하도록 개선되었으며, 급가속에서도 뛰어난 성능을 발휘했다.

최고속도	193km/h
0-96km/h	7.2초
엔진 형태	V8
배기량	7,440
변속기	4단 자동
최고출력	255마력(@4,000rpm)
토크	54.7kg·m(@2,400rpm)
공차중량	2,061kg
연비	3.5km/l

쉐보레(Chevolet) 벨에어(Bel Air) 409

드래그 레이스에서 우승을 차지하기도 한 쉐보레의 머슬카

1962년식 벨에어는 겉으로는 평범해보였으나, 실제로 운전해보면 전혀 평범하지 않았다. 쉐보레는 1960년대 초반 이 차의 출력(마력)을 끌어올리기 위해 거대한 6.7리터 V8엔진을 집어넣었고, 기어의 모든 단수에서 뒤를 흘리며 달릴 수 있었다. 1962년형 모델은 380마력을 냈으나, 트윈 4배럴 카뷰레터를 장착한 모델은 409마력에 달하는 출력을 쏟아냈다. 409모델은 다양한 차체 스타일을 선택하여 주문할 수 있었으나, 대부분의 사람들은 '버블탑' 스타일의 쿠페형 바디를 선택했는데, 이는 디자인적으로도 우수했고 무게도 가장 가벼웠기 때문이다. 차체 앞부분을 알루미늄으로 제작해서 무게를 줄였다. 사실 쉐보레는 드레그 레이스만을 위한 12대의 차를 생산하기도 했다. 내부는 별 볼 일 없었으나, 대부분의 구매자들은 내부 인테리어보다는 빠른 속도에만 관심이 있었으며, 7000rpm까지 표시되는 작은 계기판뿐인 내부에도 개의치 않았다. 이 차의 성능은 매우 뛰어나서 1962년 NHRA S/S 드래그 레이스 챔피언십에서 우승을 차지하기도 했다.

최고속도	184km/h
0-96km/h	7.3초
엔진 형태	V8
배기량	6,702
변속기	4단 수동
최고출력	380마력(@6,000rpm)
토크	56.7kg·m(@3,200rpm)
공차중량	1,582kg
연비	5km/l

쉐보레(Chevloet) 벨에어(Bel Air) 1957

아메리칸 머슬카의 아이콘이 된 쉐보레의 역작

자동차 디자이너 할리 얼(Harley Earl)은 1957년 쉐보레의 책임 디자이너로 임명되었고, 아메리칸 아이콘이 된 차량을 만들게 된다. 그의 철학은, 차는 낮아야 하고 넓어야 하고 길어야 한다는 것이었다. 그는 항공기에서 영감을 얻어, 뒤쪽 끝과 앞쪽 끝 부분을 넓어지게 디자인했다. 그릴은 커다랗게 입을 벌리고 공기를 들이마시는 듯한 모양을 하고 있었다. 아마도 역사상 모든 V8엔진중 가장 유명한 엔진인 쉐보레 스몰블락 엔진은 보닛 아래에 위치했으며, 초기형은 4.3리터급이었고 나중에는 4.6리터까지 커졌다. 이 엔진은 벨에어의 압도적인 퍼포먼스를 가능케 했고, 앞 더블위시본, 뒤 판스프링 서스펜션을 채택해 경쟁차종에 비해 핸들링도 우수했다. 벨에어는 많은 옵션을 가지고 있었으나, 가장 인기있었던 것은 뒤쪽 펜더를 늘리고 번호판의 위치를 조정하는 컨티넨털 옵션이었다.

최고속도	184km/h
0-96km/h	8.5초
엔진 형태	V8
배기량	4,637
변속기	3단 수동
최고출력	220마력(@4,800rpm)
토크	36.5kg·m(@2,800rpm)
공차중량	1,550kg
연비	7.1km/l

쉐보레(Chevolet) 벨 에어(Bel Air) 튜닝카

강력한 쉐보레 벨 에어를 튜닝해서 더욱 더 뛰어난 퍼포먼스를 낸 튜닝카

벨에어라는 이름이 가지고 있는 상징성과, 튜닝의 용이성이 합쳐져서 1957년 출시되자마자 튜닝이 활발히 이뤄졌다. 그러나, 할리 얼의 상징적인 디자인을 건드리는 사람은 거의 없었고, 대부분은 차가 좀 더 잘 달리고, 잘 서고, 잘 돌게 하기 위한 튜닝에 집중했다. 지금 소개할 튜닝버전도 차체는 유지한 채, 서스펜션을 조정하고, 노즈 부분이 낮아지도록 스프링을 조절했다. 커스텀 판 스프링 서스펜션은 차체의 뒷부분 높이도 낮춰서, 무게중심을 더욱 더 낮아지게 했고 그 결과 핸들링이 향상되었다. 이 차의 심장은 역시 쉐보레의 스몰블락 엔진이었으나, B&M루트타입 슈퍼차저를 올려서 어마어마한 출력을 쏟아냈다. 파워를 감당하기 위해서 포드의 리미티드 슬립 디퍼렌셜(LSD)이 사용되었으며, 13인치 믹키 탐슨(Mickey Thompson)의 타이어를 채택했다.

최고속도	235km/h
0-96km/h	3.9초
엔진 형태	V8
배기량	5,735
변속기	3단 자동
최고출력	420마력(@5,400rpm)
토크	58.7kg·m(@2,500rpm)
공차중량	1,453kg
연비	3.3km/l

쉐보레(Chevloet) 카마로(Camaro) Z28 1968

머스탱에 대항하는 쉐보레 카마로의 강력한 레이싱 버전 양산차

GM은 포드 머스탱의 대항마로 카마로를 만들었다. 하지만 머스탱의 열성 팬들이 워낙 많아서, GM은 더 강력한 카마로를 만들기 위해 강력한 파워를 이식할 필요가 있었고, 그 결과 Z28이 탄생했다. GM은 Z28으로 트랜스 앰 레이스에 출전하고자 했는데, 이 레이스에 출전하려면 1000대 이상의 양산형 버전을 만들어야 한다는 호몰로게이션 규정을 충족시켜야 했다. 하지만 1968년이 끝날 때쯤 Z28은 이미 7000대 이상이 팔려서 호몰로게이션 규정은 가볍게 통과할 수 있었다. 이 차는 5리터 이하의 고 rpm의 레이스타입 엔진이 필요했으며, 따라서 쉐보레는 4인치 327블락과 쇼트 스트로크 3인치 단조 크랭크를 결합해 사용했다. 11:1의 높은 압축비와 커다란 밸브 헤드 및 하이 리프트 캠샤프트를 사용해서, 290마력을 350마력까지 끌어올렸다. 스티어링 휠의 반응성이 향상되었고, 날카로운 브레이크와 딱딱해진 뒷바퀴 판스프링과 계량된 쇼크 업소버를 통해 핸들링이 대폭 향상되었다. 원래의 3단 자동 변속기 대신 4단 수동 변속기를 얹었다.

최고속도	197km/h
0-96km/h	6.5초
엔진 형태	V8
배기량	4,948
변속기	4단 수동
최고출력	290마력(@5,800rpm)
토크	39.2kg·m(@4,200rpm)
공차중량	1,604kg
연비	5.6km/l

쉐보레(Chevolet) 카마로(Camaro) Z28 1992

카마로 출시 25주년을 기념하기 위해 출시된 퍼포먼스카

3세대 카마로는 1982년 출시되어 10년동안 인기를 끌었으며, 이 기간동안 꾸준히 파워가 향상되었고, 1967년부터는 대중들로부터 인기를 끌던 여러가지 특성들을 계속해서 발전시켰다. Z28은 카마로 출시 25주년을 기념하기 위해 1992년 출시된 퍼포먼스 옵션이다. 여느때처럼 Z28은 카마로의 전통을 계승해 빨간색, 하얀색, 검은색의 외장 패키지를 선택할 수 있었으며, 스포일러와 사이드 스커트를 사용해 현대적인 디자인을 입혔다. 뒷 서스펜션은 리지드 액슬 서스펜션이었으며, 리미티드 슬립 디퍼런셜(LSD)를 사용했고 세로방향의 파나르 로드를 사용해서 차체의 꼬리 흔들림을 방지해 코너링에서 더 뛰어난 성능을 발휘했다. 5리터 V8엔진은 전자제어식 퓨얼 인젝션 방식을 채택했으며 5단 수동 변속기가 장착되었다. 양산차 버전에서는 1/4마일을 14초 안에 주파할 수 있었다.

최고속도	219km/h
0-96km/h	6.5초
엔진 형태	V8
배기량	4,998
변속기	5단 수동
최고출력	235마력(@4,400rpm)
토크	40.5kg·m(@3,200rpm)
공차중량	1,411kg
연비	4.9km/l

쉐보레(Chevolet) 카마로(Camaro) Z28 1997

쉐보레 카마로의 4세대 모델 출시를 기념한 경량 머슬카로, 엔진과 변속기의 조합이 우수했다.

1993년 카마로의 4세대 모델이 출시되며 머슬카의 역사를 이어나갔다. 쉐보레는 오리지널 가격인 2만 달러 이하로 Z28 모델을 판매했다. 서브프레임 섀시를 이용한 모노코크 바디를 사용했으며, Z28은 가스 쇼크 업소버를 모든 서스펜션에 차용했다. 또한 팬하드 로드(Panhard Rod)와 리지드 액슬 서스펜션이 뒤쪽에 사용되었다. 스몰블락 쉐보레 엔진(LT1)은 보닛 아래 위치했다. LT1엔진은 멀티-포인트 퓨얼 인젝션, 알루미늄 헤드, 롤러 캠이 사용되었으며, 10.4:1의 압축비를 자랑했다. 가장 좋은 점은 파워를 제어할 수 있는 6단 수동 변속기였다. Z28의 무게를 가볍게 유지하기 위해, 모든 바, 리어 휀더, 보닛과 루프가 플라스틱으로 제작되었다.

최고속도	155km/h
0~96km/h	6.1초
엔진 형태	V8
배기량	5,735
변속기	6단 수동
최고출력	275마력(@5,000rpm)
토크	43.9kg·m(@2,400rpm)
공차중량	1,580kg
연비	6.78km/l

쉐보레(Chevolet) 카마로(Camaro) SS 1998

쉐보레 카마로의 라인업 중 가장 강력한 라인업으로, 미국을 대표하는 강력한 머슬카 중 하나이다.

SS는 슈퍼 스포츠(Super Sport)의 약자로, 1988년 카마로 SS가 출시되기 몇 년 전부터 사용되었다. 1967년 오리지널 카마로 SS는 5.7리터 V8엔진에 터보차저를 장착하고 295마력을 냈으며, 스페셜한 SS후드, 뱃지와 스트라이프 도색이 상징이었다. 좀 더 최신 버전에서는, 엔진 출력은 비슷했으나 알루미늄으로 경량화에 성공해서 0-96km를 5초 이내로 주파했으며, 1/4 마일을 13초 안에 주파하는 쾌거를 보였다. 알루미늄 LS1 엔진은 305마력까지 발휘했다. 뒤쪽 리지드 액슬 서스펜션은 노면이 좋지 않을 때만 핸들링에서 어려움을 겪었다. 앞쪽에는 위시본 서스펜션을 사용했으며, 9x17인치 알로이 휠과 275/40 타이어를 사용했다. 이는 쉐보레의 머슬카 중 가장 빠른 차 중 하나였다.

최고속도	258km/h
0-96km/h	5.2초
엔진 형태	V8
배기량	5,686
변속기	6단 수동
최고출력	320마력(@5,200rpm)
토크	43.9kg·m(@4,400rpm)
공차중량	1,633kg
연비	9.6km/l

쉐보레(Chevolet) 카마로(Camaro) ZL1

쉐보레 역사상 가장 강력한 머슬카로 손꼽히는 한정생산 퍼포먼스카

카마로 ZL1은 쉐보레 역사상 출시된 모든 머슬카 중 정점에 있는 머슬카다. 가장 강력한 카마로 중 하나이며, 69대만이 생산된 희귀한 차량이다. 당시 반복되던 레이싱 사고 때문에 미국 자동차 생산 협회는 1955년 제조사에서 공식적으로 지원하는 레이싱카 제작을 금지했는데, 1960년대 쉐보레도 이 정책에 동참하여, 6.9리터 이상의 엔진은 콜벳이나 풀사이즈 차에만 공급했다. 그러나 콜벳 엔지니어였던 빈스 피긴스는 이 정책의 허점을 발견하였고 ZL1을 만들었다. ZL1은 SS396모델을 기반으로 했으며, 계량된 서스펜션, 프론트 디스크, 우뚝 솟아오른 보닛, 그리고 모든 쉐보레 엔진 중 가장 강력한 엔진을 품었다. 알루미늄으로 만든 7.2리터 V8엔진은 스몰블락 엔진과 비슷한 무게였으며, 따라서 핸들링도 마우 우수했다. 레이싱 타이어를 신으면 1/4마일을 11초에 주파할 수 있었다. 자동차 수집가들은 이 ZL1을 구입하기 위해 15만 내지 20만 달러를 지불하곤 했다.

최고속도	201km/h
0-96km/h	5.3초
엔진 형태	V8
배기량	6,997
변속기	4단 수동
최고출력	430마력(@5,200rpm)
토크	60.8kg·m(@4,400rpm)
공차중량	1,500kg
연비	2.5km/l

쉐보레(Chevolet) 콜뱃(Corvette) 1953-1955

최첨단 기술이 적용된 쉐보레 최고의 스포츠카

콜뱃은 출시 초기 판매량이 아주 높지는 않았지만, GM은 콜뱃을 단종시키지 않고 계속해서 라인업에서 유지했다. 1953년 GM 모토라마 쇼에서 데뷔했으며, 이듬해부터 생산에 들어갔고 모든 차량은 하얀색이었다. 1954년 다른 색상이 일부 추가되었으며, 파워가 향상된 버전이 출시되었다. 콜뱃은 세계 최초로 유리 섬유가 사용된 양산차였다. 스틸 섀시가 사용되었으며, X형 보강재가 추가되어 차체 강성을 강화했다. 또한 콜뱃에 사용된 신기술은 섀시 레일 바깥쪽에 장착된 판 스프링 구조의 서스펜션이었다. 직렬 6기통 엔진은 쉐보레 세단에서 가져왔으며 하이 리프트 캠샤프트, 높은 압축비, 그리고 강화된 밸브 스프링을 통해 고 rpm에서의 주행도 견딜 수 있었다. 이 차는 1954년까지 생산되었으며, 이를 가능케 한 것은 스몰블락 V8엔진이었다.

최고속도	172km/h
0–96km/h	11초
엔진 형태	직렬 6기통
배기량	3,850
변속기	2단 자동
최고출력	150마력(@4,200rpm)
토크	30.1kg·m(@2,400rpm)
공차중량	1,295kg
연비	5.7km/l

쉐보레(Chevolet) 콜뱃(Corvette) 1956-1962

강력한 V8엔진을 장착하고 뛰어난 스타일을 가진 최고의 스포츠카

1956년 V8엔진으로 소개된 콜뱃은 전 세계에 쉐보레를 '모든 이들의 취향을 맞출 수 있을 만큼 다양한 차를 생산하는 회사'라는 이미지를 구축하게 했다. 1958형 콜뱃은 더 넓어지고 더 길어져서 공격적인 디자인을 자랑했다. 그 유명한 쉐보레의 스몰블락 엔진은 4.5리터 V8엔진으로 시작해서 1958년에는 4.6리터로 커졌으며, 1962년에는 5.4리터급으로 향상되었다. 콜뱃의 V8엔진은 특히 퓨얼 인젝션 시스템이 매우 뛰어났으며, 콜뱃을 세계에서 가장 파워풀하고 빠른 스포츠카가 될 수 있도록 한 원동력이었다. 또한 스로틀을 열면 튀어나오는 오버스티어 성향을 극복할만큼 스티어링 자체는 뛰어났으나, 브레이킹 성능은 기대 이해였다. 디자인적인 측면에서 전투기에서 영감을 받아 디자인된 1956-1962형 콜뱃은 가장 멋진 스타일을 뽐냈다.

최고속도	217km/h
0-96km/h	6.1초
엔진 형태	V8
배기량	5,385
변속기	4단 수동
최고출력	360마력(@6,000rpm)
토크	47.5kg·m(@4,000rpm)
공차중량	1,337kg
연비	4.4km/l

쉐보레(Chevolet) 콜뱃(Corvette) 그랜드 스포츠(Grand Sport)

서킷 레이스에서 뛰어난 성적을 거둔 레이싱 버전의 콜뱃

5세대 콜뱃이 출시되면서 콜뱃은 이전의 디자인에서 벗어나고자 했고, 1996년 그랜드 스포츠가 태어났다. 1960년대 그랜드 스포츠 레이스 차들은 SCCA 서킷 시리즈에서 좋은 성과를 거뒀는데, 이 차들은 공통적으로 스트라이프로 도색을 했다는 특징이 있었다. 서스펜션은 더 두꺼운 안티롤바를 사용했으며, 딱딱한 스프링과 쇼크 업소버를 사용해 핸들링시 노면 정보를 더 잘 읽어들일 수 있도록 했다. 뒤쪽에 장착된 커다란 315/35 타이어는 아치형 보강재를 장착해서 뒷바퀴로 뿜어져 나오는 출력을 감당할 수 있었다. 출시 전년도에 쉐보레가 LT-5엔진을 포기한 일만 없었다면, 405마력을 내는 이 엔진은 콜뱃에 이상적인 엔진이 될 수 있었다. 하지만 쉐보레는 LT-5대신 5.7리터 LT-4엔진의 피스톤, 밸브, 실린더 등을 계량하여 사용했다. ZF사의 6단 수동 변속기가 장착되어 엔진을 효과적으로 다뤘다.

최고속도	270km/h
0-96km/h	4.7초
엔진 형태	V8
배기량	5,735
변속기	6단 수동
최고출력	330마력(@5,800rpm)
토크	45.9kg·m(@4,500rpm)
공차중량	1,499kg
연비	7.5km/l

쉐보레(Chevolet) 콜벳 스팅레이(Corvette Sting Ray) 1963

쉐보레 콜벳의 레이싱 프로그램에서 가져온 차체에 멋진 디자인을 입힌 쉐보레의 걸작품

취소된 콜벳 SS레이싱 프로그램에서 가져온 차체를 바탕으로, GM의 스타일리스트 빌 미셸과 디자이너 래리 시노다는 '스팅레이'라는 고유의 스타일을 창조했다 또한 그들은 자비로 이를 광고하기도 했다. 1963년 출시된 2세대 콜벳 이후, 쉐보레는 디자이너 미셸의 심한 반대를 무릅쓰고 리어 윈도우를 절반으로 나눴다. 스팅레이는 하드탑과 오픈탑 버전으로 출시되었으며, 콜벳 차량 최초로 완전히 독립적인 서스펜션을 채택하여 핸들링을 극적으로 향상시켰고, 재규어 XKE 레이스 카와 경쟁할 정도의 경지에 올랐다. 뒤쪽은 판스프링 서스펜션을 채택하였으며, 기본엔진은 5.3리터급이었지만 레이스 버전은 360마력과 4단 수동 변속기를 선택할 수 있었다.

최고속도	189km/h
0~96km/h	6.1초
엔진 형태	V8
배기량	5,358
변속기	4단 수동
최고출력	300마력(@5,000rpm)
토크	48.6kg·m(@3,200rpm)
공차중량	1,436kg
연비	6.4km/l

쉐보레(Chevolet) 콜벳(Corvette) ZR1

LT5엔진이 장착된 최초의 콜벳으로, 드라이브 모드가 사용되었다.

콜벳에 장착된 엔진 중 기술적으로 가장 진보한 엔진인 LT5은 콜벳 ZR1에 장착되었다. ZR1은 1990년 대대적으로 광고를 하며 출시되었는데, 더 넓어진 후면 차체와 11x17인치 알로이 휠, 315/35 타이어를 장착하여 기존 시리즈와 차별화된 디자인을 선보였다. 엔진은 로터스가 쉐보레의 스몰블락 V8엔진을 기반으로 개량한 엔진을 사용했다. 알루미늄 소재를 사용했으며, 캠샤프트를 새로이 교체했고 실린더당 밸브 개수를 늘렸다. 실린더 1개당 2개의 연료분사구가 설치되었으며, 그 중 1개는 3500rpm 이하에서는 작동하지 않았다. 스로틀을 깊게 밟아서 3500rpm이 넘어서면 다른 연료분사구가 열리며 405마력을 뿜어냈다. 또다른 최첨단 사양으로는, 서스펜션을 운전자가 선택할 수 있었는데, 투어링, 스포츠, 퍼포먼스 3단계로 설정할 수 있었다.

최고속도	288km/h
0-96km/h	5.0초
엔진 형태	V8
배기량	5,735
변속기	6단 수동
최고출력	405마력(@5,800rpm)
토크	50.1kg·m(@4,800rpm)
공차중량	1,600kg
연비	5.2km/l

쉐보레(Chevolet) 콜벳(Corvette) C5

미국에서 꾸준히 많은 사랑을 받은 콜벳의 5세대 모델

50번째 생일이 지난 후에도 여전히 존재감을 발휘하는 콜벳은 가장 오랫동안 생산된 슈퍼카였으며, 1997년 출시된 C5는 5세대 모델이었다. 새롭게 바뀐 V8 스몰블락 엔진은 LS1으로 명명되었으며, C5를 위해 제작되었다. 새로운 실린더 헤드와 인덕션 시스템, 전자제어식 퓨얼 인젝션, 전자제어식 스로틀 컨트롤, 레이스카처럼 회전속도를 올리는 모터는 강력하기 그지 없었다. 유리섬유로 제작된 바디와 마그네슘 소재의 휠 덕분에, 비교적 낮은 무게를 유지할 수 있었다. 차체 바닥은 강철과 발사나무로 제작되었으며, 이는 차체 강성 확보에 도움을 주었다. 트랜스액슬(Transaxle) 레이아웃을 채택하여 무게분배와 핸들링에서 큰 장점이 있었다.

최고속도	281km/h
0-96km/h	4.7초
엔진 형태	V8
배기량	5,686
변속기	6단 수동
최고출력	345마력(@5,400rpm)
토크	47.3kg·m(@4,400rpm)
공차중량	1,464kg
연비	7.2km/l

쉐보레(Chevolet) 쿠페(Coupe) 1940

쉐보레 최초로 플라스틱과 스테인리스 스틸을 사용한 쿠페로, 레이스에서 우승을 차지하기도 했다.

쉐보레는 1940년에 중요한 모델을 출시했다. 쉐보레 역사상 처음으로 플라스틱과 스테인리스 스틸을 동시에 사용했으며, 유명한 레이싱 드라이버인 후안 마뉴엘 판히오가 그란 프리모 델 노르테 레이스에서 비즈니스 쿠페를 타고 9654km를 달려 우승한 것으로 유명해졌다. 쉐보레는 항상 양산차를 만들 때 포드에 밀려 2인자였으나, 이 경우에는 달랐다. 독립형 A-암 서스펜션과 재규어의 독립형 리어 서스펜션을 채택하였으며, 거대한 브레이크 디스크와 4포트 캘리퍼를 사용해서 제동력도 뛰어났다. 3개의 2배럴 카뷰레터를 장착한 콜벳의 스몰블락 엔진을 가져왔으며, 평소에는 중앙 카뷰레터를 사용하다가 스로틀을 깊게 밟으면 3개의 카뷰레터가 모두 사용되었다. 콜벳의 전자식 시트를 장착했다.

최고속도	201km/h
0-96km/h	6.8초
엔진 형태	V8
배기량	5,358
변속기	4단 자동
최고출력	300마력(@5,000rpm)
토크	43.3kg·m(@3,200rpm)
공차중량	1,318g
연비	5.25km/l

쉐보레(Chevolet) C10 1973

현대적인 디자인을 한 픽업트럭으로, 강력한 엔진을 장착했으며 튜닝이 용이했다.

1973년 쉐보레의 소형 트럭은 좀 더 부드럽고 현대적인 외모로 변화하고 있었다. 루프레일의 모양은 도어 패널을 침범하지 않았으며, 사이드 유리는 곡선이었다. 측면 라인은 유려한 곡선이 들어갔으며, 트럭을 더 넓어보이도록 했다. 엔진 격납실이 기대했고, 차의 외모 또한 공격적이어서 1973년형 C10은 많은 튜닝카들을 만들어냈다. 스프링을 낮추면 지면과 트럭과의 거리를 짧게 할 수 있었으며, 판스프링과 차축 사이의 블록을 조절하여 차체를 올리고 낮출 수 있었다. 보닛 아래에는 7.4리터 콜벳 빅블락 엔진이 장착되었으며, 1/4마일을 15초 이내에 주파했다.

최고속도	195km/h
0-96km/h	7.8초
엔진 형태	V8
배기량	7,439
변속기	3단 자동
최고출력	425마력(@6,200rpm)
토크	67.5kg·m(@3,400rpm)
공차중량	1,838kg
연비	2.5km/l

쉐보레(Chevolet) 엘 카미노(El Camino) SS454

쉐보레 머슬카의 정점에 있는 모델로, 최고 450마력을 발휘했다.

많은 머슬카들은 해당 제조사의 정점에 있는 모델로 기억되는데, 1970년에 출시된 엘 카미노 SS454도 마찬가지다. 엘카미노는 1960년부터 4년간 생산되지 않았으나, 1964년 6.5리터의 엔진을 품고 출시되었다. 1968년 대대적인 페이스리프트를 거친 후 부드럽고 좀 더 곡선을 많이 사용한 디자인으로 돌아왔으나, 6.5리터 엔진만은 그대로 남아있었다. 1970년 엘 카미노는 7.4리터 V8 'Rat'엔진을 장착하여 쉐보레 SS와 같은 길을 걸었다. 엔진은 2가지 버전을 고를 수 있었는데, 얌전한 엔진은 360마력을 발휘했으며, 강력한 엔진을 선택하면 450마력을 뿜어내는 괴물을 다룰 수 있었다. 뒤쪽에 실리는 하중이 매우 가벼워서, 급가속시 뒷바퀴는 맹렬하게 요동을 치곤 했다.

최고속도	208km/h
0-96km/h	7.0초
엔진 형태	V8
배기량	7,439
변속기	3단 자동
최고출력	360마력(@4,400rpm)
토크	67.5kg·m(@3,200rpm)
공차중량	1,941kg
연비	5km/l

쉐보레(Chevolet) II SS

강력한 엔진을 장착했지만 지루한 외모와 부족한 제동력이 단점으로 지적된 2도어 쿠페

무난한 디자인을 가진 쉐비-II는 레저를 즐기는 노인들의 차로 여겨졌다. 이러한 인식은 쉐보레가 5.7리터 L79 콜벳 V8 엔진을 1966년 SS모델에 장착하며 확 달라졌다. 점잖은 디자인에도 불구하고 가벼운 차체 덕에 SS는 뛰어난 머슬카들과 겨룰 수 있었다. 강력한 퍼포먼스를 낼 때는 이 차에 장착된 드럼식 브레이크가 약간 무서울 수도 있었다. 또 다른 단점으로는, 판스프링의 설계상 문제로 급가속시 진동이 심했다는 점이 있다. 변속기는 4단 수동 변속기가 사용되었으며, 1/4마일을 14초 이내로 주파할 수 있었다. 275마력을 내는 기본형 모델도 판매되었고, 판매량은 기본형모델이 퍼포먼스 모델보다 2배 이상 많았다. 하지만 콜렉터에게는 퍼포먼스 모델이 훨씬 인기가 많았다.

최고속도	197km/h
0-96km/h	6.5초
엔진 형태	V8
배기량	5,358
변속기	4단 수동
최고출력	350마력(@5,800rpm)
토크	48.6kg·m(@3,600rpm)
공차중량	1,427kg
연비	5km/l

쉐보레(Chevolet) 임팔라(Impala) SS 1996

현대적인 기술이 접목된 강력한 럭셔리 머슬카

1993년 컨셉트카로 데뷔한 임팔라 SS는 미국에서 대중적으로 긍정적인 반응을 이끌어냈고, GM은 이에 힘입어 양산차 제작을 결심했다. 3년 뒤 1996년, 임팔라SS가 시장에 출시되었고, 현대적인 기술이 접목된 머슬카가 얼마나 뛰어날 수 있는지 증명해냈다. 5.7리터 스몰블락 V8 엔진을 장착한 단일 모델로만 출시되었는데, 멀티포인트 인젝션(MPI)방식을 채택한 덕분에 뛰어난 성능을 자랑했다. 0–96km/h를 7초 이내에 주파할 수 있었으며, 최고속도 또한 시속 224km에 달했으며 연비도 7.5km/l로 우수했다. 이 차의 중량은 약 2톤으로, 가벼운 차는 아니었다. 하지만 두꺼운 안티롤바, 딱딱한 서스펜션 덕분에 접지력은 우수했다. 견고한 프론트 스핀들과 거대한 12인치 브레이크 디스크는 주행하고자 하는 욕구를 가지게 했다. 또한 인테리어도 매우 고급스러워서, 임팔라 SS는 이후 출시되는 럭셔리카의 조상으로 불릴 자격이 있었다.

최고속도	224km/h
0–96km/h	6.6초
엔진 형태	V8
배기량	5,735
변속기	4단 자동
최고출력	260마력(@5,000rpm)
토크	44.6kg·m(@3,200rpm)
공차중량	1,923kg
연비	7.5km/l

쉐보레(Chevolet) 임팔라(Impala) SS427

넓은 공간을 제공하고 강력한 엔진을 장착한 스포츠카

쉐보레는 1967년 새롭게 임팔라 427을 출시하면서, "넓은 슈퍼카를 갖고 싶은 사람'을 타겟으로 삼았다. 이 마케팅 전략은 유효했다. 또한 콜벳에 사용된 빅블락 엔진을 가지고 온 덕분에 성능도 매우 인상적이었다. 1년 전에 출시된 그 유명한 'Rat'엔진을 징착했으며, 헤드에 징착된 밸브덕분에 더 높은 출력을 발휘했고 강력한 토크로 임팔라를 울부짖게 할 수 있었다. 1960년대 임팔라는 넓은 전면부 디자인을 특징으로 했는데, 1967년 패스트백 쿠페 스타일 이후로 차체 강성을 더 확보해서 우수한 핸들링을 내기 위해 이러한 디자인이 점점 변화했다. SS는 우수한 서스펜션으로 인해 거대한 머슬카 중에서 가장 좋은 핸들링을 자랑했다. SS모델은 1968년에 단종되었다.

최고속도	211km/h
0-96km/h	7.1초
엔진 형태	V8
배기량	7,439
변속기	3단 자동
최고출력	360마력(@4,400rpm)
토크	67.5kg·m(@3,200rpm)
공차중량	1,755kg
연비	4.1km/l

쉐보레(Chevolet) 임팔라(Impala) 1958

트라이-쉐비를 계승하여 출시된 쉐보레의 대형 세단

1955~1957년에 큰 성공을 거둔 '트라이-쉐비'를 잇는 모델을 출시하는 것은 어려운 일이었으나, 쉐보레는 1958년 임팔라로 성공적으로 임무를 다했다. 처음이었다. 쉐보레는 좀 더 낮아보이는 차체를 만들고 싶어했고, X프레임을 기반으로 한 새로운 차체를 디자인해냈다. 메인 레일이 중앙에서 조립되는 형식을 취했는데, 이는 차체 옆부분의 강성 확보에는 좋지 않았다. 따라서 부족한 차체 강성을 확보하기 위해 많은 보강재들이 사용되었다. 엔진은 소형 트럭을 위해 새롭게 만들어진 W시리즈 엔진을 장착했는데, 작은 사이즈에도 250마력을 냈으며, 315마력 버전도 선택할 수 있었다. 옵션으로 판 스프링 대신 에어 서스펜션을 선택할 수 있었다.

최고속도	184km/h
0-96km/h	10.5초
엔진 형태	V8
배기량	5,702
변속기	3단 수동
최고출력	250마력(@4,400rpm)
토크	45.2kg·m(@2,800rpm)
공차중량	1,572kg
연비	5km/l

쉐보레(Chevolet) 임팔라(Impala) 1960

쉐보레 라인업 중 가장 최고급 모델로 큰 차체와 강력한 성능, 다양한 옵션을 자랑했다.

1959년 임팔라는 쉐보레의 라인업 중 정점에 있는 모델이었으며, 커다란 차체, 야성적인 디자인, 넘치는 출력(마력)과 럭셔리한 실내까지, 모든 것을 다 갖춘 차였다. 하지만 핸들링은 날카롭기보다는 편안함을 추구했는데, 1960년 모델에서는 이를 개선하기 위하여 앞 더블위시본, 뒤 코일 스프링 서스펜션을 채택했다. 엔진은 직렬 6기통 5.7리터 엔진도 선택할 수 있었다. 디자이너들은 차체를 더 길고 낮아 보이게 하는데 집중했으며, 구매자에게 많은 옵션을 선택할 수 있도록 해서 커스터마이징의 기회를 제공했다. 사이드 스커트, 스포트 라이트, 휀더 가드, 원격제어 트렁크, 에어컨 등 많은 편의장비가 있었으며, 6인승으로도 선택할 수 있었다. 이러한 특성 덕분에 수많은 애호가들이 생겨났다.

최고속도	230km/h
0~96km/h	4.8초
엔진 형태	V8
배기량	7,669
변속기	3단 자동
최고출력	525마력(@6,200rpm)
토크	71.9kg·m(@4,200rpm)
공차중량	1,477kg
연비	2.1km/l

쉐보레(Chevolet) 몬테 카를로 SS454(Monte Carlo SS454)

쉐빌레(Chevelle) 플랫폼에 강력한 엔진과 럭셔리한 소재를 사용한 머슬카

1970년식 몬테 카를로의 디자인은 럭셔리함으로 표현할 수 있었다. 쉐빌레(Chevelle)의 플랫폼을 사용했지만 휠베이스를 늘렸다. 바디와 섀시 사이에 고무 마운트를 적극적으로 사용해서 노면에서 올라오는 진동을 줄였고, 실내로 들어오는 소음도 줄였다. 옵션으로 빅 블락 엔진을 선택할 수 있었다. 롱-스트로크(Long Stroke) LS-5 엔진은 전 rpm 영역에서 고르게 강력한 토크를 선사했다. 이듬해에 출시된 모델은 더 출력이 더 높아져서 450마력을 발휘했다. 서스펜션은 앞에는 위시본, 뒤에는 코일 스프링이 사용되었고, 자동 레벨 컨트롤 시스템과 온보드 에어 컴프레셔가 사용되었다. 내부는 세미 버킷시트와 월넛 대쉬보드로 장식했다.

최고속도	211km/h
0~96km/h	7.1초
엔진 형태	V8
배기량	7,439
변속기	3단 자동
최고출력	360마력(@4,400rpm)
토크	67.5kg·m(@3,200rpm)
공차중량	1,755kg
연비	4.1km/l

쉐보레(Chevolet) 노마드(Nomad) 1956

쉐보레에서 만든 고성능 소프츠 왜건으로, 퍼포먼스와 실용성을 잡았다.

쉐보레 노마드는 1955~1957년 쉐보레 라인업 중 가장 상위의 모델이었다. 1955년 쉐보레가 새롭게 만든 V8 스몰블락 엔진은 기존의 4.3리터 엔진을 대체했으며, 세단과 웨건에서 최대 성능을 발휘하도록 계량된 버전이있다. 노마드는 여타 웨건과 다르게, 2도어 바디에 테일게이드가 위로 열리는 구조를 취했으며, 이는 스포티하다는 평을 받았다. 기본형 모델은 전 더블위시본, 후 판스프링 서스펜션을 착용하여 V8엔진에서 162마력을 냈다. 이 차는 1986년형 콜벳에서 가져온 서스펜션을 사용했고, 차체를 더 낮게 디자인해서 핸들링을 개선했다. 또한 구형 4.3리터 엔진을 최신의 5.8리터 스몰블락 엔진으로 교체하였고 B&M 슈퍼차저를 더했다. 노마드는 워낙 완성도가 높은 차여서, 다음 세대로 넘어갈 때도 커스텀 페인트 등 마이너한 변화만 있었다.

최고속도	210km/h
0-96km/h	5.5초
엔진 형태	V8
배기량	5,866
변속기	3단 자동
최고출력	400마력(@4,800rpm)
토크	56.7kg·m(@3,000rpm)
공차중량	1,523kg
연비	3km/l

쉐보레(Chevolet) 노바(Nova) SS 1973

드래그용 머신으로 애용된 쉐보레의 패스트백

1968년 노바는 차체 크기를 좀 더 키워서, 중형차의 외관을 갖추게 되었다. 또한 패스트백 스타일 덕분에 그 시절 유행했던 머슬카와 비슷한 디자인을 가지기도 했다. 빅블락 V8엔진도 선택할수 있었으나, 1973년 첫 출시되었을 때는 스몰블락 V8엔진을 탑재한 모델만 판매되었다. 드래그 레이스용 머신으로 각광받았는데, 보닛 아래 거대한 공간이 있어 커다란 엔진을 장착하기에용이했기 때문이다. 어떤 차주들은 7.4리터 빅블락 엔진부터, 7.6리터 엔진까지 보닛 아래에 심었으며, 밸런스가 완벽하게 맞는다는 평가를 받았다. 하이 리프트 캠샤프트, L88 매니폴드, 4배럴 헐리(Holley) 카뷰레터를 장착한 7.4리터 엔진은 450마력을 냈으며, 1/4마일을 12.5초만에주파했다. 스톡 서스펜션을 사용했으며, 뒤쪽에 장착된 트랙션 바는 급가속시 도움을 주었다.

최고속도	230km/h
0-96km/h	4.8초
엔진 형태	V8
배기량	7,669
변속기	3단 자동
최고출력	525마력(@6,200rpm)
토크	70.2kg·m(@4,200rpm)
공차중량	1,477kg
연비	2.1km/l

쉐보레(Chevolet) 엔코 쉘빌(Yenko Chevelle)

돈 엔코가 튜닝한 한정생산 쉘빌으로, 직선 가속력이 엄청났다.

돈 엔코(Don Yenko)는 카마로의 튜너로 유명했는데, 1969년 그는 쉘빌의 튜닝에도 참여했다. 그가 튜닝한 쉘빌은 엄청난 스트리트 레이서가 되었다. 그는 375마력을 내는 6.6리터 빅블락 엔진 대신, 7.2리터 엔진을 장착했다. 직선에서의 퍼포먼스를 향상시키기 위해 커다란 디스크 브레이크를 장착하고, 먼시(Muncie)의 4단 수동 또는 GM의 TH400 자동 변속기를 적용했다. 서스펜션은 후 코일스프링, 전 독립식 A암이 사용되었다. 차 외부에는 엔코 SC(슈퍼카) 로고가 새겨져 있었으며, 검은색 스트라이프 도장으로 멋을 냈다. 그러나 이 차를 도로에서 보는 것은 어려운 일이었다. 1969년에 99대만이 한정 생산되고, 엔코 쉐벨 SS454로 1970년 대체되었기 때문이다.

최고속도	176km/h
0-96km/h	5.7초
엔진 형태	V8
배기량	6,997
변속기	3단 자동
최고출력	450마력(@5,000rpm)
토크	62.1kg·m(@4,000rpm)
공차중량	1,727kg
연비	2.8km/l

시트로엥(Citroen) SM

마세라티에서 가져온 엔진을 바탕으로 랠리에서 좋은 성적을 거둔 시트로엥의 패스트백

프랑스의 자동차 제조사인 시트로엥은 1969년 이탈리아의 마세라티를 인수하고 재정적으로 풍부한 지원을 했다. 마세라티는 시트로엥에 새로운 엔진과 변속기를 제공했는데, 시트로엥은 이를 슈퍼카 SM에 장착했다. 원가 절감을 위해 SM의 많은 부품(수공식 서스펜션, 매우 민감한 4휠 디스크 브레이크 등)은 시트로엥 DS에서 가져왔다. V6엔진은 마세라티로부터 가져왔는데 3리터 V8엔진에서 실린더 2개를 제외하고 배기량을 낮춘 2.6리터급 엔진이었다(추후 3리터급으로 변경). 변속기는 엔진보다 앞부분에 위치했는데, 이는 엔진을 취대한 뒤로 위치시켜서 무게배분에서 이득을 보기 위해서였다. 1971년 시트로엥은 모로코 랠리에 이 차 4대를 출전시켰고, 1위, 3위, 4위를 차지하는 쾌거를 이뤘다. 푸조가 1974년 시트로앵을 인수했고, 이듬해 SM은 단종되었다.

최고속도	227km/h
0–96km/h	8.5초
엔진 형태	V6
배기량	2,670
변속기	5단 수동
최고출력	178마력(@5,500rpm)
토크	23.1kg·m(@4,000rpm)
공차중량	1,453kg
연비	4.4km/l

코스워스(Cosworth) 베가(Vega)

미국의 자존심을 살린 소형차로, 4기통 2리터 엔진을 장착하고 핸들링이 뛰어났다.

코스워스 베가는 시대를 앞선 차여서, 출시된지 5년이 지난 후에야 높은 판매량을 거둘 수 있었다. 쉐보레는 수입 컴팩트 세단과 쿠페에 대적하기 위한 모델이 필요했다. 상위 옵션을 선택하면 110마력의 2.3리터 4기통 엔진을 선택할 수 있었다. 1973년 쉐보레는 1970년대 중반 오일쇼크를 겪으며, 코스워스에 '베가'를 더 강력하면서도 경제적으로 업그레이드하라는 특명을 내렸다. 코스워스는 알로이 블락을 사용하면서도 짧은 스트로크를 가진 2리터급 엔진을 사용했으며, 트윈 캠샤프트 16v 헤드를 더했다. 계량된 피스톤과 전자제어식 연료분사방식은 130마력을 발휘했으나, 양산형 버전은 110마력으로 디튠되었다. 계량된 서스펜션과 향상된 스티어링과 6x13인치 휠 덕분에 핸들링이 우수했다.

최고속도	180km/h
0-96km/h	12.3초
엔진 형태	직렬 4기통
배기량	1,998
변속기	4단 수동
최고출력	110마력(@5,600rpm)
토크	14.4kg·m(@4,800rpm)
공차중량	1,200kg
연비	7km/l

데일 언하르트(Dale Earnhardt) 쉐비 루미나(Chevy Lumina)

쉐보레 루미나의 나스카 출전용 레이싱 버전

'Intimidator(위협자)'라는 별명으로 잘 알려진 미국의 전설적인 카 레이서 데일 언하르트는, 오랫동안 쉐보레의 나스카 드라이버로 활약했으며, 1992년부터는 루미나를 타고 나스카 무대를 누볐다. 1992년 나스카에서 쉐보레는 부진했는데, 이를 극복하기 위해 1993년에 쉐보레는 2배의 노력을 쏟아부어서 윈스톤 컵 챔피언십에서 우승을 차지한다. 나스카에서처럼, 루미나는 양산형 차와 똑같은 모양을 하고 달려야 했는데, 다만 껍데기 안에는 세단 버전과 같은 것이 전혀 없었다. 강철 프레임이 내부를 감쌌으며, 트레일링 암과 팬하드 로드가 뒤쪽 차축에 위치했다. 앞에는 더블 위시본 서스펜션이 자리했으며, 커다란 안티롤바가 설치되었다. 이 차는 각기 다른 스프링 비율과 타이어를 장착했는데, 다양한 코스를 계속해서 달려야 했기 때문이다. 압축비 13:1의 쉐보레 스몰블락 엔진을 장착했으며, 무게는 1,587kg에 지나지 않았다. 케블러 바디 패널과 렉산 창문이 사용되었다.

최고속도	320km/h
0-96km/h	3.5초
엔진 형태	V8
배기량	5,866
변속기	4단 수동
최고출력	680마력(@7,000rpm)
토크	정보없음
공차중량	1,590kg
연비	정보없음

닷선(Datsun) 240Z

멋진 디자인, 저렴한 가격, 뛰어난 내구성과 실용성을 자랑한 해치백

1969년 닷선은 미국 시장을 정조준하여 240Z를 출시했다. 240Z는 디자인이 멋질뿐만 아니라, 독립형 서스펜션을 채택하고, 파워풀한 엔진을 장착했다. 차체는 모노코크 방식으로 빚었으며, 대부분의 차가 판스프링 서스펜션을 사용할 때, 240Z는 앞뒤 모두 스트럿 서스펜션을 사용해서 코너에서 완벽한 성능을 구사했다. 직렬 6기통 엔진은 블루버드의 4기통 엔진을 기반으로 제작되었으며, 충분한 파워와 토크를 뿜어내면서도 경제적이었고 신뢰도도 높았다.(소모품만 잘 교체하면 25만km까지는 잘 고장이 나지 않았다) 시트가 2개밖에 제공되지 않았지만, 해치백 구조상 실용적이었다. 만듦새의 완성도도 매우 높았으며, 3500달러면 구입할 수 있어서 4년 동안 15만대 이상 판매되었다.

최고속도	200km/h
0-96km/h	8.7초
엔진 형태	직렬6기통
배기량	2,393
변속기	5단 수동
최고출력	150마력(@6,000rpm)
토크	20.0kg·m(@4,400rpm)
공차중량	1,070kg
연비	8.9km/l

닷선(Datsun) 280 ZX 터보

닷선 240Z의 후속작 280Z에 터보를 더한 튜닝모델으로, 코너링과 제동력을 개선했다.

1969년형 240Z는 단순하고 효과적이었는데, 닷선은 몇 년 후 이를 개선한 버전을 출시하고자 했다. 그 결과 전작보다 무게가 늘어났는데, 날렵함은 조금 사라졌지만 더 높은 출력을 낼 수 있었다. 차체 크기도 커졌는데, 하지만 Z와 ZX 시리즈의 역사를 살펴보면, 모든 모델들은 튜닝을 위한 공간을 남겨두었다. 280ZX 터보는 영국 어섹스에서 튜닝되었으며, 1979년형 모델을 기반으로 터보차저를 더하고, 연료분사 방식을 개선하여 출력을 높였고, 1/4마일을 14초만에 주파했다. 가변식 쇼크 업소버, 모터스포츠에 사용되는 스프링, 계량된 안티롤바, 9인치/11인치 알로이 휠을 장착해 코너링 성능을 한껏 끌어올렸으며, 4피스톤 브레이크 캘리퍼와 거대한 타공 브레이크 디스크가 제동력을 향상시켰다. 외부에는 ZX-R의 승인을 얻어 IMSA아치로 장식했다.

최고속도	230km/h
0~96km/h	6초
엔진 형태	직렬 6기통
배기량	2,753
변속기	5단 수동
최고출력	260마력(@5,800rpm)
토크	39.8kg·m(@3,000rpm)
공차중량	1,295kg
연비	7.1km/l

닷선(Datsun) B-510

공도와 트랙에서 모두 뛰어난 성능을 발휘한 경량 레이스 카

닷선은 원래 레이스용 차를 잘 만드는 것으로 알려진 회사는 아니었다. 그러나, 블루버드(미국에서는 B-510)를 1967년 출시하자 닷선에 대한 이미지는 180도 바뀌었다. 그들은 가벼운 차를 잘 만들었는데, 앞 맥퍼슨 스트럿, 뒤는 독립형 트레일링 암을 채택하여 코너에서도 좋은 성능을 발휘했다. 1.5리터 엔진은 90마력을 발휘했는데, 가벼운 차를 다루기에는 충분한 출력이었다. 내부에는 차체 강성을 강화하기 위한 보강재가 설치되었으며, 알루미늄 판넬과 버킷시트가 장착되었다. 타공 디스크와 가변형 서스펜션은 공도와 트랙에서 좋은 성능을 발휘했다.

최고속도	178km/h
0-96km/h	7.6초
엔진 형태	직렬4기통
배기량	1,955cc
변속기	4단 수동
최고출력	150마력(@5,600rpm)
토크	21.1kg·m(@3,600rpm)
공차중량	968kg
연비	7.1km/l

닷선(Datsun) 페어레이디(Fairlady)

2리터 4기통 엔진을 사용한 일본산 스포츠카로, 동급 유럽차보다 성능이 뛰어났다.

1961년 닷선 페어레이디는 일본산 스포츠카의 공습을 알린 차였다. 경량화된 2리터 4기통 엔진은 영국산 스포츠카와 경쟁했으며, 퍼포먼스적인 측면에서 MG보다 우수했다. 박스형태의 섀시를 사용했으며, 앞에는 더블위시본, 뒤에는 판스프링 서스펜션을 채택했다. 초창기 모델은 드럼 브레이크를 사용했고 71마력을 냈는데, 1967년에는 더 강한 제동을 위해 앞 브레이크를 디스크로 교체했으며, 2리터 OHC엔진을 채택해 135마력을 냈다. 5단 싱크로메시 변속기를 장착했는데, 경쟁사의 변속기보다 훨씬 뛰어난 성능을 발휘했다. 페어레이디라는 이름은 나중에 출시된 240Z의 한정판에 붙여졌으며, 이 모델에는 2리터 직렬 6기통 엔진과 전후 독립형 서스펜션이 장착되었다.

최고속도	182km/h
0-96km/h	10.2초
엔진 형태	직렬 4기통
배기량	1,982
변속기	5단 수동
최고출력	135마력(@6,000rpm)
토크	19.6kg·m(@4,000rpm)
공차중량	961kg
연비	9.2km/l

드 토마소(De Tomaso) 망구스타(Mangusta)

포드 V8엔진과 ZF 5단 변속기를 사용한 드 토마소의 첫 번째 양산차

1960년대 페라리에 대적하기 위해서 제작된 망구스타는 아르헨티나인 알렉산드로 드 토마소(Alexjandro de Tomaso)의 첫 번째 양산형 차였다. 포드의 V8엔진은 차체 중앙에 장착되었고, ZF사의 변속기와 맞물렸다. 망구스타는 나중에 출시된 판테라(Pantera)보다 기술적으로 더 우수하다는 평을 받았는데, 백본 중앙에 공간을 마련하기 위해 강판을 구부리고 용접해 사용한 것이 이를 증명한다. 앞쪽에는 더블 위시본 서스펜션이 장착되었는데, 이것만으로는 충분한 그립을 얻을 수 없어서 뒤쪽에는 리버스-위시본 서스펜션을 장착하고 가로형 링크를 더했다. 휠은 경량화를 위해 마그네슘 소재를 채택했으나, 망구스타는 핸들링이 매우 뛰어나진 않았다. 하지만 쉘비 GT350, AC코브라에도 사용된 포드의 V8엔진 덕분에 직선에서는 괴물같은 성능을 뽐냈다. 재미있는 점은, 망구스타라는 이름은 고양이과 동물인 '망구스'에서 따온 것인데, 망구스는 코브라를 잡아먹는 동물이라는 점에서 AC코브라를 어느 정도 겨냥했다고도 볼 수 있다.

최고속도	208km/h
0-96km/h	6.3초
엔진 형태	V8
배기량	4,950
변속기	5단 수동
최고출력	230마력(@4,800rpm)
토크	41.9kg·m(@2,800rpm)
공차중량	1,325kg
연비	4.6km/l

드 토마소(De Tomaso) 판테라(Pantera)

포드 V8 엔진을 장착하고 미국에서 판매된 드 토마스의 스포츠카

포드의 지원 덕분에 판테라는 1969년 출시될 수 있었다. 알렉산드로 드 토마소가 유럽에 이 차를 팔 수 있는 권리가 있었음에도, 포드는 미국에서만 판매하도록 했다. 전장 망구스타 (Mangusta)와는 다르게, 판테라는 스틸 모노코크 구조를 채택했는데, 포드의 영업망에서 빠르게 대량으로 판매되어야 했기 때문에, 대량생산에 유리한 방식을 따르다보니 그렇게 된 것이다. 더블 위시본 서스펜션이 사용되었고, 포드 엔진을 심었다. 1982년 GT5버전이 출시되었는데, 휠 아치가 커지고 13인치 휠과 피렐리 타이어를 채택해서 코너에서 더 좋은 성능을 발휘했다. 차체 중앙에 장착된 클리블랜드 V8엔진은 많은 튜닝 기회를 제공하기도 했는데, 간디니 (Gandini)의 튜닝버전은 트윈 터보차저를 장착해서 최고속도 시속 289km를 기록하기도 했다.

최고속도	264km/h
0-96km/h	5.6초
엔진 형태	V8
배기량	5,763
변속기	5단 수동
최고출력	350마력(@6,000rpm)
토크	45.0kg·m(@3,800rpm)
공차중량	1,463kg
연비	4.6km/l

드로리안(DeLorean) DMC

폰티악(Pontiac) 수석 엔지니어가 만든 멋진 차였지만, 디자인을 제외하고는 뛰어난 점이 없었다.

폰티악의 수석 엔지니어이자, GTO 머슬카의 책임자였던 존 드로리안은 1974년 회사를 설립했지만, 1981년까지 DMC를 생산하지 못했다. 드로리안은 아일랜드 벨페스트에서 영국 정부가 지원하는 지원금을 받고 나서야 겨우 생산에 나설 수 있었다. 멋들어진 차체는 스테인레스 스틸과 유리 섬유로 만들어졌으며, 차를 매우 이국적으로 보이게 했다. 하지만 V6엔진은 푸조, 르노, 볼보의 부품을 가져와 조립했는데, 멋진 디자인과 다르게 성능이 매우 실망스러웠다. 생산되는 동안 엔진의 발전은 없었으며, 심지어 나중에 터보차저를 장착한 르노 알파인 A310과 A610을 사용했으면서도, 터보를 장착한 모델은 프로토타입으로만 제작하고 실제 양산하지 않았다. 판매량은 시원치 않았으며, DMC를 생산한지 1년만에 2000대의 재고를 남겨두고 회사가 파산하고 만다. 하지만 이후에 재고품들은 콜렉터들이 잽싸게 수집해갔다.

최고속도	200km/h
0-96km/h	9.6초
엔진 형태	V6
배기량	2,850
변속기	5단 수동
최고출력	145마력(@5,500rpm)
토크	21.9kg·m(@2,750rpm)
공차중량	1,290kg
연비	6km/l

닷지(Dodge) 챌린저(Challenger) R/T SE

닷지의 첫 포니카로, 차저와 많은 부품을 공유해 동급에서 비교적 뛰어난 성능을 발휘했다.

1960년대 말 머슬카의 인기가 치솟는 시기에, 닷지는 1970년에 비로소 포니카를 만들었다. 이름은 '도전자'를 뜻하는 챌린저였으며, 12개의 엔진을 선택할 수 있을 만큼 풍부한 옵션을 자랑했다. 닷지의 전통적인 R/T(스트릿/트랙) 패키지는 가장 고성능 모델이었다. 기본형 모델은 335마력을 내는 6.3리터 V8엔진이었으나, 강력한 425마력의 7리터 스트릿 헤미엔진 또는 375마력의 7.2리터 V8엔진을 선택할 수도 있었다. 크라이슬러의 새로운 E-바디 플랫폼을 기반으로 제작되었으며, 프론트 서브프레임 등 일부 부품은 좀 더 큰 차체에 사용되는 B-바디 기반의 차(닷지 차저 등이 있다)와 공유했다. 서스펜션은 전 크라이슬러의 토션바 서스펜션, 후 판스프링 서스펜션을 사용했는데, 뒤 서스펜션에는 리미티드 슬립 디퍼렌셜(LDS)이 장착되어 막강한 토크를 효과적으로 전달할 수 있었다.

최고속도	205km/h
0-96km/h	7.2초
엔진 형태	V8
배기량	7,210
변속기	4단 수동
최고출력	390마력(@4,700rpm)
토크	66.2kg·m(@3,200rpm)
공차중량	1,562kg
연비	3.2km/l

닷지(Dodge) 차저 데이토나(Charger Daytona)

나스카에서 역대 최고속도를 기록하며 수많은 우승컵을 들어올린 전설적인 차

1969년 데뷔한 닷지 차저 데이토나는 나스카에서 최고속도 322km/h를 기록하며 모두를 놀라게했다. 차저는 데뷔 레이스에서 우승을 차지했으며, 그 시즌 동안 데이토나는 21번 더 우승을 차지했다. 이듬해 데이토나는 형제차 플리머스 슈퍼버드와 함께 출전했다. 하지만 1971년은 두 차 모두 마지막 해가 되었는데, 거대한 리어 스포일러를 그대로 지키려면 엔진 사이즈를 1/4로 줄여야 하는 규칙이 생겼고, 그렇게 한다면 더 이상 경쟁력이 없었기 때문이다. 이 시기의 나스카는 굉장히 놀라웠으며, 데이토나는 앞 토션바, 뒤 판스프링 서스펜션을 사용해 뛰어난 성능을 냈다. 그러나 차체 강성을 위해 도어는 닫힌 채로 용접되어 문을 열 수 없었고, 내부에는 롤케이지들이 장착되었다. 보닛 아래 자리한 전설적인 고 압축비의 헤미엔진이 강력한 파워를 뿜어냈다.

최고속도	320km/h
0-96km/h	4.3초
엔진 형태	V8
배기량	6,980
변속기	4단 수동
최고출력	556마력(@6,000rpm)
토크	67.1kg·m(@5,400rpm)
공차중량	1,409kg
연비	정보없음

닷지(Dodge) 코로넷(Coronet) R/T 1970

스트릿 레이싱 매니아를 위한 고성능 머슬카였으나, 판매량은 저조했다.

닷지는 1967년 코로넷을 출시했는데 완성도 높은 고성능 모델이라는 점이 시장에서 큰 인기를 끌었고 1만 대 이상의 판매고를 올렸다. 1970년에 출시된 코로넷 R/T(로드/트랙)은 대중적으로 큰 인기를 끌지는 못했지만, 스트릿 레이싱 매니아들에게는 꼭 소유하고 싶은 차로 꼽혔다. 7.2리터 웻지 엔진을 품었으며, 유명한 헤미엔진보다 더 관리하기 쉽고 고장이 잘 나지 않았다. 기본형 모델인 싱글 카뷰레터 장착 모델이 375마력을 냈으며, '6팩' 카뷰레터 옵션을 넣으면 총 390마력을 뿜어냈다. 앞 토션바, 뒤 리지드 액슬 서스펜션을 채택했으며, 크라이슬러 차량의 특성을 그대로 따라서 서스펜션은 부드러운 편이었다. 1970년에 출시된 차 중 가장 강력하고 아름다운 모델이었으나, 판매량은 신통치 않아서 2615대를 판매하는데 그쳤다.

최고속도	197km/h
0-96km/h	6.6초
엔진 형태	V8
배기량	7,210
변속기	3단 자동
최고출력	375마력(@4,600rpm)
토크	64.8kg·m(@3,200rpm)
공차중량	1,612kg
연비	3.78km/l

닷지(Dodge) 듀랑고(Durango)

닷지 다코타(Dakota) 트럭을 기반으로 한 강력한 SUV

다코타 트럭의 차체를 기반으로 했지만, 1997년형 듀랑고의 주행감은 트럭의 그것과는 많이 달랐다. 차체는 트럭을 기반으로 한 차답게 아주 튼튼했으며, 네바퀴를 굴렸다. 다코타의 서스펜션을 가져와서, 앞에는 디블위시본 시스펜션에 연결된 토·션바 ·스프링이 사용되었고, 뒤에는 판스프링이 사용되었다. 4륜구동 시스템이 적용되었는데, 운전자가 저속 4WD, 고속 4WD 중 선택할 수 있었으며, 후륜구동도 선택할 수 있어 고속주행시 연료를 절약할 수 있었다. 3가지 엔진옵션이 선택가능했는데, 3.9리터 V6, 5.2리터 V8, 그리고 강력한 5.9리터 엔진이 그것이었는데, 5.9리터 엔진은 거대하고 무거운 SUV차량에 적용되는 엔진으로, 듀랑고에서 엄청난 퍼포먼스를 발휘했다. 11인치 타공 브레이크 디스크는 제동력을 향상시켰으며, 내부에는 8명의 승객이 편안하게 앉을 수 있었다.

최고속도	184km/h
0-96km/h	8.7초
엔진 형태	V8
배기량	5,898
변속기	4단 자동
최고출력	250마력(@4,000rpm)
토크	45.2kg·m(@3,200rpm)
공차중량	2,295kg
연비	5.3km/l

닷지(Dodge) 허스트 해미 다트(Hurst Hemi Dart)

드래그 레이스용으로 제작되어 압도적 성능을 뽐내며 드래그 레이싱을 정복한 차

1960년대 자동차 제조사들은 차량의 퍼포먼스를 뽐내기 위해 드래그 레이스를 이용했다. 1968년에 나온 허스트 해미 다트는 NHRA 슈퍼 스탁 클래스에서 압도적 차이로 우승하며 효과적으로 퍼포먼스를 자랑했다. 허스트와 크라이슬러는 드래그 레이스용으로 72대의 차를 제작했다. 드래그용 차량이었지만 라디오, 히터, 뒷좌석, 방음재 등 편의장비가 있었으며, 배터리가 트렁크에 위치했다. 회색 페인트로 베이스 도장을 했으며, 레이싱을 상징하는 도색을 추가할 수 있었다. 앞 펜더와 보닛은 유리 섬유로 제작되었으며, 강철 도어와 펜더는 얇고 가볍게 제작되어 무게를 덜어냈다. 커다란 뒷 휠아치는 거대한 슬릭 타이어와 다나 액슬로 채워졌고, 12.5:1 압축비, 단조 크랭크, 딱딱한 캠샤프트와 할리 4배럴 카뷰레터가 사용된 엔진은 고도로 튜닝되어 500마력을 뿜어냈다.

최고속도	224km/h
0-96km/h	3.6초
엔진 형태	V8
배기량	6,980
변속기	4단 수동
최고출력	425마력(@6,000rpm)
토크	64.8kg·m(@4,600rpm)
공차중량	1,361kg
연비	2.1km/l

닷지(Dodge) 램(Ram)

당시 픽업트럭 중 가장 큰 엔진을 장착했던 닷지의 풀사이즈 픽업트럭

1994년 출시된 최신 닷지 램은, 직전 세대의 램을 아주 오래된 구형처럼 보이게 하는 최신형 디자인을 뽐냈다. 위로 한껏 치켜올라간 보닛과 상대적으로 아래에 위치한 헤드라이트는 큰 인기를 끌었다. 이는 닷지의 SUV인 다코타에도 그대로 적용되었다. 램은 닷지 바이퍼의 V10엔진을 사용했는데, 양산형 픽업트럭 중 가장 큰 엔진이었다. 8.6:1이라는 비교적 낮은 입축비를 지닌 이 엔진은 낮은 rpm에서도 높은 토크를 발휘하도록 설계되었으며, 시퀀셜 퓨얼 인젝션 방식을 채택하였다. 바디-온-프레임 방식으로 차체가 매우 튼튼했으며, 무거운 트럭에 흔히 쓰이는 더블위시본과 판스프링 서스펜션이 사용되었다. 옵션으로 4륜구동을 선택할 수 있었으며, 엄청난 토크 덕분에 V10 램이 할 수 없는 것은 거의 없었다.

최고속도	180km/h
0-96km/h	7.5초
엔진 형태	V10
배기량	7,996
변속기	4단 자동
최고출력	300마력(@4,000rpm)
토크	59.4kg·m(@2,800rpm)
공차중량	2,446kg
연비	4.8km/l

닷지(Dodge) 스텔스(Stealth) R/T 터보

미쓰비시 3000GT와 뱃지만 다른 차로, 운전의 즐거움을 강조한 드라이빙 머신으로 유명했다.

닷지 뱃지를 달고 있긴 했지만, 스텔스는 드라이빙 머신으로 유명한 미쓰비시 3000GT를 껍데기만 바꾼 차였다. 미쓰비시 3000GT와 동일한 일본의 조립 라인에서 생산되었으며, 차체, 엔진, 변속기, 서스펜션이 모두 동일했다. 서스펜션은 맥퍼슨 스트럿이 사용되었으며, 뒤쪽에는 트레일링 암과 안티롤바가 장착되었다. 엔진은 강성을 더하기 위해 강철 블락을 더했으며, 알루미늄 듀얼 오버헤드 캠샤프트가 사용되었다. 기본형 엔진은 164마력을 발휘했으며, R/T버전은 222마력을 냈다. 라인업의 제일 위에 있던 R/T 터보 모델은 미쓰비시 TD04 트윈터보차저를 장착하여 300마력을 뿜어냈다. 사륜구동방식과 4륜 조향 옵션을 선택할 수 있었으며, 프론트 스포일러는 시속 80km에서 낮아져서 공기 흐름을 제어했으며, 리어 스포일러는 다운포스를 증가시켰다.

최고속도	243km/h
0-96km/h	5.3초
엔진 형태	V6
배기량	2,966
변속기	5단 수동
최고출력	300마력(@6,000rpm)
토크	42.4kg·m(@2,500rpm)
공차중량	1,729kg
연비	6.4km/l

닷지(Dodge) 슈퍼비(Super Bee) 1969

머슬카 경쟁에서 이기기 위해 크라이슬러가 작정하고 출시한 머슬카로, 가장 가벼운 차체에 가장 강력한 엔진을 심어서 퍼포먼스가 막강했다.

크라이슬러는 머슬카 전쟁에서 한 발 앞서나가려고 했으며, 그 노력의 일환으로 1969년에 슈퍼 비를 만들었다. 닷지 코로넷과 유사한 구조를 택했으나, 슈퍼비는 닷지의 차체 중 가장 가벼운 차체를 사용하면서도 7.2리터 엔진을 심는데 성공했다. '식스팩' 카뷰레터 시스템 덕분에 막강한 출력을 뿜어낼 수 있었다. 2배럴 할리 카뷰레터가 3개 장착된 이 시스템은, 평상시에는 중앙에 있는 카뷰레터만 작동하다가, 스로틀을 힘껏 열면 3개가 모두 작동하며 가솔린과 공기를 힘차게 불어넣어서 엄청난 힘을 쏟아냈다. 그 결과, 1/4마일을 14초 안에 주파할 수 있었다. 또한 헤비듀티 토션바 서스펜션 덕분에 핸들링도 비교적 좋은 편이었다. 검은색 스틸 휠이 사용되어 거친 본능을 드러냈다.

최고속도	208km/h
0-96km/h	6.0초
엔진 형태	V8
배기량	7,210
변속기	4단 수동
최고출력	390마력(@4,700rpm)
토크	66.2kg·m(@3,200rpm)
공차중량	1,863kg
연비	2.5km/l

닷지(Dodge) 바이퍼(Viper) R/T 1992

8리터 V10엔진을 장착하고 아름다운 디자인을 한 닷지의 고성능 머신

1989년 디트로이트 모터 쇼에서 컨셉트카로 선보인 바이퍼는 실제 생산에 들어가서도 절대 실패할 수가 없을 정도로 대중들에게 열렬한 반응을 이끌어냈다. 1960년 닷지 427 코브라를 현대적으로 해석한 디자인이었는데, 두 차는 확실히 디자인의 공통점이 많았다. 차체 앞부분에 장착된 엔진은 토크가 매우 강력했으며, 양산형 엔진 중 세계에서 가장 큰 엔진이었다. 관 모양의 스틸 섀시가 쓰였으며, 앞뒤 모두 더블위시본 서스펜션이 사용되었다. 뒷바퀴굴림 방식이었으며, 보그 와그너 변속기를 통해 어마어마한 토크를 뿜어냈다. 이 변속기는 스로틀을 살짝만 열어도 1단에서 바로 4단으로 변속이 가능했다. 6단에서 500rpm의 회전수일 때 시속 56km의 속도를 냈다. 유리섬유가 사용되어 무게를 드러냈으며, 브레이크는 13인치 브렘보 디스크와 캘리퍼를 사용해서 막강한 제동력을 자랑했다.

최고속도	260km/h
0-96km/h	5.4초
엔진 형태	V10
배기량	7,998
변속기	6단 자동
최고출력	298마력(@4,600rpm)
토크	65.9kg·m(@3,600rpm)
공차중량	1,580kg
연비	4.25km/l

닷지(Dodge) 바이퍼(Viper) GTS

경량화 설계와 강력한 엔진, 그리고 실용성까지 잡은 바이퍼의 쿠페형 모델

크라이슬러는 1989년 디트로이트 모터쇼에서 첫 번째 바이퍼 컨셉트카를 데뷔시켰다. 반응은 아주 좋았다. 2년 뒤 바이퍼 RT/10이 생산에 들어갔으며, 1992년 판매를 시작하자 구매자들이 줄을 섰다. 그로부터 1년 후, 크라이슬러는 바이퍼의 쿠페 버전 컨셉트카를 선보이며, 잠재적 구매자에게 큰 관심을 이끌어냈다. 첫 번째 GTS 쿠페는 1996에 데뷔했으며 당시 로드스터들이 가지고 있던 단점들을 어느 정도 극복했다. 뚜껑이 있었으며, 모든 바디 패널들이 새로이 만들어졌다. 엔진도 많은 구성품들이 교체되어 사실상 새로운 엔진이라고 봐도 무방했다. 출력은 상승했는데, 무게는 알루미늄 서스펜션을 채택한 덕에 18kg을 줄였다. 또한 이 차는 매우 실용적이었는데, 해치백형 구조덕에 트렁크 공간이 충분히 넓었다. 335/35*17 사이즈의 타이어가 뒷바퀴에서 뿜어져 나오는 엄청난 토크를 노면으로 전달했다.

최고속도	286km/h
0-96km/h	4.7초
엔진 형태	V10
배기량	7,996
변속기	6단 수동
최고출력	450마력(@5,200rpm)
토크	66.2kg·m(@3,700rpm)
공차중량	1,538kg
연비	8.5km/l

닷지(Dodge) 바이퍼(Viper) GTS-R

닷지 바이퍼 GTS를 기반으로 한 레이싱 머신

크라이슬러가 GTS를 기반으로 레이싱 머신을 만드는 것은 당연한 일이었으며, 그 결과 GTS-R이 1995년에 데뷔하게 된다. 1997년 월드 스포츠카 레이싱 GT2에 2대의 차가 출전했으며, 프랑스에서 열린 르망24에서는 1등과 2등을 독식했다. GTS-R은 GT2 레이스에서도 우승컵을 들어올렸는데, 미국차 중에서는 최초였다. 로드카와 비슷하게 생겼지만, R버전은 많은 면에서 달랐다. 엔진은 최대한 뒤에 위치시켜서 무게배분을 우수하게 했으며, 12:1 압축비의 엔진은 고 rpm 영역에서의 쓰일 것을 염두에 두고 설계되었다. 오일링 시스템은 급격한 코너에서도 유압을 일정하게 유지하였으며, 강화된 섀시와 조인트 덕분에 극한 상황에서도 서스펜션이 좋은 반응을 보였다. 기존 판넬은 탄소섬유 판넬로 교체되었고, 차체가 낮아진 덕분에 공기역학적 측면에서 개선되었다.

최고속도	324.8km/h
0~96km/h	3.1초
엔진 형태	V10
배기량	7,996
변속기	6단 수동
최고출력	650마력(@6,000rpm)
토크	87.8kg·m(@5,000rpm)
공차중량	1,250kg
연비	정보없음

페라리(Ferrari) 250 GT SWB

페라리(Ferrari) 250GT의 숏바디 버전으로, 짧아진 휠베이스 덕분에 레이싱에서 좋은 성적을 냈다.

1959년 GT SWB(Short Wheelbase Berniletta)는 250GT의 숏바디 버전이다. 길이가 짧아진 덕분에 레이싱에 더 적합해졌다. 출시된 이듬해, 영국의 레이서 스털링 모스가 SWB로 영국 굿우드에서 열린 투어리스트 트로피 레이스에서 우승을 차지했으며, 또 다른 SWB는 프랑스에서 열린 레이스에서 우승 트로피를 들어올렸다. 서스펜션은 앞 더블 위시본이 사용되었고, 뒤에는 특이하게도 드 디옹 서스펜션이 사용되었는데, 세팅이 아주 효율적이었다. 무게를 줄이기 위해 옆 유리는 플라스틱이 사용되었으며, 알로이 패널이 많이 쓰였다. 타공 디스크 브레이크가 사용되어 냉각과 제동을 둘 다 잡았다. 엔진은 점화 플러그 위치를 조정하여 정비성을 강화했으며, 6개의 트윈 초크 카뷰레터를 사용했다.

최고속도	224km/h
0~96km/h	6.7초
엔진 형태	V12
배기량	2,93
변속기	4단 수동
최고출력	280마력(@7,000rpm)
토크	27.3kg·m(@5,500rpm)
공차중량	1,275kg
연비	4.9km/l

페라리(Ferrari) 275 GT

최첨단 기술이 대거 사용된 페라리의 V12 스포츠카

1964년 파리 모터쇼에서 첫 선을 보인 275 GTB는 당시 페라리 중 가장 진보한 모델이었다. 페라리답게 전통적인 튜브형 섀시를 사용했으나, 뒤쪽에 드 디옹 서스펜션을 채택하지 않고 더블 위시본과 코일 스프링을 사용했다. 또한 5단 변속기를 사용했으며, 무게배분이 완벽해서 차의 밸런스가 아름답다는 평가를 받았는데, 심지어 그 유명한 데이토나보다 좋다는 평도 있었다. 차체 앞부분에 위치한 V12엔진은 1947년 페라리 166의 계량형이었으나, 4개의 캠샤프트와 6개의 트윈 카뷰레터를 사용했다. 4휠 모두 디스크 브레이크가 사용되었으며, 휠은 캄파뇰로 알로이 휠이 적용되었다.

최고속도	264km/h
0-96km/h	7.0초
엔진 형태	V12
배기량	3,286
변속기	5단 수동
최고출력	300마력(@8,000rpm)
토크	27.3kg·m(@5,500rpm)
공차중량	1,102kg
연비	5.25km/l

페라리(Ferrari) 308

가장 아름다운 페라리로 평가받는 미드십 스포츠카

6000대가 넘게 생산된 덕분에, 아마도 페라리 308은 역대 페라리 모델 중 가장 유명한 모델일 것이다. 308은 이탈리아 모데나에서 생산된 가장 아름다운 디자인의 자동차이기도 했다. V6 디노를 대체하기 위해 1975년에 선보인 308은 처음에는 디노처럼 비교적 작은 엔진을 장착했다. 그러나 결국에는 V8 엔진을 차체 중앙에 심은 미드엔진 스포츠카가 되었다. 디노의 서스펜션을 그대로 사용했으며, 가속, 감속, 핸들링에 엄청난 잠재력이 있는 순수한 페라리의 느낌을 그대로 간직했다. 쿼드-캠 V8엔진은 1981년 퓨얼 인젝터를 교체했으며, 페라리의 전통적인 섀시를 사용했고 더블위시본 서스펜션을 채택해 우수한 핸들링을 자랑했다. 처음에는 차체가 유리섬유로 만들어졌으나, 1977년 이후에는 스틸 소재로 변경되었다.

최고속도	232km/h
0-96km/h	7.3초
엔진 형태	V8
배기량	2,927
변속기	5단 수동
최고출력	205마력(@7,000rpm)
토크	24.4kg·m(@5,000rpm)
공차중량	1,502kg
연비	6km/l

페라리(Ferrari) 308 GT4

2+2시트 구조를 가진 페라리의 미드십 스포츠카

페라리 308 GT4는 페라리 역사상 최초로 2+2 시트 구조를 가진 차였으며, 차의 디자인을 피닌파리나가 아닌 베르토나가 맡은 것도 특이했다. 추가적인 시트를 배치하기 위해 날카로운 엣지라인과 균형이 맞지 않는 루프라인을 가지게 되었으며, 많은 페라리 팬들에게 비판을 받았다. 최초인 점은 이 분만이 아니었다. V8엔진을 차체 중앙에 위치시킨 것도 최초였는데, 이는 무게 배분을 유리하게 하기 위함이었다. 또한 페라리는 변속기를 엔진 아래쪽에 위치시켜서 뒷좌석 승객에게 추가적인 공간을 제공할 수 있었다. 섀시는 디노에서 가져왔는데, 독립형 위시본 서스펜션과 타공 디스크 브레이크가 사용되었다. V8엔진은 365GTB에 사용된 4.4리터 V12엔진의 형제엔진으로, 엔진블락과 헤드가 알루미늄이었으며, 4개의 캠샤프트와 베버 카뷰레터가 사용되었다.

최고속도	246km/h
0-96km/h	6.9초
엔진 형태	V8
배기량	2,926
변속기	5단 수동
최고출력	250마력(@7,700rpm)
토크	28.4kg·m(@5,000rpm)
공차중량	1,470kg
연비	7.1km/l

페라리(Ferrari) 355

아름다운 디자인과 다양한 편의장비 및 운전의 용이성을 자랑한 컨버터블 슈퍼카

페라리는 348을 대체하는 슈퍼카로 355를 만들었는데, 디자인이 너무나도 아름다워서 12기통 테라로사를 사려고 온 사람들도 355를 보고 마음을 빼앗기곤 했다. 355는 역사상 어떤 페라리보다 운전하기 쉬웠고, 편의 장비들이 가능했으며 에어컨도 있었다. 엔진도 전작 348보다 업그레이드되어 실린더 1개에 5개의 밸브를 사용했는데, 배기량이 비교적 작은 3.5리터였지만 8000rpm에서 375마력을 뿜어냈다. 355의 섀시는 348과 유사했다. 기본적으로 튜브형 섀시 구조를 채택했으며, 중앙을 가로지르는 베어링 유닛에 서브프레임이 장착되고, 그 끝에 더블 위시본 서스펜션이 사용되었다. 355는 348보다 다이나믹한 운전을 즐길 수 있었으며, 공기역학적으로 설계되어 고속 안정성이 향상되었다. 경량화를 위해 마그네슘 알로이 휠을 사용했으며, 그 결과 무게를 1360kg이하로 낮출 수 있었다.

최고속도	293km/h
0-96km/h	4.7초
엔진 형태	V8
배기량	3,496
변속기	6단 수동
최고출력	375마력(@8,250rpm)
토크	36.2kg·m(@5,000rpm)
공차중량	1,353kg
연비	6.4km/l

페라리(Ferrari) 360 모데나(Modena)

페라리 355의 후속작으로, 경량화 설계와 아름다운 디자인이 특징이었다.

355의 후속작으로 출시된 360모데나는 디자인이 매혹적이었을 뿐 아니라, 더 빠르고 더 날렵했다. 피닌파리나(Pininfarina)가 바디 스타일링을 담당했고, 수천시간의 풍동시험을 거쳐 비로소 페라리의 이름을 달고 대중 앞에 공개되었다. 멋진 디자인은 공기역학적으로도 뛰어났는데, 스포일러 없이도 시속 113km에서 다운포스가 전작 355보다 더 뛰어났다. 하체 구성도 대단히 뛰어났다. 360은 알루미늄을 적극적으로 사용해서 355보다 59kg를 감량할 수 있었다. 360은 주행 위주로 세팅된 차였지만 의외로 승차감승차감도 좋았는데, 어댑티브 댐퍼 시스템 덕분이었다. 360에 장착된 새로운 V8엔진은 내부에 40개의 밸브가 사용되었으며, 티타늄 커넥팅 로드, 뱅크당 2개의 캠샤프트가 장착되어 1리터당 111마력을 발휘했는데, 당시 세계에서 가장 뛰어난 기록중 하나였다.

최고속도	296km/h
0-96km/h	4.5초
엔진 형태	V8
배기량	3,586
변속기	6단 세미오토
최고출력	394마력(@8,500rpm)
토크	37.1kg·m(@4,750rpm)
공차중량	1,393kg
연비	5.7km/l

페라리(Ferrari) 512 BB 르망(Le Mans)

페라리 512를 기반으로 제작한 레이싱 머신으로, 수평대향형 12기통 엔진을 장착했다.

페라리가 1970년대 초반 스포츠카 레이싱 프로그램에서 철수하고 F1에 집중하기로 결정했을 때, 큰 간극이 생겼다. 이를 보상하기 위해, 북미 레이싱 팀은 페라리 512 BB(Berlinetta Boxer)를 기반으로 레이싱 머신을 제작했다. 그들은 차체 앞부분을 레이싱에 걸맞게 개조했다. 보닛에 라디에이터의 열을 식히기 위한 에어 인테이크를 설치했으며, 더 강력한 헤드라이트를 장착했다. 또한 옆부분에 뚫린 흡기구를 통해 수평대향형 12기통 엔진에서 필요로 하는 엄청난 공기를 공급했다. 섀시는 양산형차와 비슷했으며, 앞뒤 모두 더블위시본 서스펜션을 사용했다. 하지만 레이싱카답게 훨씬 큰 브레이크 디스크를 사용하여 내구 레이싱에서도 충분한 제동력을 확보했다. 풀-알로리 12기통 엔진은 1970년식 3리터급 F1엔진에 기반을 두었으며, 건식 윤활 시스템을 개선하고 퓨얼 인젝션 시스템을 통해 600마력까지 출력을 끌어올렸다.

최고속도	324.8km/h
0-96km/h	3.6초
엔진 형태	수평대향형 12기통
배기량	4,942
변속기	5단 수동
최고출력	480마력(@7,400rpm)
토크	정보없음
공차중량	982kg
연비	정보없음

페라리(Ferrari) 550 마라넬로(Marenello)

V12엔진을 장착한 페라리의 FR(프론트 엔진, 리어 휠 드라이브) 스포츠카

페라리의 고향에서 이름을 따온 550 마라넬로는 피닌파리나(Pininfarina)의 디자인 걸작 중 하나이다. 1996년에 출시되어 노후된 모델인 512TR을 대체했으며, 단순히 디자인만 바뀐게 아니었다. 특이하게도 페라리는 프론트-마운트 V12 엔진을 550에 장착했는데, 이는 1974년 데이토나 이후로 처음이다. 1992년식 456GT와 레이아웃을 공유했으며, 더블 위시본 서스펜션을 사용했다. 전후 무게배분을 위해 기어박스는 차체 뒷부분에 위치했으며, 엔진을 알루미늄으로 제작해 앞쪽 무게를 감량했다. 4개의 캠샤프트, 실린더당 4개의 밸브, 기하학적으로 다양한 모양의 흡배기 시스템을 갖췄다. 놀랍게도 전 세계의 배출가스 기준을 충족시켰으며, 일부 국가에서 소음 규제를 통과하지 못했지만 페라리에서 사운드 시스템을 개조하여 해결했다.

최고속도	318km/h
0-96km/h	4.4초
엔진 형태	V12
배기량	5,474
변속기	6단 수동
최고출력	4850마력(@7,000rpm)
토크	53.7kg·m(@5,000rpm)
공차중량	1,697kg
연비	4.2km/l

페라리(Ferrari) 박서(Boxer)

수평대향형 12기통 엔진을 운전자 뒤쪽에 장착한 역사상 최고의 페라리

1973 박서는 람보르기니의 V12미우라와 그 후속 카운타크에 대항하기 위해 만들어진 모델이었다. 페라리는 수평대향형 12기통 엔진을 운전자 뒤쪽에 장착하기 위해 F1에서 체득한 모든 노하우를 총원했는네, 그 결과 페라리 역사상 최고의 차가 탄생했다. 무거운 스틸 프레임을 사용했으며, 앞뒤 모두 더블위시본 서스펜션과 안티롤바가 장착되었다. 또한 앞뒤 서스펜션에 코일 쇼크 업조버가 쓰였는데, 뒤쪽에 가해지는 추가적인 무게에 대응하기 위해 뒤쪽 쇼크 업조버는 2배로 튼튼하게 설계되었다. 마그네슘 알로이 휠과 11인치 디스크 브레이크가 장착되었다. 수평대향형 12기통 엔진의 넓이 때문에, 기어박스는 아래쪽에 위치했으며, 엔진은 이상적인 위치보다 조금 더 위쪽에 위치했다. 페라리는 엔진 무게를 덜어내기 위해 각종 경량화된 부품을 사용했으며, 4개의 베버 카뷰레터가 사용되었으나 1981년 보쉬의 퓨얼 인젝션 시스템으로 교체되었다.

최고속도	264m/h
0-96km/h	6.4초
엔진 형태	수평대향형 12기통
배기량	4,942
변속기	5단 수동
최고출력	360마력(@6,200rpm)
토크	45kg·m(@4,600rpm)
공차중량	1,558kg
연비	4.6km/l

페라리(Ferrari) 데이토나(Daytona)

페라리의 FR레이아웃 스포츠카 중 가장 뛰어난 성능과 가장 아름다운 디자인을 자랑하는 걸작

데이토나는 프론트엔진, 뒷바퀴굴림, 2인승 페라리 중 가장 뛰어난 모델로 평가받았으며, 순수한 페라리 애호가들은 데이토나가 페라리 역사상 가장 뛰어나다는 평가를 내리기도 한다. 데이토나의 모델명은 365GTB/4이며, 스타일링은 피닌파리나가 맡았다. 길에 늘여뜨려진 보닛 아래에는 쿼드-캠샤프트 V12엔진이 자리했으며, 6개의 베버 카뷰레터가 장착되었다. 커다란 엔진과의 밸런스를 맞추기 위해, 기어박스는 뒤쪽에 위치했으며 52:48 무게배분을 완성했다. 당시 많은 페라리들처럼 데이토나는 더블 위시본 서스펜션을 사용했으며, 양끝에 안티롤바가 장착되었다. 타공 디스크 브레이크가 사용되어 엄청난 속도에서도 빠르게 제동할 수 있었다. 도어, 보닛, 트렁크 리드에 합금 소재가 사용되었다. 1970년에 데이토나는 세계에서 가장 빠른 차였는데, 그 후 몇 년간 시속 160km를 13초 안에 도달하는 차는 데이토나밖에 없었다.

최고속도	278km/h
0-96km/h	5.6초
엔진 형태	V12기통
배기량	4,390
변속기	5단 수동
최고출력	352마력(@7,500rpm)
토크	44.6kg·m(@5,500rpm)
공차중량	1,604kg
연비	4.2km/l

페라리(Ferrari) 다이노(Dino) 246GT

클래식 페라리 중에서도 수집가들에게 인기가 많은 모델로, 핸들링이 뛰어났다.

초기형 1967-1968 다이노는 피닌파리나가 스타일링 했는데(페라리 뱃지를 단 적이 없다), 으르렁거리는 V6엔진과 5단 변속기, 독립형 서스펜션을 장착했지만, 잔고장이 많은 것으로 유명했다. 1969년 페라리 246GT는 잔고장 문제를 해결한 뒤 출시되었다. 다이노의 엔진은 V6 엔진으로, 차체 중앙에 가로배치되었고, 페라리 최초로 랙앤피니언 스티어링이 적용되었다. 튜브형 섀시가 사용되었으며, 서스펜션은 더블위시본 서스펜션이 적용되었다. 첫 다이노가 알로이소재를 사용했으나, 246GT는 스틸 소재를 채택해 무게가 조금 늘어났다. 초창기 모델에는 페라리의 1.6리터 F2엔진을 개조한 2리터급 엔진이 사용되었다, 1969년형 모델의 엔진은 피아트에서 일부 개조해서 폭발력을 향상시켰다. 핸들링은 완벽했으며 레드존은 7800rpm부터 시작했는데, 이러한 점 때문에 자동차 수집가들에게 큰 인기를 끌었다.

최고속도	237km/h
0-96km/h	7.3초
엔진 형태	V6기통
배기량	2,418
변속기	5단 수동
최고출력	195마력(@5,000rpm)
토크	22.4kg·m(@5,500rpm)
공차중량	1,187kg
연비	7.8km/l

페라리(Ferrari) F40

역사상 최고의 양산형 레이스카로, 엔조 페라리의 40주년을 기념하기 위해 만들어졌다.

1987년은 엔조 페라리가 첫 차를 만든지 40주년이 되는 해였는데, 정작 스포트라이트를 받은 것은 엔조 페라리가 아닌 F40이었다. F40은 페라리를 새로운 모델의 이정표를 세우는 최고의 차를 만드는 회사로 각인시켰다. F40은 양산형 레이스카였는데, 시험 운행을 테스트 트랙에서 거쳤다. 차체에 사용된 패널들은 탄소섬유로 제작되었으며, 케블러(Kevlar), 노멕스(Nomex)소 재가 적극적으로 사용되었다. 접합부분은 무게를 줄이기 위해 접착제를 사용했다. 예를들어, 각 각의 도어는 1.6kg에 불과했다. 차체 아래에는 튜브형 스틸 프레임이 사용되었고, 프레임 위에 엔진이 장착되었다. 차체 중앙에 위치한 V8엔진은 페라리의 숙련된 기술자가 직접 제작했으며, 트윈 터보가 장착되었다. 더블위시본 서스펜션과 코일오버 쇼크 업소버가 사용되었으며, 세팅 은 레이스카답게 딱딱했는데, 시속 160km 이상의 속도에서도 핸들링이 매우 우수했다.

최고속도	322km/h
0-96km/h	4.2초
엔진 형태	V8기통
배기량	2,936
변속기	5단 수동
최고출력	478마력(@7,000rpm)
토크	57.1kg·m(@4,000rpm)
공차중량	1,102kg
연비	8.5km/l

페라리(Ferrari) F50

페라리의 50주년을 기념하기 위해 만들어진 차로, 도로에서 달리는 F1 머신이라는 평가를 받았다.

50주년을 자축하는 의미로, 페라리는 1997년 F50을 출시한다. 출시 당시 목표는, 공도에서 운전할 수 있는 F1 레이스카를 만드는 것이었다. 이를 위해 당시 양산차에서는 찾아보기 힘들었던 뛰어난 부품들이 사용되었다. 클러치는 변속시 지연현상을 최소화했으며, 정확한 기어변속을 자랑했다. 약한 언더스티어 성향을 띠고 있었으나, 운전자가 충분히 컨트롤 할 수 있었다. 인테리어는 실용적이었으며, 탄소섬유로 제작된 모노코크 섀시는 무게를 최소화했다. 더블위시본 형태의 인보드 푸시로드 서스펜션이 적용되었다. 또한 어댑티브 댐핑 시스템이 사용되어 다양한 노면에도 쉽게 적응할 수 있었다. 엔진은 F1 머신에서 가져왔는데 배기량을 늘렸고, 내구성을 높이기 위해 rpm을 8700으로 낮췄다. 엔진에는 건식 윤활 시스템, 티타늄 커넥팅 로드가 사용되었으며, 실린더당 5개의 밸브가 쓰였고, 4개의 캠샤프트가 장착되었다.

최고속도	323km/h
0-96km/h	3.7초
엔진 형태	V12
배기량	4,698
변속기	6단 수동
최고출력	513마력(@8,000rpm)
토크	46.8kg·m(@6,500rpm)
공차중량	1,400kg
연비	4.2km/l

페라리(Ferrari) 테스타로사(Testarossa)

수평대향형 12기통 엔진을 사용한 스포츠카로, 넓은 실내공간을 확보한 것이 특징이다.

테스타로사는 '빨간머리'라는 의미인데, 수평대향형 12기통 엔진의 빨간색 밸브 커버에서 이름이 유래했다. 1984년 파리 모터쇼에서 첫 선을 보였는데, 사이드 벤틸레이션이 매우 호사스러워 보였으며 뒤쪽의 차 폭이 2미터가 넘었다. 사이드 벤틸레이션은 양쪽의 라디에이터와 연결되었고, 1970년대 박서 엔진을 계량해서 가져온 엔진을 장착하기 위해 뒤쪽 차체의 폭이 넓을 수밖에 없었다. 테스타로사는 튜브 강철 프레임과 더블 위시본 서스펜션을 사용했고, 알루미늄 바디 패널이 적용되었다. 변속기는 엔진 아래에 위치하여 실내 공간을 확보했다. 페라리가 테스타로사를 '시속 300km로 달리는 거실'으로 소개할 정도였다. 테스타로사를 타본 운전자들은, 이 차는 항상 파워가 더 남아 있는 느낌이라는 평을 남겼다.

최고속도	272km/h
0-96km/h	5.4초
엔진 형태	수평대향형 12기통
배기량	4,942
변속기	5단 수동
최고출력	390마력(@6,300rpm)
토크	48.6kg·m(@4,500rpm)
공차중량	1,670kg
연비	5km/l

피아트(Fiat) 124 스파이더 아바스(124 Spider Abarth)

피아트 124를 바탕으로 아바스가 튜닝한 고성능 랠리카

튜닝 회사인 아바스는 1971년 재정적인 어려움을 겪었는데, 피아트는 이 시기에 아바스를 인수하여 고성능 랠리카를 만들게 했다. 124아바스는 그 대가로 만들어진 차였으며, 두 회사 사이에서 만들어진 매우 고성능 랠리카였다. 섀시는 124와 똑같았지만, 뒷 서스펜션을 고정차축식에서 완전 독립형 맥퍼슨 스트럿으로 교체하여 코너링에서 우수했다. 또한 구(求) 모양의 안티롤바가 차체의 흔들림을 잡아주었다. 1756cc 4기통 엔진은 피아트 132에서 가져왔는데, 해당엔진이 이미 밸런스가 잘 맞고 신뢰성 있는 엔진이라 큰 수정 없이 그대로 가져왔다. 트윈 베버카뷰레터와 고압축 피스톤이 출력을 향상시켰으며, 고성능 버전에서는 200마력을 발휘했다.

최고속도	189km/h
0-96km/h	7.5초
엔진 형태	직렬 4기통
배기량	1,756
변속기	5단 수동
최고출력	128마력(@6,200rpm)
토크	15.8kg·m(@5,200rpm)
공차중량	941kg
연비	9.6km/l

피아트(Fiat) 다이노(Dino)

페라리와의 제휴로 만들어진 뛰어난 오픈탑 V6 스포츠카

다이노는 페라리와 맺은 제휴의 결과 만들어진 완성도 높은 차였다. 큰 회사가 만든 포뮬러2 V6엔진을 필요로 하는 사람들과, 신뢰할 수 있는 오픈탑 버전을 원하는 사람들에게 인기를 끌었다. 결과는 매우 좋았다. 뛰어난 핸들링을 위해 완전 독립형 서스펜션을 사용한 고성능 차가 탄생한 것이다. 피난파리나가 스타일한 컨버터블 모델이 토리노 모터쇼에서 1964년 처음 공개되었고, 베르토나가 디자인한 쿠페 모델이 3년 뒤 공개되었다. 피아트 다이노는 페라리 다이노의 엔진과 변속기를 공유했으며, 초기형 모델은 뒤쪽 서스펜션이 고정차축식이었으나, 1969년에는 독립형 스트럿 서스펜션과 세미 트레일링 암이 사용되었다. 컨버터블 버전은 쿠페 버전보다 305mm 짧아서 더 민첩하게 움직일 수 있었다. 다이노는 미국에서 판매된 적이 없었고, 모든 차량이 스티어링이 왼쪽에 장착되어 만들어졌는데, 이러한 사실은 그들이 추구하는 방향을 상징한다.

최고속도	208km/h
0-96km/h	7.7초
엔진 형태	V6
배기량	2,418
변속기	5단 수동
최고출력	180마력(@6,600rpm)
토크	21.5kg·m(@4,600rpm)
공차중량	1,172kg
연비	6.4km/l

포드(Ford) 쿠페(Coupe) 1934

전통적인 마차 형태의 자동차에서 탈피하여 멋진 디자인을 뽐낸 포드의 역사적 자동차

1930년대 포드는 마치 마차처럼 보이는 정육각형 형태의 획일화된 디자인에서 탈피하려는 회사 중 하나였고, 그 결과 1934를 출시했다. 날카로우면서 뒤로 빗어넘긴 그릴과 흐르는듯한 펜더는 금방 대중들에게 큰 인기를 끌었고, 1934 보넬이 V8 엔진으로 출시된 덕분에, 이 차는 듀닝되는 경우가 많았으며, 전세계 핫 로더(hot rodder)들이 애용하는 차였다. 그 시기 다른 차들과 마찬가지로, 1934는 분리형 강철 섀시를 사용했으며, 현재까지도 핫 로더(hot rodder)들이 개조를 하고 있다. 뒤쪽에는 당시 최첨단 기술이이었던 콜벳의 독립형 서스펜션을 가져왔다. 핫 로더(hot rodder)들은 다양한 액세서리를 차체에 부착하기도 했다. 그러나 5866cc 쉐보레 스몰 블락 엔진을 가져와서 이식한 덕분에 이 차는 슈퍼카의 영역에 들어갈 수 있었다.

최고속도	203km/h
0-96km/h	8.7초
엔진 형태	V8
배기량	5,866
변속기	4단 수동
최고출력	330마력(@5,500rpm)
토크	45.8kg·m(@3,400rpm)
공차중량	1,092kg
연비	4.9km/l

포드(Ford) 쿠페(Coupe) 1940

부드러운 곡선형 디자인에 튜닝이 쉬워 핫로더들이 열광한 포드 쿠페

1940년형 포드 쿠페는 펜더가 분리된 듯한 디자인을 하고 있었다. 사실 이러한 디자인은 1920년대에 등장하여 1930년대까지도 널리 쓰이던 디자인이다. 하지만 1940 포드 쿠페는 부드러운 곡선 라인을 적극적으로 사용하여 미래 세대의 자동차 같은 느낌을 냈다. 포드 쿠페는 비교적 합리적인 가격으로 구할 수 있는 운송수단으로 여겨졌는데, 플랫헤드 V8엔진이 튜닝이 매우 용이했기 때문에 핫 로더(hot rodder)들에게도 큰 인기를 끌었다. V8엔진이 점점 발전하고 가격 또한 저렴해지면서, 핫 로더들은 오래된 자동차에 더 강력한 엔진을 장착하곤 했는데, 스몰블락 쉐비 엔진이 그 중 가장 인기가 있었다. 이 차는 앞에는 머스탱2에 사용된 서스펜션을 사용하였으며, 뒤에는 판 스프링 서스펜션을 장착했다. 캠샤프트, 헤드를 개조하고 듀얼 흡기 매니폴드, 홀리 4배럴 카뷰레터를 장착한 엔진 덕분에 1/4마일을 14초만에 주파할 수 있었고, 또한 4명의 탑승객에게 편안한 공간을 제공할 수도 있었다.

최고속도	197km/h
0-96km/h	6.4초
엔진 형태	V8
배기량	5,735
변속기	3단 자동
최고출력	345마력(@5,600rpm)
토크	48.6kg·m(@4,000rpm)
공차중량	1,259kg
연비	5.3km/l

포드(Ford) 에스코트(Escort) RS1600

포드 에스코트를 기반으로 제작된 고성능 랠리카

평범한 에스코트와 비슷하게 생긴 RS1600은 겉모습에서 자신의 잠재력을 드러내지 않는 차였다. 당시 많은 고성능 랠리카들과는 달리 평범한 인상이었으나, 이 차의 성능은 엄청났다. 포드는 '1968 에스코트 트윈 캠'으로 로터스 '코르티나'를 대체했는데, 에스고트의 고성능 버전은 핀란드 1000 레이크 랠리에서 3년 연속으로 우승을 차지했다. 1970년 포드는 코스워스 엔진을 16밸브 버전의 평범한 에스코트에 이식하기로 결정하고, 트윈캠의 차체를 좀 더 강화했다. 앞 스트럿 서스펜션에 보강재를 덧대고, 뒤쪽 판스프링의 높이를 더 낮추고 스프링을 강화했다. 5.5x13인치 강철 휠이 장착되었으며, 마그네슘 소재가 적극적으로 사용되었다. 엔진은 주철로 만든 코티나 엔진에 기반을 두었으나, 알로이 헤드, 트윈 캠샤프트, 16 밸브를 사용했으며, 압축비는 10:1이었다. 트윈 베버 카뷰레터와 오일 쿨러 때문에 배터리의 위치는 트렁크로 옮겨졌다.

최고속도	182km/h
0-96km/h	8.3초
엔진 형태	직렬 4기통
배기량	1,601
변속기	4단 수동
최고출력	120마력(@6,500rpm)
토크	15.1kg·m(@4,000rpm)
공차중량	893kg
연비	7.1km/l

포드(Ford) 에스코트 RS 코스워스(Escort RS Cosworth)

코스워스에서 에스코트를 기반으로 개발한 고성능 랠리카

1988년 초, 포드는 WRC에서 우승할만한 작은 차를 필요로 했고, 에스코트를 사용해서 당시 WRC의 최강자였던 시에라를 넘어서려는 계획을 세웠다. 포드는 특수 차량 개발에 집중했으며, 코스워스는 시에라 코스워스 사륜구동 세단의 플로어팬을 줄여서 에스코트 차체에 집어넣었었으며, 표준 트랙 넓이에 맞추기 위해 차체 넓이를 늘렸다. 비스커스 커플링 방식의 4WD를 채택하였고, 앞바퀴와 뒷바퀴의 출력 배분 비율은 34:66으로, 뒷바퀴에 좀 더 많은 파워를 전달했는데 이는 매우 효과적인 것으로 드러났다. 4기통 코스워스 엔진은 하이브리드 가렛 T3/TO4B 터보차저와 결합했으며, 2단계 인터쿨러가 장착되었다. 터보랙을 최소화하기 위해 베버-메릴 다중 전자식 퓨얼 인젝션 시스템이 터보의 부스트 시점을 조절했다. 포드 에스코트 RS 코스워스는 많은 레이스에서 대성공을 거뒀으며, 1997년 스페인 드라이버 카를로스 사인츠가 포드에 우승컵을 선물한 뒤 레이스에서 물러났다.

최고속도	219km/h
0-96km/h	5.8초
엔진 형태	직렬4기통
배기량	1,993
변속기	5단 수동
최고출력	227마력(@6,250rpm)
토크	30.2kg·m(@3,500rpm)
공차중량	1,278kg
연비	8.9km/l

포드(Ford) 에스코트(Escort) RS2000

포드에서 출시한 랠리카로, 공도용 버전도 출시되어 큰 성공을 거뒀다.

포드는 1970년대 랠리카로 유명했는데, RS2000은 유럽피안 랠리카 중 가장 성공적인 모델이었으며, 고성능 공도용 양산차로도 큰 성공을 거뒀다. RS2000은 에스코트 MK2와 많은 것을 공유했다. 앞 서스펜션은 맥퍼슨 스트럿을, 뒤 서스펜션은 고전차축시 판스프링을 사용했는데, 기존 MK2보다는 더 낮아지고 계량되었다. 외모적으로는 차 뒤쪽에 스포일러가 달렸으며, 펜더와 그릴은 매트 블랙으로 장식했고, 날카로운 노즈 끝에는 스포일러와 4개의 라이트가 자리했다. 클래식 포드RS의 4스포크 알로이 휠이 대미를 장식했다. 엔진은 미국 포드의 '핀토'에서 가져왔다. 그러나 RS2000에는 압축비를 더 높이고, 배기시스템을 개선해 출력을 높였다. 리카로 시트와 직물 헤드레스트가 사용되었으며, 퀵시프트가 사용되어 기어변속을 더 신속하게 할 수 있었다.

최고속도	173km/h
0-96km/h	8.7초
엔진 형태	직렬4기통
배기량	1,993
변속기	4단 수동
최고출력	110마력(@5,500rpm)
토크	16.1kg·m(@4,000rpm)
공차중량	925kg
연비	8.9km/l

포드(Ford) 페어레인(Fairlane) 427

거대하고 강력한 전형적인 아메리칸 머슬카

강력한 머슬카 전쟁의 시대에, 포드가 페어레인 427을 출시한 것은 올바른 선택이었다. 포드는 거대한 엔진이 들어갈 수 있도록 엔진룸 공간을 늘렸으며, 차체 앞부분에 커다란 코일스프링을 장착해 레이싱엔진을 디튠한 427의 크고 무거운 엔진을 지탱할 수 있도록 했다. 결과는 강력했다. 싱글 카뷰레터 버전은 410마력을 발휘했으며, 주력인 트윈 카뷰레터 모델은 425마력을 뿜어냈다. 바디와 섀시는 하나로 이어져 있었고, 핸들링 패키지를 선택하면 뒤 리지드 액슬 서스펜션의 판스프링을 늘리고, 앞쪽 디스크 브레이크와 15인치 휠을 장착할 수 있었다. 변속기는 보그와그너의 '탑 로더' T100이었는데, 이 변속기만이 엔진에서 뿜어나오는 어마어마한 토크를 제어할 수 있었다. 이 차는 심장부터 레이스 카라서, 딜러들은 잠재적 구매자 중 어마어마한 차를 다룰 수 있는 사람을 잘 선별해서 판매해야 했다.

최고속도	194km/h
0-96km/h	6.0초
엔진 형태	V8
배기량	6,997
변속기	4단 수동
최고출력	425마력(@6,000rpm)
토크	64.8kg·m(@3,700rpm)
공차중량	1,863kg
연비	5.7km/l

포드(Ford) 팔콘 GT 레이서(Falcon GT Racer)

상업적으로 대성공을 거둔 포드 팔콘의 레이싱용 모델

1960년 팔콘이 41만대의 판매고를 올리며 성공적으로 데뷔했는데, 그 이듬해 포드는 이듬해 팔콘의 개선작을 출시했다. V8엔진의 팔콘 스프린트 모델을 1961년에 출시했고, 1962년에는 레이스용 비전을 만들이 유럽으로 보내 랠리가 레이싱에 대비헀다. 1964년 팔콘은 포드 내부에서 머스탱과의 치열한 경쟁을 거쳐 다시 태어났는데, 아이러니하게도 머스탱은 팔콘을 기반으로 한 차였다. 1964팔콘은 좀 더 각진 모습과 깔끔한 라인을 자랑했다. 이 레이스용 팔콘은 현재도 역사적인 서킷 레이스에서 사용되고 있다. 서스펜션은 좀 더 낮아지고 딱딱해졌으며, 무게를 줄이기 위해 보닛, 트렁크, 앞 펜더는 유리섬유로 제작되었다. 엔진은 압축비를 높이고 캠샤프트와 배기 시스템을 계량한 고성능 V8 엔진이 사용되었다. 강력한 엔진을 다루기 위해 보그와그너의 T10 '탑 로더' 변속기가 장착되었다.

최고속도	216km/h
0~96km/h	6.4초
엔진 형태	V8
배기량	4,735
변속기	4단 수동
최고출력	271마력(@6,000rpm)
토크	42.1kg·m(@3,400rpm)
공차중량	1,278kg
연비	4.4km/l

포드(Ford) 팔콘 GT HO 3세대(Falcon GT HO Pahse-3)

호주에서 제작된 레이싱용 팔콘으로, 경량화 설계와 엔진 성능 향상이 이루어졌다.

호주 포드 팔콘은 1967년 출시되었다. XR 4도어 세단에 기반을 두었으나, 직렬 6기통 엔진 대신 4.7리터 V8엔진을 장착했으며, 버킷시트와 4단 수동 변속기를 사용했다. 1971년 5.8리터 엔진을 이식해서 300마력의 힘을 내는 XT세단을 출시했는데, 이는 팔콘 GT HO에 기반을 두었다. HO는 "Handling Option"의 약자이다. 2세대 팔콘 GT는 호주의 유명한 레이스인 베서스트 500 레이스에서 우승하기 위해 태어났는데, 앞뒤로 안티롤바가 장착되고, 딱딱한 스프링이 사용되었다. 강력한 제동을 위해서 앞에는 디스크 브레이크, 뒤에는 거대한 드럼 브레이크를 장착했고, 차체를 최대한 낮춰 안정성을 확보했다. 보닛 아래에는 유명한 클리블랜드 5.75리터 엔진이 자리했는데, 밸런스를 조정하고, 캠샤프트와 카뷰레터를 계량했다. 차체가 가벼워서 더 강력한 퍼포먼스를 낼 수 있었으며, 팔콘 GT는 "슈퍼루(캥거루에서 유래)"라는 별명을 얻었다.

최고속도	230km/h
0-96km/h	5.7초
엔진 형태	V8
배기량	5,751
변속기	4단 수동
최고출력	300마력(@5,400rpm)
토크	51.3kg·m(@3,400rpm)
공차중량	1,249kg
연비	5km/l

포드(Ford) F-150 라이트닝(F-150 Lightening)

포드 베스트셀링 픽업트럭 F-150의 고성능 버전

F150은 1960년대부터 수많은 미국인들의 발이 되어 주고 있다. 포드는 F150에 항상 V8엔진을 사용했지만 강력판 퍼포먼스와는 거리가 멀었다. 1992년 F–시리즈 트럭이 페이스리프트 되면서 포드의 베스트셀리 트럭의 고성능 비전인 리이트닝이 함께 출시되었다. 포드의 SVT(특수차량 개발팀)는 F–150이 슈퍼카다운 트럭이 되길 원했는데, 이를 위해 스티어링의 반응성을 개선하고 서스펜션을 더 낮추고 딱딱하게 만들었다. 또한 17인치 휠을 장착하고 로–프로파일 타이어를 끼웠다. 심장은 5.8리터 윈저 스몰블락 V8엔진을 장착했는데, GT40 헤드, 새로운 매니폴드, 특수제작된 캠샤프트, 머스탱 GT에 사용된 컴퓨터도 더했다. 헨더와 그릴에는 화려한 색이 사용되었고 내부에는 버킷시트가 장착되어, 주행을 위한 트럭임을 분명히 했다.

최고속도	192km/h
0–96km/h	7.5초
엔진 형태	V8
배기량	5,751
변속기	4단 자동
최고출력	240마력(@4,200rpm)
토크	45.9kg·m(@3,200rpm)
공차중량	1,990kg
연비	6km/l

포드(Ford) 갤럭시(Galaxie) 500

고급스러운 소재를 대거 사용한 아메리칸 머슬카

대부분의 머슬카와 마찬가지로, 1966년 갤럭시 500은 거대한 엔진을 앞에 놓고 뒷바퀴를 굴리는 단순한 머슬카의 공식을 따랐다. 헤드램프를 잔뜩 쌓은 듯한 얼굴을 했으며, 새로이 설계된 서스펜션은 이 차가 전형적인 머슬카임에도 불구하고 편안함을 추구했다. A암 서스펜션은 아주 뛰어났으며 나스카 경기에서도 널리 사용되었다. 반면 뒷바퀴에 사용된 판스프링은 이후에 코일 스프링과 컨트롤 암으로 교체되었다. 주행을 위해 많은 것이 개선되었지만, 결국 빅블락 엔진도 교체되기에 이른다. 1965년 갤럭시의 가장 큰 엔진은 6.9리터였는데, 더 강력한 토크를 위해 포드 FE 빅블락 7.0엔진이 주력으로 자리를 차지했다. 7.0엔진은 기존 6.9엔진보다 출력이 강력했으며, 저 rpm에서도 엄청난 토크가 뿜어져나왔다. 내부도 화려했는데, 가죽 시트와 우드 트림으로 장식해서 고급차임을 뽐냈다.

최고속도	168km/h
0-96km/h	8.2초
엔진 형태	V8
배기량	7,013
변속기	3단 자동
최고출력	345마력(@4,600rpm)
토크	62.4kg·m(@2,800rpm)
공차중량	1,845kg
연비	3.2km/l

포드(Ford) GT40

페라리를 꺾고 르망에서 우승컵을 들어올린 포드의 기념비적인 모델

포드는 1963년 페라리를 인수하려고 시도했는데, 결국 인수가 실패로 돌아간 이후 레이스 무대에서 페라리를 굴복시키고자 모든 역량을 집중했다. 포드는 롤라와 손을 잡고, 롤라GT를 바탕으로 포트GT의 프로토디입을 만들었다. 1964년 마침내 GT40을 선보였는데, 40이라는 숫자는 이 차의 높이가 40인치(1016mm)임에 착안해서 따온 것이다. GT40의 초창기는 성공적이지 않았고, 레이스에서 완주하는 것 조차 실패했다. 그러나 어마어마한 자원을 투입하고 캐롤 쉘비와 함께 프로그래밍하여 마침내 1965년 공도에서 주행이 가능한 GT40을 출시했으며, GT40은 레이스에서 첫 우승을 달성한다. 1966년 427 빅블럭 엔진을 장착한 3대의 GT40이 르망24에 출전해 1,2,3등을 석권하면서 페라리를 누르는 쾌거를 기록했다. GT40은 강철 세미-모노코크 바디를 채택했으며, 뒤쪽에 위치한 엔진과 변속기를 위한 분리형 서브프레임이 사용되었다. 연료탱크는 아주 깊숙한 곳에 위치했는데, 이는 차체 강성이 아주 튼튼했음을 의미한다.

최고속도	264km/h
0-96km/h	5.5초
엔진 형태	V8
배기량	4,735
변속기	4단 수동
최고출력	306마력(@6,000rpm)
토크	44.3kg·m(@4,200rpm)
공차중량	1,000kg
연비	5.25km/l

포드(Ford) 하이-보이 1932 로드스터(Hi-Boy 1932 Roadster)

포드 로드스터를 개조한 핫 로더(Hot-Rodder)의 퍼포먼스카

'Hot rod(개조한 자동차)'라는 단어는 오직 하나의 차, 1932 포드 로드스터에만 어울리는 단어이다. 개조된 차들은 60년이 넘는 세월동안 무모한 드라이빙의 중추가 되었는데, 이러한 트렌드는 1930년대부터 시작되었다. 당시 젊은이들은 저렴한 포드 로드스터를 구입해서 필수 부품만 제외하고 모조리 벗겨낸 후 도로에서 레이스를 펼쳤다. 남부 캘리포니아 지역에서는 광대하고 평평한 말라버린 호수에서 레이스를 하기도 했다. 자동차 제조사들이 개조차 시장에 뛰어든 이후에도 1932 로드스터는 명맥을 유지했다. 하이–보이 1932 로드스터는 1960년대 생산된 전형적인 차의 모습을 띄고 있다. 앞에는 스플릿 위시본과 구형 암, 빔 프론트 액슬, 뒤에는 리지드 액슬 서스펜션, 엔진은 앞에 위치하며 스몰 블럭엔진을 장착한, 전형적인 포드의 모습이다. 펜더가 없는 디자인 덕분에 무게를 덜어내는데 성공했다.

최고속도	192km/h
0–96km/h	6.0초
엔진 형태	V8
배기량	4,948
변속기	3단 수동
최고출력	250마력(@4,500rpm)
토크	37.1kg·m(@3,000rpm)
공차중량	1,022kg
연비	5.3km/l

포드(Ford) 로터스 코르티나(Lotus Cortina)

로터스 엔진을 장착한 포드의 한정판 레이싱카

포드의 월터 헤이즈는 1963년 마침내 로터스 회장 콜린 채프먼에게 로터스 엔진을 장착한 한 정판 코르티나를 제작하도록 설득했다. 1000대가 한정 생산되었는데, 그 인기는 엄청났다. 1964년 짐 클락이 영국 살룬 카 챔피언십에서 우승했으며, 1965년 존 위트모어는 유럽 살룬 카 챔피언십에서 우승을 차지했다. 익스테리어는 순수한 하얀색 도색에 초록색 스트라이프 무 늬로 포인트를 줬다. 로터스 코르티나는 차체를 더욱 낮게했고, 앞 서스펜션으로는 맥퍼슨 스트 럿을 개량했다. 또한 뒤 서스펜션이었던 판 스프링을 제거하고 A프레임, 구형 암, 코일 쇼크 업 조버를 장착했다. 기본형 포드 1500의 보텀 엔드를 그대로 사용했으며, 트윈 캠샤프트 헤드와 트윈 베버 카뷰레터를 장착했다. 로터스 코르티나는 빨리 달릴 수 있는 최고의 차였으며, 현재 도 높은 가격을 유지하고 있으며 여전히 올드카 레이싱에서 속도를 뽐내고 있다.

최고속도	170km/h
0-96km/h	9.9초
엔진 형태	직렬4기통
배기량	1,558
변속기	4단 수동
최고출력	105마력(@5,500rpm)
토크	14.6kg·m(@4,000rpm)
공차중량	926kg
연비	10km/l

포드(Ford) 머스탱(Mustang) GT 1965

머스탱 GT의 패스트백 버전

출시 첫해 엄청난 판매고를 올리자, 포드는 1965년 머스탱 GT의 시트를 2+2로 구성한 버전을 출시했다. 패스트백의 루프라인을 사용해 뒤쪽 공간을 확보했으며, 뒤쪽 필러에 유려한 터치를 더해 스포티한 디자인을 완성했다. 섀시는 기존 섀시에서 큰 변화가 없었다. 앞에는 더블위시본 서스펜션을, 뒤에는 판스프링 서스펜션을 장착했다. 그러나 스페셜 핸들링 패키지는 특별했는데, 헤비 듀티 스프링과 쇼크 업소버, 22:1 스티어링이 제공되었다. 기본형 GT는 프론트 디스크 브레이크가 적용되었다. 변속기는 3개가 선택 가능했지만 그 중 가장 뛰어난 변속기는 보그와 그녀의 '탑 로더' 4단 변속기였으며, 10.5:1 압축비, 4배럴 카뷰레터, 솔리드 리프터 캠샤프트와 하이플로우 에어필터가 사용된 K-코드 엔진과 합쳐져서, '4인승 코브라'로 불렸다.

최고속도	197km/h
0-96km/h	7.3초
엔진 형태	V8
배기량	4,735
변속기	4단 수동
최고출력	271마력(@6,000rpm)
토크	42.1kg·m(@3,400rpm)
공차중량	1,409kg
연비	5.35km/l

포드(Ford) 머스탱 보스 302(Mustang Boss 302)

5리터 엔진을 장착한 포드의 2세대 머스탱

포드가 1960년대 자동차 시장에서 머스탱을 앞세워 기세를 올리자 쉐보레는 카마로 Z28을 통해 반격했다. 포드는 다시 주도권을 되찾아오기 위해 1969년 보스 302를 출시했다. 커다란 5.7리터 클리블랜드 엔진 헤드를 폼 더 직은 원저 5.0리터 엔진의 블럭과 결합시키고, 엔진의 압축비를 높이고 큰 카뷰레터와 하이 리프트 캠샤프트를 사용했다. 그 결과로 고 rpm V8엔진의 출력이 290마력부터 350마력까지 향상되었다. 자동차 디자이너 래리 시노다가 스타일링을 맡았는데, 에어로 다이나믹 파츠를 사용하고 프론트 스포일러와 리어 스포일러를 장착했다. 막강한 출력을 제어하기 위해서 보그 와그너 T10 "탑로더" 변속기가 사용되었다. 보스 302는 1970년 생산에 들어갔으며, 그해 Trans-Am 타이틀을 따내며 명차의 반열에 올랐다.

최고속도zz	205km/h
0-96km/h	6.5초
엔진 형태	V8
배기량	4,948
변속기	4단 수동
최고출력	290마력(@5,800rpm)
토크	39.2kg·m(@4,300rpm)
공차중량	1,467kg
연비	5km/l

포드(Ford) 머스탱 보스 429(Mustang Boss 429)

7.2리터 세미-헤미 엔진을 장착한 최고가 머스탱

나스카에서 새로운 엔진을 사용하기 위해, 포드는 해당 엔진이 장착된 500대의 양산차를 제작해야 했다. 새로이 제작된 7.2리터 엔진을 중형차 토리노(나스카 출전 차량이었다)에 집어넣는 대신, 포드는 이 엔진을 머스탱에 집어넣기로 결정했다. 429는 여타 포드와 다르게, 세미-헤미 연소실 덕분에 실린더 헤드가 훨씬 넓었다. 이로 인해 스트럿 타워가 넓어졌으며 배터리는 트렁크로 옮겨졌다. 보스는 넘치는 출력을 제어하기 위해 '탑로더' 4단 수동 변속기를 사용했다. 계량된 서스펜션은 업그레이드된 스프링, 안티롤바, 쇼크 업조버를 사용했다. 보스 429는 쉘비가 아닌 머스탱 중 가장 비싼 모델이었는데, 운전 재미로는 사실 428 코브라 제트 버전을 따라갈 수 없었다.

최고속도	189km/h
0-96km/h	6.8초
엔진 형태	V8
배기량	7,030
변속기	4단 수동
최고출력	375마력(@5,200rpm)
토크	60.8kg·m(@3,400rpm)
공차중량	1,760kg
연비	4.9km/l

포드(Ford) 머스탱(Mustang) 1980s

3세대 머스탱을 기반으로 제작된 튜닝카

'Fox' 머스탱(포드의 폭스 플랫폼을 사용한 3세대 머스탱)이 1979년 출시되고 난 뒤, 1993년 까지 100만 대가 넘는 차가 판매되었다. 1979년 ~ 1993년이라는 워낙 많은 차량이 판매된 덕분에 에프디미켓 시장도 그 규모기 수십억 달러에 달했으며, 700마력이 넘고 1/4마일을 10초 안에 주파하는 괴물 같은 튜닝카들도 등장했다. 이 괴물 같은 차는 공도에서 야수와도 같았다. 펜더는 10인치와 13인치의 휠로 가득 찼으며, 새로운 노즈를 장착했다. 거대한 리어 윙은 다운 포스를 일으켰으며, 강력한 V8엔진도 일부 계량을 거쳤다. 스로틀을 열면 더 많은 양의 공기가 유입되었으며, 하이 리프트 캠샤프트와 배기 흐름의 개선덕분에 1/4마일을 13.4초 안에 주파 할 수 있었다. 살린의 레이스크래프트 서스펜션이 사용되어 핸들링시 차체를 낮추고 높이며 핸들링을 용이하게 해주었다.

최고속도	240km/h
0-96km/h	5.2초
엔진 형태	V8
배기량	5,014
변속기	5단 수동
최고출력	370마력(@4,800rpm)
토크	40.5kg·m(@3,000rpm)
공차중량	1,618kg
연비	6km/l

포드(Ford) 머스탱 코브라 1993(Mustang Cobra 1993)

3세대 머스탱의 장점만을 모아서 제작된 머슬카

3세대 머스탱은 1979년부터 생산되다 1933년에 단종되었다. 모두의 주목을 받으며 멋지게 퇴장하기 위해, 포드 엔지니어들은 3세대 머스탱의 장점을 모두 모아서 코브라를 만들었다. 215마력의 GT를 기반으로, 새로운 그릴, 패널 모듈링, 리어 스포일러가 추가되었으며, 17인치 휠과 로-프로파일 타이어가 사용되었다. 서스펜션은 더욱 낮아졌고, 특이하게도 스프링은 좀 더 부드러워졌는데 이는 핸들링과 승차감에서 강점을 갖기 위해서였다. 엔진은 GT40 헤드, 에어 인테이크, 커진 스로틀, 거대한 연료분사기와 롤러 캠샤프트 덕분에 235마력을 발휘했다. 디스크 브레이크가 4개의 바퀴를 멈췄는데 제동력은 기본형 GT보다 훨씬 뛰어났다. 그러나 이상 열거한 것을 제외하고는 달라진 점은 크게 없었다. 가장 고성능 모델은 코브라 R이었으며, 레이스용 차는 주행과 상관없는 에어컨, 라디오, 뒷좌석 등의 부품을 드러내서 중량을 최대한 감량하고자 했다.

최고속도	242km/h
0-96km/h	5.8초
엔진 형태	V8
배기량	4,948
변속기	5단 수동
최고출력	235마력(@6,000rpm)
토크	38.5kg·m(@4,000rpm)
공차중량	1,465kg
연비	7.5km/l

포드(Ford) 머스탱 코브라 R 1995(Mustang Cobra R 1995)

오직 레이싱만을 위해 만들어진 머스탱으로, 편의장비는 부족했으나 주행 성능이 뛰어났다.

2000년에 코브라 R이 출시되기 이전, 1995년식 코브라 R은 머스탱 중 가장 빠른 머스탱이었다. R은 Race의 앞글자를 따았으며, 포드의 SVT(특수 차량 팀)는 차 소유주들이 어떠한 것도 잃지 않도록 노력했다. 차 내부에는 소음 조절 장치가 제거되었는데, 라디오, 뒷좌석, 뒷 유리, 전자식 파워 윈도우 에어컨도 마찬가지로 중량 감량을 위해 제거되었다. 코브라 R의 기본형 모델은 벨루어 시트가 사용되었는데, 이는 포드가 많은 사람들이 레이스용 버킷시트보다 벨루어 시트를 선호한다는 것을 알아차린 이후였기 때문에 가능했다. 아이바흐가 스프링을 조절했고, 코니는 쇼크 업 조버를 만졌으며, 프론트 안티롤바가 더 확장되었다. 엔진은 포드 라이트닝에 사용된 5.8리터 V8 엔진을 가져왔는데, GT40의 헤드 코브라의 흡기시스템, SVO 캠샤프트도 추가로 장착되었다. 이 차는 토크가 워낙 좋아서 변속기로 트레멕 3550을 사용했으며, 1/4마일을 12초 안에 주파했다.

최고속도	240km/h
0-96km/h	5.5초
엔진 형태	V8
배기량	5,751
변속기	5단 수동
최고출력	380마력(@4,800rpm)
토크	49.3kg·m(@3,750rpm)
공차중량	1,511kg
연비	6km/l

포드(Ford) 머스탱(Mustang) GT 1998

4세대 머스탱으로, 이전 세대보다 차체 강성이 향상되고 핸들링이 개선되었다.

1998 머스탱 GT는 1994년형 머스탱의 외관을 업그레이드한 모델이었다. 1994년 형 머스탱은, 많은 사랑을 받았지만 오래된 3세대 폭스(Fox) 머스탱을 대체한 4세대 모델이었다. 차체 강성을 높이기 위해 사용된 보강재 때문에 3세대보다 조금 차체가 무거워졌지만, 4세대 머스탱은 더 단단하고 핸들링이 좋았다. 큰 변화는 엔진에 있었다. 5.0리터 V8엔진은 1996년 첫 선을 보인 4.6리터 모듈러 V8엔진으로 교체되었는데, 토크에서 조금의 희생이 있었지만 많은 부분이 개선되었다. 1998년형 GT는 225마력과 38.5kg·m의 토크를 냈다. 고정 차축식 서스펜션을 사용했으며, 뒤쪽에는 분리형 코일 스프링과 쇼크 업조버가 자리했다. 앞쪽에는 맥퍼슨 스트럿과 로워 위시본이 사용되어 좋은 승차감과 핸들링을 선사했다. 머스탱 팬들을 만족시키기 위해 포드는 차체 옆쪽에 스쿱 모양의 장식을 더했으며, 리어 라이트는 수직으로 갈라진 모양으로 멋을 내고 그릴에는 특유의 달리는 종마 로고를 더했다.

최고속도	226km/h
0-96km/h	6.3초
엔진 형태	V8
배기량	4,604
변속기	5단 수동
최고출력	225마력(@4,400rpm)
토크	38.5kg·m(@3,500rpm)
공차중량	1,573kg
연비	7.1km/l

포드(Ford) 머스탱(Mustang) 5.0LX

합리적 가격에 강력한 성능을 제공한 대중적인 머슬카

1987~1993에 판매된 5.0리터 머스탱처럼 1980년대 미국 자동차 시장에 큰 영향을 끼친 차는 없었다. 비교적 저렴한 가격에 강력한 V8엔진의 머슬카를 구입할 수 있었으며, 고급스러운 소재와 날카로운 핸들링은 덤이었다. 따라서 머스탱 5.0LX가 큰 히트를 친 것은 당연한 결과였다. LX 버전은 GT보다 더 가벼웠고 더 빨랐다. 많은 자동차 매거진에서 보그 와그너 T5 수동 변속기를 사용한 버전으로 1/4마일을 14초 이내에 주파하는 테스트를 했는데, 더 강력한 머슬카보다 좋은 기록을 뽐내곤 했다. 개선된 스프링과 쿼드라-쇼크(Quadra-shock) 쇼크 업조버 덕분에 트랙션을 최대로 확보할 수 있었고, 이는 완벽한 핸들링으로 이어졌다. LX가 워낙 뛰어난 성능을 자랑해서, 미국 경찰에서 고속 패트롤 카로 선정하기도 했다.

최고속도	221km/h
0-96km/h	6.2초
엔진 형태	V8
배기량	4,948
변속기	5단 수동
최고출력	225마력(@4,400rpm)
토크	40.5kg·m(@3,500rpm)
공차중량	1,429kg
연비	7.8km/l

포드(Ford) 머스탱 마하1(Mustang Mach1)

머스탱의 1세대 모델로, 강력한 엔진, 커다란 차체, 멋진 디자인을 자랑했다.

1973년 마하1은 머스탱 중 가장 커다란 차체를 가진 차였다. 커다란 차체 때문에 스포티함과는 거리가 있었다. 크기만 큰 것이 아니라(당시 초창기 차에서는 승차 공간이 부족하다는 불평 때문에 큰 차를 만들기도 했다), 무게도 무거웠고 안락했는데도 핸들링은 우수했다. 이는 경쟁력 있는 서스펜션 덕분이었다. 앞에는 헤비듀티, 뒤에는 스프링 서스펜션이 사용되었는데, 앞뒤 모두 안티 롤바와 계량된 쇼크 업조버가 장착되어 성능을 끌려올렸다. 1969년 5리터 엔진을 장착하고 출시된 1969년형 마하1은, 1973년 발표된 배출가스 규제 때문에 성능을 제대로 발휘할 수 없었다. 하지만 4배럴 카뷰리터가 사용된 5.8리터 엔진을 선택하면 더 높은 성능을 경험할 수 있었다. 1973년 마하1의 멋진 패스트백 라인과 편안한 주행성 덕분에 큰 히트를 쳤으며, 오일 쇼크에도 불구하고 3만5000대 이상 생산되었다.

최고속도	176km/h
0-96km/h	10.4초
엔진 형태	V8
배기량	4,948
변속기	3단 자동
최고출력	136마력(@4,200rpm)
토크	31.3kg·m(@2,200rpm)
공차중량	1,404kg
연비	5km/l

포드(Ford) 머스탱(Mustang) SVO

고유가에 대응하여 포드에서 출시한 4기통 패스트백

4기통 엔진으로 고성능 차를 만드는 것은 포드에게 어려운 과제였다. 포드는 고유가에 대응하여 작은 엔진을 장착한 차를 만들고자 했다. 포드는 3세대 머스탱에 사용된 폭스(Fox) 플랫폼을 사용하여 2.3리디 엔진을 보닛 이래에 장착시켰다. 4기통 엔진에서 88마력을 발휘했는데, 디보 차저를 장착한 모델은 143마력의 출력을 자랑했다. 사실 이 정도의 출력은 높은 판매량을 장담할 수 없었다. 1985년 출력을 더 끌어올린 175마력 버전을 출시했다. 1986년 모델은 경량화된 엔진 덕분에 출력과 핸들링에서 강점이 있었다. 딱딱한 앞뒤 안티롤바와, 계량된 스프링, 조절 가능한 코니 쇼크 업조버가 코너링에서 큰 강점을 발휘했으며, 4휠 디스크 브레이크 덕분에 제동력도 뛰어났다. V8엔진보다 연료비가 저렴했지만 1986년 이후로 SVO는 단종되었다.

최고속도	224km/h
0~96km/h	6.7초
엔진 형태	직렬4기통
배기량	2,294
변속기	5단 수동
최고출력	205마력(@5,000rpm)
토크	32.4kg·m(@3,000rpm)
공차중량	1,380kg
연비	8.9km/l

포드(Ford) RS200

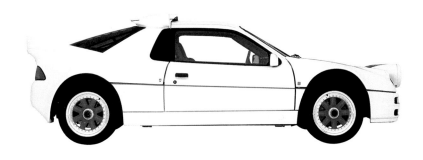

랠리크로스용으로 한정생산된 700마력 슈퍼 랠리카

600마력을 뿜어내는 그룹B 랠리에 출전하기 위해 포드는 경쟁력 있는 랠리카가 필요했고, 그 결과로 1984년 RS200을 출시하게 된다. RS는 랠리스포츠(Rally Sport)의 약자이며, 200은 200대가 생산 된 것에서 착안한 숫자이다. 1년 뒤 RS는 첫 출전한 랠리에서 우승컵을 들어올 렸고, 월드 랠리 챔피언십에서 3위를 차지했다. 1986년 포르투갈 랠리에서 관람객이 사망한 끔 찍한 사고를 겪은 뒤 그룹 B 랠리는 더 이상 개최되지 않았지만, RS200은 다른 모터스포츠에 서 활약했다. RS는 4기통 엔진을 차체 중앙에 얹고, 변속기는 차체 앞축에 위치시켰다. 빌트인 롤케이지는 튜브형 서브프레임에 연결되었다. 엔진은 코스워스 BD엔진을 사용했는데, 각종 튜 닝을 통해 성능을 한껏 끌어올렸다. 알로이 모터, 가렛 터보차저, 실린더당 4개의 밸브, 건식 윤 활 시스템이 사용되었다. 공도용 버전은 250마력을 냈으며, 레이싱용 버전은 무려 700마력을 뿜어냈다.

최고속도	224km/h
0-96km/h	6.1초
엔진 형태	직렬 4기통
배기량	1,803
변속기	5단 수동
최고출력	250마력(@6,500rpm)
토크	29.0kg·m(@4,000rpm)
공차중량	1,185kg
연비	5.7km/l

포드(Ford) 시에라 코스워스 RS 500(Sierra Cosworth RS 500)

시에라 섀시를 기반으로 제작된 레이싱카

포드가 1982년 급진적인 디자인의 시에라를 데뷔시키면서, 박스형태 디자인의 코르티나와는 완전히 작별을 고했다. 하지만 이 차가 슈퍼카 만큼의 고성능을 낼 수 있을 것이라고 생각한 사람은 거의 없있다. 포드는 V6엔진의 XR4i를 1983년 생신했는데, 시에라 섀시에 장착되이 시에라의 잠재력을 보여줬는데 어마어마하게 빠른 차는 아니었다. 그러나 1985년 RS코스워스는 아주 빨랐는데, 포드는 이 차를 가지고 레이스에 나가길 원했다. 거대한 리어 스포일러가 고속에서 다운포스를 생성했으며, 리어 엔드 드라이브 샤프트와 베어링이 계량되어 장착되었다. 타공 디스크 브레이크 덕분에 충분한 제동력을 확보했다. 엔진은 두꺼운 캐스팅 블락, 단조 내부파츠, 커다란 터보차저가 사용되어 레이싱 버전에서는 570마력을 뽐어냈다.

최고속도	246km/h
0~96km/h	6.1초
엔진 형태	직렬4기통
배기량	1,993
변속기	5단 수동
최고출력	224마력(@6,000rpm)
토크	27.7kg·m(@3,500rpm)
공차중량	1,243kg
연비	7.1km/l

포드(Ford) 썬더버드(Thunderbird) 1955

쉐보레 콜뱃에 대항하기 위해 만들어진 퍼포먼스카

썬더버드는 콜뱃이 출시된 이듬해 세상에 데뷔했고, 바로 콜뱃과의 전쟁에 돌입했다. 썬더버드는 포드의 2인승 레이아웃과 동일하게 리지드 액슬 서스펜션과 판스프링이 사용되었다. 하지만 가장 큰 차이점이 있었는데, 썬더버드에는 V8 엔진이 사용되었다는 것이다. 4.3리터 V8엔진이 기본이었으며, 더 강력한 출력을 원하는 사람들을 위해 이듬해 5.1리터 엔진을 얹은 모델도 출시되었다. 썬더버드는 파워 브레이크와 파워스티어링도 장착되어 주행성이 향상되었다. 하드탑에는 유리섬유가 사용되었고, 컨버터블 루프는 추가 290달러에 선택가능했다. 초창기 모델에서는 스페어 타이어를 리어 펜더에 부착했지만, 포드는 1957년 차체 뒷부분을 연장했고, 스페어 타이어를 트렁크에 적재할 수 있었다. 뒷부분에 중량이 추가되어 주행 능력이 더욱 향상되었다. 가장 인기가 많은 모델은 300마력의 슈퍼차저 1957 F-버드였으며, 단 211대가 생산되었다.

최고속도	195km/h
0-96km/h	9.5초
엔진 형태	V8
배기량	4,735
변속기	3단 수동
최고출력	212마력(@4,400rpm)
토크	40.1kg·m(@2,700rpm)
공차중량	1,386kg
연비	4.6km/l

포드(Ford) 토리노 탤러디가(Torino Talladega)

나스카 우승을 목표로 제작된 퍼포먼스카

1969년 나스카에서 포드와 크라이슬러가 진검승부를 펼쳤다. 닷지 차저 500을 제압하기 위하여, 포드는 토리노 탤러디가를 선보였는데, 이 차는 출시 첫해 30개의 우승컵을 들어올렸다. 1968년형 페어레인 토리노를 기반으로 만들어졌으며, 탤러디가는 똑 같은 모노 코크 섀시를 채택했다. 서스펜션은 앞에는 더블위시본, 뒤에는 판스프링을 사용했는데, 차체 뒤쪽이 상하진동에 취약하다는 단점이 있었다. 모든 탤러디가는 335마력의 7리터 코브라 제트 빅블락 V8엔진이 사용되었는데, 출력을 450마력까지 끌어올렸다. 10.6:1의 압축비, 스틸 크랭크, 튼튼한 코넥팅 로드, 할리 카뷰레터가 사용되었다. 서스펜션은 더 단단했으며, 두꺼워진 안티롤바가 앞쪽에 자리했다. 뒤쪽엔 트랙션 락과 3.25:1 기어가 사용되었다. 노즈가 127mm 길어져서 공기역학적으로 좀 더 개선되었다.

최고속도	208km/h
0-96km/h	5.8초
엔진 형태	V8
배기량	7,013
변속기	3단 자동
최고출력	335마력(@5,200rpm)
토크	59.4kg·m(@3,400rpm)
공차중량	1,607kg
연비	5km/l

포드(Ford) 우디(Woody)

터보차저 스몰 블락 엔진을 장착한 고성능 패밀리 왜건

우디는 항상 시골 느낌이 물씬 나는 패밀리 웨건으로 여겨졌다. 그런 우디에 새로운 용도가 생긴 것은 서퍼들 덕분이었다. 길쭉한 서핑 보드를 적재할 수 있어서, 서퍼들에게 우디는 실용적인 차로 인기를 끌었다. 서퍼와 핫 로더(hot rodder)들에게 우디는 인기를 끌었는데, 이 둘은 평범함을 거부한다는 공통적인 라이프스타일을 가지고 있었다. 대부분의 서핑 왜건은 기계적으로 뛰어난 성능을 발휘하진 않았고, 이따금씩 커스텀 휠을 장착한 차가 눈길을 끌 뿐이었다. 그러나 1950년에 포드는 우디를 차원이 다른 레벨로 끌어올렸는데, 최신 머스탱의 독립형 서스펜션을 앞에 장착하고, 차축을 업그레이드했다. 엔진은 슈퍼차저를 장착해서 엄청난 토크를 뿜어내는 스몰 블락 쉐비 엔진을 얹었다. 뒷좌석은 제거되었지만, 에어컨과 멀티 스피커 사운드 시스템은 여전히 장착되었다.

최고속도	235km/h
0-96km/h	4.7초
엔진 형태	V8
배기량	6,653
변속기	4단 자동
최고출력	410마력(@5,100rpm)
토크	60.8kg·m(@3,100rpm)
공차중량	1,546kg
연비	5.9km/l

지네타(Ginetta) G4

워클레트(Walklett) 형제가 만든 클럽 레이싱카

워클레트 형제(이보르, 밥, 더글라스, 트레버)는 1958년에 첫 차를 출시하며 세상에 이름을 알렸다. 1960년대 워클레트 형제의 차는 클럽 레이서들 사이에서 큰 인기를 끌었다. 1964년 G4가 발표되었는데, 1998년형 버전과도 놀랄만큼 유사했다. 첫 G4는 튜브형 스페이스 프레임과 독립형 프론트 서스펜션, 리지드 액슬 서스펜션을 사용했으며, 포드의 1.5리터 엔진이 사용되어 0~96km를 7초 안에 주파했다. 이후 같은 섀시를 사용하면서 앞뒤 서스펜션 모두 독립형 위시본을 사용했다. 가변형 코일 오버 쇼크 업소버 덕분에 코너링 성능이 향상되었다. 새로운 G4는 포드 엔진을 사용했는데, 포드 포커스에 사용된 현대적인 제택(Zetec) 엔진이 장착되었다. 퓨얼 인젝션 시스템과, 트윈 베버 카뷰레터형이 채택 가능했으며, 후자가 더 빨랐다.

최고속도	208km/h
0~96km/h	5.0초
엔진 형태	직렬 4기통
배기량	1,796
변속기	5단 수동
최고출력	150마력(@6,250rpm)
토크	17.6kg·m(@3,700rpm)
공차중량	571kg
연비	9.6km/l

GMC 사이클론(Syclone)

콜뱃보다 순간가속이 빠른 머슬-트럭

사이클론은 GMC의 소노마 트럭을 기반으로 만들어졌으며, 적재함 공간이 넉넉하진 않았으나 엄청나게 빨랐다. 0~96km/h를 단 4.9초만에 도달했는데, 이는 페라리 348과 심지어 강력한 콜뱃 ZR-1보다 더 빠른 기록이었다. 그러나 픽업트럭은 직선에서의 성능만이 중요한 것은 아니었는데, 사이클론은 픽업의 중요한 덕목중 하나인 4륜구동 시스템도 우수했다. GMC는 후륜구동 기반으로 앞뒤 토크 배분을 35:65로 나누며, 리지드 액슬에 리미티드 슬립 디퍼렌셜(LDS)을 장착하여 접지력을 높였다. 또한 더 낮아지고 계량된 스프링과 쇼크 업소버를 사용해서 스포티함을 강조했다. 사이클론은 미국에서 큰 인기를 끌었고, 1/4마일을 14초 안에 가속할 수 있었다. 현재 공도에서 주행가능한 사이클론의 1/4마일 최고기록은 무려 10초대이다.

최고속도	201km/h
0~96km/h	5.2초
엔진 형태	V6
배기량	4,293
변속기	4단 자동
최고출력	280마력(@4,400rpm)
토크	47.3kg·m(@3,600rpm)
공차중량	1,555kg
연비	8.9km/l

GMC 타이푼(Typoon)

머슬트럭 사이클론을 기반으로 제작된 고성능 SUV

GMC는 고성능 시장에서 자사의 이미지를 고취시키기 위한 계획 중 하나로, 강력한 픽업트럭인 사이클론을 만들었다. 그로부터 1년 뒤, 높아지는 SUV의 인기에 부합하고자 GMC는 5명의 어른을 데우고 충분한 짐을 적재할 수 있는 SUV인 디이푼을 출시했디. 디이푼은 사이클론과 동일한 보강재를 사용했으며, 분리형 섀시, 리지드 액슬, 11인치 ABS 브레이크와 타공식 디스크 브레이크를 사용했다. 엔진은 GMC 지미에서 가져왔으며, 터보차저와 계량된 엔진 세팅 덕분에 165마력을 발휘했다. 토크는 앞뒤 35:65로 배분되었으며, 기계식 센터 디퍼렌셜, 비스커스 커플링, 리지드 액슬, 리미티드 슬립 디퍼렌셜(LDS)가 사용되었다. 4단 자동 기어박스가 토크를 제어했지만, 견인용으로는 적합하지 않았다.

최고속도	198km/h
0-96km/h	5.4초
엔진 형태	V6
배기량	4,293
변속기	4단 자동
최고출력	280마력(@4,400rpm)
토크	47.3kg·m(@3,600rpm)
공차중량	1,737kg
연비	8.9km/l

혼다(Honda) 어코드 타입 R(Accord Type-R)

어코드 세단 플랫폼을 사용한 고성능 전륜구동 세단

1990년까지 혼다는 합리적인 패밀리카를 만드는 회사로 알려졌는데, 혼다의 퍼포먼스 라인인 V-테크 모델이 점점 발전하면서 많은 것이 달라졌다. 1997년 어코드는 더 큰 실내공간과 V6엔진을 장착하여 출시되었지만 퍼포먼스카로 불리기엔 많은 것이 부족했다. 하지만 이듬해 타입 R이 출시되자 이러한 시각들이 180도 달라졌다. 어코드 세단 플랫폼을 사용했지만, 차체 강성을 강화했으며, 서스펜션을 계량하고 차체를 낮췄으며 앞뒤 모두 더블 위시본 서스펜션을 사용했다. 엔진은 2.2리터 트윈 캠샤프트 16v 4기통 엔진을 장착했으며, 혼다의 V-테크 시스템의 기술이 적용되었다. 11:1의 압축비, 로우-프릭션 피스톤, 시퀀셜 퓨얼 인젝션이 적용되었으며, 엔진 회전수는 8500rpm까지 올라갔다. 리미티드 슬립 디퍼렌셜(LSD) 덕분에 전륜구동 세단 중 가장 좋은 핸들링을 자랑했다.

최고속도	224km/h
0-96km/h	7.1초
엔진 형태	직렬4기통
배기량	2,157
변속기	5단 수동
최고출력	209마력(@7,200rpm)
토크	21.3kg·m(@6,700rpm)
공차중량	1,408kg
연비	8.9km/l

혼다(Honda) 시빅(Civic) CRX

날카로운 핸들링을 자랑한 혼다의 소형 스포츠카

CRX는 소형 해치백 같은 외모를 가지고 있었지만, 사실은 1980년대의 2인승 스포츠 쿠페와 더 비슷한 면이 많았다. 1.5리터 엔진은 100마력의 출력을 자랑했는데, 낮은 배기량에 비하면 인상적인 출력이었다. 1986년 새롭게 출시된 시빅 CRX는 트윈 캠샤프트 16밸브 1.6리터 엔진이 장착되어 125마력을 뿜어냈다. 새로운 CRX는 앞뒤 모두 더블위시본 서스펜션과 안티롤바가 사용되었으며, 딱딱한 핸들링 때문에 도로에서 합법적으로 달릴 수 있는 고카트(go-kart)라는 평을 받았다. FF구조에 2개의 시트가 장착되어 차의 노즈 부분이 무거웠으며, 따라서 리어 스포일러를 장착해 다운포스를 공급해야 했다. 덕분에 차의 핸들링과 스티어링이 극도로 정밀했으며, 엔진은 6000rpm에서 최대 출력을 쏟아내며 가공할만한 성능을 발휘했다.

최고속도	194km/h
0-96km/h	8.6초
엔진 형태	직렬 4기통
배기량	1,590
변속기	5단 수동
최고출력	125마력(@6,000rpm)
토크	13.5kg·m(@5,000rpm)
공차중량	948kg
연비	10.7km/l

혼다(Honda) NSX

아름다운 외모와 뛰어난 주행 성능을 자랑하면서도 운전하기도 쉬운 이상적인 슈퍼카

완벽한 스포츠카를 만들기 위한 목적으로, 혼다는 여태껏 쌓아온 모든 레이싱 경험을 총동원하여 일본 역사상 가장 다이나믹한 모양의 스포츠카를 출시했다. NSX는 외모에서 페라리와 경쟁했으며, 차량 완성도에서는 포르쉐와 경쟁했다. 하지만 NSX가 그 무엇보다 뛰어난 것은 쉽게 운전할 수 있다는 점이었다. NSX를 운전하는 것은 굉장히 간편했고, 그리고 아주 빨랐다. 알루미늄 합금이 서스펜션 암부터 엔진에 이르는 차체 전체에 사용되었다. 앞뒤 트윈 위시본 서스펜션이 차의 핸들링을 특별하게 만들었으며, 전자식 파워 스티어링은 속도가 높아지면 개입이 줄어들었으며, 고속에서는 개입이 거의 없었다. V6엔진은 혼다의 V-테크 기술의 최고봉이었으며, 5800rpm에서 공기 흡입이 공격적으로 변하면서 토크를 희생시키지 않고도 엄청난 파워를 쏟아냈다. 공기저항을 최소화하기 위하여 차체 바닥을 평평하게 만들었으며, 뒷부분의 디자인은 고속에서 들리는 현상을 최소화했다.

최고속도	259km/h
0-96km/h	5.4초
엔진 형태	V6
배기량	2,977
변속기	5단 수동
최고출력	274마력(@7,000rpm)
토크	28.4kg·m(@5,300rpm)
공차중량	1,373kg
연비	5.7km/l

혼다(Honda) NSX 타입R

혼다 NSX를 기반으로 만들어진 트랙용 슈퍼카

NSX는 운전하기 쉬운 슈퍼카였다. 하지만 혼다는 1992년형 타입R을 좀 더 트랙에 적합한 차로 만들고 싶어했다. 여타 타입R과 다르게, 이 차는 부드러운 표면에서만 주행하도록 설계되었다. 알로이 섀시와 서스펜션 구성품 때문에 차체 중량을 감량할 수 있는 방법이 거의 없었음에도 불구하고, 혼다는 에어컨, 언더실, 스테레오, 스페어 타이어 등 주행과 무관한 부품들을 제거하여 121kg을 감량했다. 경량화 설계 때문에 차체에는 구성품이 거의 없었다. 플라스틱 커버를 덧댄 스틸 펜더는 알로이 소재로 변경해서 무게를 줄였으며, 휠도 더 가벼운 소재로 바꿨다. 엔진은 거의 동일했으나, 밸런스를 조정하고 좀 더 레이스에 맞게 세팅을 조절했다.

최고속도	270km/h
0~96km/h	5.1초
엔진 형태	V6
배기량	2,997
변속기	5단 수동
최고출력	280마력(@7,300rpm)
토크	28.2kg·m(@5,400rpm)
공차중량	1,233kg
연비	6.4m/l

혼다(Honda) 프리루드 VTi(Prelude VTi)

핸들링, 제동력, 편의성이 모두 뛰어난 혼다의 스포츠카

혼다의 스포츠카 프리루드는 1992년 출시되었다. 첫 프리루드가 출시된지 4년 후, 1996년 7마력이 향상된 VTi버전이 공개되었다. 혼다의 레이싱 전통에 따라, 더블 위시본 서스펜션이 앞뒤로 사용되었고, 코너에서 롤링을 성공적으로 제어했다. 전자제어식 4륜 조향 시스템이 적용되었으며, 이는 초창기 프리루드의 가장 큰 강점 중 하나였다. 저속에서 뒷바퀴가 조향되면서 주차가 훨씬 쉬워졌으며, 고속에서는 핸들링과 코너링이 향상되었다. 거대한 ABS 디스크 브레이크의 성능은 스포츠 쿠페 시장에서 가장 뛰어나다는 평가를 받았다. 하지만 이 차는 스포티함만 추구하지는 않았다. 차 내부에는 럭셔리한 옵션들이 많이 사용되었는데, 파워 선루프, 열선 시트, 에어컨, 가죽 휠, 크루즈 컨트롤과 오디오 시스템이 적용되어 호화로움을 자랑했다.

최고속도	227km/h
0~96km/h	6.6초
엔진 형태	직렬 4기통
배기량	2,157
변속기	5단 수동
최고출력	197마력(@7,100rpm)
토크	21.1kg·m(@5,250rpm)
공차중량	1,322kg
연비	10km/l

재규어(Jagure) D타입

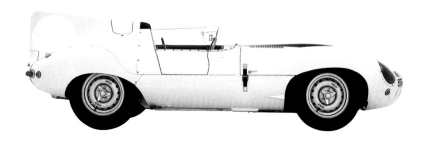

르망 우승을 위해 만들어진 재규어 레이스카

D타입은 단 하나의 레이스에서 우승하기 위해 만들어졌는데, 그 레이스는 바로 프랑스에서 열리는 르망이었다. 재규어는 그동안 레이스에서 성공하지 못한 것은 아니었는데, C타입(코드명 XK120C MKⅡ)이 1950년대 초반 벨기에 고속도로에서 시속 289km를 기록했던 것이 대표적 사례이다. 최대한 가볍고 발전된 차를 만들기 위해, D-타입은 당시 대다수의 차들이 바디온프레임 방식을 사용할 때 분리형 프론트 서브프레임과 모노코크 방식을 사용했다. 여전히 뒤 서스펜션은 리지드 액슬 방식이었으며, 앞쪽에는 더블 위시본과 가로배치된 토션바 스프링이 사용되었다. 엔진은 재규어의 유명한 XK엔진이 사용되었으며, 알로이 헤드와 트윈 하이 리프트 캠샤프트, 커다란 밸브와 세개의 트윈 베버 카뷰레터가 장착되었다. 건식 윤활 시스템이 사용되어 레이싱에서의 신뢰성을 확보했다. 후기형 퓨얼 인젝션 모델은 304마력을 뿜어냈으며 뒤쪽에 자리한 날개는 고속 주행시 안정성을 확보했다.

최고속도	259km/h
0-96km/h	5.4초
엔진 형태	직렬 6기통
배기량	3,442
변속기	4단 수동
최고출력	250마력(@6,000rpm)
토크	32.7kg·m(@4,000rpm)
공차중량	1,118kg
연비	7.14km/l

재규어(Jaguar) E타입

아름다운 디자인과 뛰어난 성능, 그리고 비교적 합리적 가격을 뽐낸 재규어 퍼포먼스카

1961년 제네바 모터쇼에서 E타입이 공개된 이후, 재규어에 E타입을 구매하고자 하는 문의가 빗발쳤는데, 이토록 아름다운 디자인에 뛰어난 성능을 갖추고도 3400달러라는 비교적 합리적인 가격의 차는 어디에도 없었기 때문이다. 레이싱용 D타입 재규어에 사용된 것과 비슷한 분리형 스틸 서브프레임과 모노코크 차체를 사용했으며, 앞에는 더블 위시본과 토션 바 스프링 서스펜션이 적용되었다. 뒤에는 고무 마운트 유닛, 아래쪽으로는 위시본, 위쪽으로는 드라이브샤프트를 채택했는데, 커다란 인보드 디스크와 두개의 코일 커버 쇼크 업소버도 함께 연결되었다. 엔진은 XK에 사용된 직렬 6기통 엔진을 계량해서 사용했으며, 트리플 카뷰레터가 부드럽게 토크를 4단 변속기에 전달했다. 영국의 유명한 M1 고속도로에서 테스트를 진행했는데, 최고속도 241km의 기록을 달성했다.

최고속도	240km/h
0-96km/h	7.3초
엔진 형태	직렬 6기통
배기량	3,781
변속기	4단 수동
최고출력	265마력(@5,500rpm)
토크	35.1kg·m(@4,000rpm)
공차중량	1,119kg
연비	5.1km/l

재규어(Jagura) 라이트웨이트 E타입(Lightweight E-type)

12대만이 한정생산된 재규어 E타입의 레이싱 버전

E타입이 레이싱에 초점을 맞춘 D타입과 같은 섀시에 기반을 두고 있었고, D타입보다 더 발전된 독립형 리어 서스펜션을 사용했지만, E타입은 레이싱카로 디자인되지 않았다. 그러나 E타입이 프라이빗 레이서들에게서 레이싱카로서의 기능성을 호평받자, 재규어는 '라이트웨이트' E타입을 한정판으로 소량 생산하기로 결정한다. 바디는 알루미늄으로 만들어졌으며 펜더는 제거되었다. 경량화를 위해 대부분의 내부 인테리어와 뱃지 등이 생략되었다. E타입 로드스터에 기반을 두었으나, 강성 확보를 위해 하드탑은 고정되어 열리지 않았다. 서스펜션은 더 단단해진 토션바와 튼튼해진 안티롤바를 사용했다. 루카스 퓨얼 인젝션 시스템 덕분에 출력이 상승했다. 12대만이 생산되었으며, 레이싱 역사에 큰 족적을 남겼다.

최고속도	251km/h
0-96km/h	5.0초
엔진 형태	직렬 6기통
배기량	3,781
변속기	5단 수동
최고출력	344마력(@6,500rpm)
토크	42.41kg·m(@4,750rpm)
공차중량	1,009kg
연비	5.3km/l

재규어(Jaguar) XJ220

양산차 중 가장 빠른 최고속도(340km/h)를 기록한 슈퍼카

재규어의 수석 엔지니어인 짐 랜들(Jim Randle)은 542마력을 내는 슈퍼카를 만들고자 했다. 컨셉트카가 1988년 영국 모터쇼에서 공개되었으나, 이듬해 포드가 재규어를 인수하고 난 뒤에야 실제 생산이 시작되었다. 컨셉트카는 V12 엔진과 4륜 구동이었지만, 결국에는 트윈터보 V6 엔진과 후륜구동 방식, 그리고 컨셉트카보다 250mm 짧아진 차체로 데뷔했다. XJ220은 데뷔와 동시에 22km의 뉘른부르크링 기록을 세웠는데, 최고속도 시속 340km로 기염을 토했다. 이 기록은 1992년 모델로 세운 기록이며, 275대가 생산되었는데 1대를 만드는데 12일이 걸렸다. 대당 가격은 40만 달러로 당시 양산차 중 가장 빠른 차였다.

최고속도	349km/h
0-96km/h	3.8초
엔진 형태	V6
배기량	3,498
변속기	5단 수동
최고출력	542마력(@7,000rpm)
토크	정보없음
공차중량	1,477kg
연비	3.54km/l

재규어(Jaguar) XJR-9LM

내구 레이싱에서 좋은 성적을 거둔 재규어의 레이싱카

재규어는 미국의 '그룹44'팀에게 르망에서 패배한 이후, 30년간 별 관심이 없던 내구 레이싱 분야에 출전하기로 결정한다. 재규어는 모터스포츠의 대가 톰 워킨쇼에게 월드 챔피언십 캠페인의 지휘권을 주었다. 이듬해 그들은 XJR-8로 출전한 FIA 프로토타입 챔피언십에서 8개 라운드에서 1위를 차지했는데, 이는 라이벌 회사보다 2배 이상 많은 기록이었다. 1988년 새로운 XJR-9가 데뷔하고, 르망24시에 출전하기 전에 3개의 레이스에서 우승컵을 들어올렸으며 르망에서도 1대가 완벽한 우승을 차지했다. XJR-9의 모노코크 섀시는 카본 파이버로 만들어졌으며, 더블위시본 서스펜션과 13인치 디스크 브레이크가 사용되었다. 차체 중앙에 위치한 V12 엔진은 레이싱에서 신뢰도가 매우 높았다.

최고속도	377km/h
0-96km/h	정보없음
엔진 형태	V12
배기량	6,995
변속기	5단 수동
최고출력	745마력(@7,250rpm)
토크	82.4kg·m(@5,500rpm)
공차중량	1,052kg
연비	정보없음

재규어(Jaguar) XJR-S

XJR의 핸들링을 개선하고 외모를 다듬은 모델

1980년대 후반, 재규어가 계속해서 럭셔리카 시장에서 동력을 얻기 위해서는, 점점 노후화 되고 있는 XJS를 구원할 수 있는 외부의 도움이 필요했다. 결국 재규어는 재규어 스포츠의 책임자였던 톰 워킨쇼에게 도움을 요청하게 된다. 워킨쇼는 트랙에서 XJS가 다소 핸들링이 무디다는 점에 착안해서 몇 가지 수정을 가한다. 서스펜션은 스프링 압력과 댐퍼를 조정하여 코너에서 더 민첩하게 움직이도록 했다. 커진 휠과 타이어는 운전자에게 더 즉각적인 피드백을 제공했으며, 스티어링의 반응성도 한층 개선되었다. 5.9리터 V12엔진은 기존 5.3리터 엔진을 대체했다. 1991 XJR-S는 외모를 새단장하고 레이스에 특화된 엔진 세팅과 흡배기 시스템을 바탕으로 인기를 끌었고, 1995년에 단종되었다.

최고속도	248km/h
0-96km/h	6.5
엔진 형태	V12
배기량	5,993
변속기	3단 자동
최고출력	333마력(@5,250rpm)
토크	49.3kg·m(@3,650rpm)
공차중량	1,828kg
연비	5km/l

재규어(Jaguar) XKR

첨단 기술이 대거 적용된 재규어 세단

1996년 제네바 모터쇼에서 풀체인지된 XK8가 공개되었다. 쿠페와 컨버터블 2가지 버전으로 출시되었고, 엔진은 경량화된 4리터 알로이 AJ-V8 엔진이 장착되었다. 1997년 재규어의 새로운 세단 XJR이 출시되었고, 같은 V8엔진에 슈퍼차저를 장착하여 XK8보다 더 스포티하다는 평가를 받을 정도로 엄청난 퍼포먼스를 냈다. 이 엄청난 엔진은 1998년에 출시된 쿠페 XKR에도 장착되었다. XK8과 동일한 섀시를 채택했는데, XKR은 컴퓨터로 정밀하게 제어하는 댐퍼를 장착하여 서스펜션을 조율하였다. 쿼드-캠샤프트 V8엔진은 알로이 소재로 제작되었고, 동급 V8 중에 가장 가벼운 무게를 자랑했으며 당시 최신 기술인 가변 캠샤프트 타이밍 방식을 채택했다. 이튼 M112 슈퍼차저를 얹어서 28%의 출력 향상을 이뤄냈으며, 충분한 제동력을 확보하기 위해 12인치 타공 브레이크 디스크와 고성능 브레이크 패드가 사용되었다. 엄청난 토크를 제어하기 위해 기어박스는 메르세데스 벤츠에서 가져왔다.

최고속도	248km/h
0-96km/h	5.1초
엔진 형태	V8
배기량	3,996
변속기	5단 자동
최고출력	370마력(@6,150rpm)
토크	52.2kg·m(@3,600rpm)
공차중량	1,750kg
연비	5km/l

재규어(Jaguar) XK120

현대적 디자인과 강력한 엔진을 사용한 6기통 슈퍼카

1948년 출시된 XK120은 엄청나게 빠른 속도를 자랑했다. 6기통 엔진은 부드러우면서도 막강한 파워를 냈고, 또한 큰 스티어링 휠과 한층 발전된 핸들링 덕분에 차를 운전하는것도 어렵지 않았다. 유려한 곡선과 레이싱에서 가다듬은 공기역학적 설계 덕분에 차의 디자인도 현대적이고 아름다웠다. XK120은 앞에는 토션바와 위시본 서스펜션을 사용했고, 뒤에는 판 스프링과 리지드 액슬 서스펜션이 장착되었다. 내부는 편안한 가죽 시트와 도어 트림이 사용되었고, 넓은 공간과 잘 정돈된 대쉬보드가 운전자를 즐겁게 했다. 트윈 캠샤프트 직렬 6기통 엔진은 아주 강력했으며, 1960년대 XJ세단까지 사용되었다. 엔진에는 트윈 카뷰레터가 사용되었고, 토크도 매우 강력했다.

최고속도	194km/h
0~96km/h	11.3초
엔진 형태	직렬 6기통
배기량	3,442
변속기	4단 자동
최고출력	180마력(@5,300rpm)
토크	27.4kg·m(@4,000rpm)
공차중량	1,381kg
연비	4.9km/l

지프(Jeep) 그랜드 체로키(Grand Cherokee)

뛰어난 오프로드 성능을 갖춘 고성능 SUV

크라이슬러는 1993년 그랜드 체로키를 출시하기 위해 투자하면서, 그랜드 체로키가 지프 브랜드의 전통을 이어받아 큰 성공을 거두길 기대했다. 크라이슬러의 스틸 유니-프레임에 기반을 두었으며, 쿼드라-코일 서스펜션, 안티롤바, 가스 댐퍼를 사용했다. 비스커스 커플링 차동 제한식 센터 디퍼렌셜 방식의 4륜구동 시스템이 사용되었으며, 노면 상황에 따라 앞뒤 축에 토크를 적절하게 배분했다. 이전 체로키 시리즈보다 곡선을 적극적으로 사용했는데, 덕분에 다른 SUV보다 훨씬 공기역학적으로 뛰어났다. 또한 오버행이 짧아서 37도의 경사도 오를 수 있었으며, 30도의 내리막길에서도 무리없이 주행할 수 있었다. 가장 뛰어난 것은 5.9리터 V8엔진이었는데, 이 엔진 덕분에 그랜드 체로키는 어디에서도 슈퍼카처럼 강력하게 주행할 수 있었다.

최고속도	198km/h
0~96km/h	8.2초
엔진 형태	V8
배기량	5,899
변속기	4단 자동
최고출력	237마력(@4,050rpm)
토크	46.6kg·m(@3,050rpm)
공차중량	1,917kg
연비	4.6km/l

젠슨(Jensen) CV8

코치빌더 젠슨이 직접 제작한 퍼포먼스카

리처드 젠슨과 알렌 젠슨은 코치빌더였다. 그들은 영국 자동차 회사에서 만든 섀시를 기반으로 매력적인 디자인의 자동차를 주문 생산하는 것으로 이름을 날렸는데, 1935년 부터는 직접 자동차 생산을 하는 단계까지 발전했다. 1940년과 1950년대의 차는 차체가 크고 당시 영국에서 가장 큰 엔진을 장착했다. 오스틴의 4리터 직렬 6기통 엔진이 대표적이었다. 그러다 1952년 출시된 541을 기점으로, 좀 더 스포티한 차량을 제작하게 되었다. 541은 10년이나 뒤에 출시된 VC8과 디자인이 매우 유사했다. 비스듬한 헤드라이트는 약간의 호불호가 있었으나, 크라이슬러에서 가져온 5.9리터 V8엔진 덕분에 큰 인기를 끌 수 있었다. CV8은 유리섬유 차체 덕분에 무게가 가벼웠으며, 엔진 퍼포먼스도 매우 뛰어났다. 섀시는 차체의 앞뒤를 연결하는 두개의 메인 튜브로 구성되었으며, 서스펜션은 오스틴에서 가져왔는데 앞에는 위시본 서스펜션이 사용되었고 뒤에는 판스프링과 리미티드 슬립 디퍼렌셜(LSD)이 사용되었다.

최고속도	218km/h
0-96km/h	6.7초
엔진 형태	V8
배기량	6,276
변속기	3단 자동
최고출력	330마력(@4,800rpm)
토크	57.4kg·m(@3,000rpm)
공차중량	1,636kg
연비	4.6km/l

젠슨(Jensen) 인터셉터

코치빌더 젠슨이 직접 제작한 퍼포먼스카

외모에서 호불호가 있던 1966년형 CV8을 대체하기 위해, CV8 출시 4년만에 인터셉터가 데뷔하였다. 인터셉터는 사실 CV8과 외모만 다른 형제차였다. CV8과 동일하게 스틸 튜브 섀시, 4휠 디스크 브레이크, 앞 더블위시본 / 뒤 핀스프링, 리지드 엑슬 서스펜션을 사용했다. 구매자들에게 특별함으로 다가간 것은 비냘레(Vignale)가 디자인한 스틸 바디였다. 하지만 부식에 취약하다는 점은 단점으로 지적되었다. 크라이슬러 파워트레인은 그대로 사용되었고, 6.2리터 엔진을 선택할 수 있었다. 1971년부터는 6팩 트리플 카뷰레터 7.2리터 엔진도 라인업에 추가되었다. 1969년부터 1971년까지 다양한 업데이트가 추가되었지만, 젠슨은 결국 판매량 추락으로 1976년 파산하게 된다. 그러나 1983년 젠슨 파츠&서비스라는 새로운 회사로 MKⅡ 버전을 출시했다. 이 회사는 1990년 말까지 젠슨의 이름으로 새로운 모델을 출시했다.

최고속도	219km/h
0~96km/h	6.4초
엔진 형태	V8
배기량	6,276
변속기	3단 자동
최고출력	330마력(@4,800rpm)
토크	60.8kg·m(@2,800rpm)
공차중량	1,680kg
연비	3.8km/l

람보르기니(Lamborghini) 카운타크(Countach)

아름다운 디자인과 강력한 퍼포먼스를 뽐낸 람보르기니 슈퍼카

베르토네가 디자인한 람보르기니 카운타크는 1971년 스위스 제네바 모터쇼에서 첫 선을 보였는데, 모든 사람들을 충격에 빠트렸다. 람보르기니는 그로부터 3년 뒤 카운타크의 생산에 들어갔고, 세상에 나온 카운타크는 놀랍게도 305km까지 달릴 수 있었다. 1980년대 카운타크의 개발 과정에서 4개의 캠샤프트를 사용한 엔진이 탄생했는데, 이 엔진은 455마력의 강력한 파워를 뿜어냈다. 1990년대 많은 슈퍼카들은 퓨얼 인젝션을 사용했지만, 카운타크는 베버 카뷰레터를 사용했는데, 덕분에 매력적인 사운드를 즐길 수 있었다. 앞에는 더블 위시본 서스펜션, 뒤에는 트레일링 암과 위시본 서스펜션이 사용되었으며, 코너링이 매우 우수했다. 또한 타공 디스크 브레이크에는 냉각을 위한 부품들이 추가되어 아주 빠른 속도에서도 효율적으로 제동을 할 수 있었다. 카운타크의 디자인은 람보르기니 디아블로가 나오기 전까지 20년동안 디자인의 아이콘으로 불릴 정도로 매력적이었다.

최고속도	285km/h
0-96km/h	5.2초
엔진 형태	V12
배기량	5,167
변속기	5단 수동
최고출력	455마력(@4,800rpm)
토크	49.8kg·m(@5,200rpm)
공차중량	1,449g
연비	4.2km/l

람보르기니(Lamborghini) 디아블로(Diablo)

카운타크의 후속으로 출시된 람보르기니의 슈퍼카

1980년 후반이 되자 카운타크의 디자인이 점점 구형이 되어 갔고, 람보르기니는 다음 10년을 위한 새로운 차를 출시할 필요가 있었다. 람보르기니는 슈퍼 카운타크를 만들었는데, 이는 새로운 스포츠카에 들어갈 부품들을 평가하기 위해서였다. 처음에는 후륜구동이었으나, 이 차의 엄청난 파워를 제대로 제어하기 위해서는 4WD가 필요했고 VT버전이 출시되었다. 그러나 앞바퀴로는 출력의 27%만이 전달되어, 여전히 후륜구동 성향이 강했다. 엔진은 1963년에 처음으로 선보인 람보르기니의 V12엔진에 기반을 두었고, 이상적인 60도의 뱅크각을 갖는 엔진이었다. 엔진은 알로이 합금으로 제작되었으며 고 rpm에서도 뛰어난 성능을 낼 수 있었다. 핸들링은 놀랍다는 말로밖에 표현할 수 없었으며, 서스펜션은 더블 위시본이 사용되었다.

최고속도	328km/h
0–96km/h	4.3초
엔진 형태	V12
배기량	5,729
변속기	5단 수동
최고출력	492마력(@7,000rpm)
토크	57.8kg·m(@5,200rpm)
공차중량	1,579g
연비	4.6km/l

람보르기니(Lamborghini) LM002

람보르기니에서 미군 납품용으로 제작한 고성능 SUV

람보르기니는 미군에 군용차를 납품하기 위해 후륜구동 '치타' 컨셉트카를 만들어서 1977년 제네바 모터쇼에서 선보였다. 그러나 1980년대 초반, 미국의 AM사에서 람보르기니보다 저렴한 험비를 앞세워 미 육군과의 계약을 따냈다. 그럼에도 불구하고, 람보르기니는 LM002를 결국 생산했고 1985년에 판매를 시작했다. LM002는 알루미늄 패널널을 덧댄 매우 튼튼한 스틸 스페이스프레임 섀시를 사용했다. 독립적인 자가조절식 서스펜션이 장착되었고 LM002를 위해 특별히 개발된 케블러 타이어를 채택했다. 엔진은 슈퍼카 카운타크에서 가지고 오는데, 에어 인테이크와 퓨얼 인젝션이기에 방수처리를 한 것을 제외하고 모든 것이 동일했다. 좀 더 파워풀한 LM004모델은 람보르기니의 마린 V12 엔진을 장착했는데, 58.6kg·m의 토크를 냈다. 인테리어는 화려한 가죽 트림으로 장식되었으며, 에어컨 등 편의장비가 가득했다.

최고속도	202km/h
0-96km/h	8.5초
엔진 형태	V12
배기량	5,167
변속기	5단 수동
최고출력	450마력(@6,800rpm)
토크	49.8kg·m(@4,500rpm)
공차중량	2,706g
연비	3.6km/l

람보르기니(Lamborghini) 미우라(Miura)

뛰어난 성능과 미래지향적 디자인을 자랑한 기념비적인 미드십 슈퍼카

1966년 출시된 이 엄청난 머신은 슈퍼카의 세계에서 미드십 구조를 최초로 유행시킨 기념비적인 모델이다. 미우라가 출시된 당시 페라리는 외모로 보나, 퍼포먼스로 보나 미우라에 비해서 한참 뒤쳐졌다는 평가를 받았다. 미우라는 또한 최초로 쿼드-캠샤프트 V12엔진을 장착한 슈퍼카였다. 미우라는 1966년 제네바 모터쇼에서 공개되며 센세이션을 일으켰는데, 차체가 땅에 붙어있는듯한 아주 낮은 디자인은 마치 우주에서 온듯한 느낌이었으며, 미래에서 온 슈퍼카라는 아이덴티티를 확고하게 심어주었다. 차체 양 옆에 위치한 거대한 사이드 실은 새로운 섀시 디자인의 상징이었으며, 큰 사이드 실과 센터터널이 사용된 스틸 모노코크 방식을 채택했다. 엔진이 운전자 뒤에 위치한 미드십 구조였으며, 엔진룸은 스틸 프레임으로 감쌌다. 엔진은 알로이 블락과 헤드로 구성되었으며, 연소실은 미국 엔진에서 영감을 얻은 고전적인 반구형이었고 실린더당 밸브는 2개에 불과했으나 4개의 캠샤프트가 사용되었다. 이후에 출력을 385마력으로 올린 SV버전이 1971년 출시되었는데, 오일쇼크로 인해 2년만에 단종되었다.

최고속도	275km/h
0-96km/h	6.9초
엔진 형태	V12
배기량	3,929
변속기	5단 수동
최고출력	370마력(@7,700rpm)
토크	38.6kg·m(@5,500rpm)
공차중량	1,296kg
연비	4km/l

란치아(Lancia) 델타 인테그랄레(Delta Integrale)

랠리 레이싱 출전을 목표로 만들어진 퍼포먼스카로, 밸런스가 뛰어나다는 평가를 받았다.

란치아는 1987년에 랠리 레이싱에 출전할 차를 제작하기로 결정했고, 4륜구동 '델타 HF 터보'라는 이름으로 개발에 들어갔다. 하지만 몇 달이 지난 뒤 인테그랄레라는 명칭으로 변경되었다. 커다란 알로이 휠이 장착되고 휠아치도 이에 맞게 넓어졌으며, 도어는 여전히 4개로 실용성을 유지했다. 공도용 버전도 랠리용 버전과 많은 면에서 유사했는데, 풀타임 4륜구동 시스템, 센터 티퍼렌셜, 비스커스 커플링, 토션 리미티드 슬립 디퍼렌셜(LSD) 등이 그대로 적용되었다. 서스펜션은 앞뒤 모두 안티롤바와 맥퍼슨 스트럿 서스펜션이 적용되었다. 테마 세단에서 가져온 4실린더 2리터 엔진을 계량해서 사용했다. 멀티 포인트 인젝션과 터보가 기본 적용이었으며, 1989년부터는 16v 버전도 기본 적용되었다. 인테그랄레처럼 핸들링, 밸런스, 파워가 종합적으로 균형이 잘 맞은 차는 찾아보기 힘들었다. 이 차는 1994년까지 생산되었고, 랠리카와 로드카 모두 매우 우수하다는 평가를 받았다.

최고속도	219km/h
0-96km/h	5.7초
엔진 형태	직렬4기통
배기량	1,997
변속기	5단 수동
최고출력	210마력(@5,750rpm)
토크	30.6kg·m(@2,500rpm)
공차중량	1,342kg
연비	7.8km/l

란치아(Lancia) 스트라토스(Stratos)

페라리 V6엔진을 장착한 랠리카로, WRC에서 3회 연속 우승을 차지했다.

이탈리아의 코치빌더 베르토네는 스트라토스 탄생에 큰 역할을 했다. 1970년 토리노 모터쇼에서 베르토네가 스트라토스 컨셉트카를 공개했는데, 이 차에 영감을 받아서 이듬해 페라리의 V6엔진을 얹은 스드라도스가 데뷔하게 된다. 란치아는 이 차에 주목해서 1973년에 랠리용으로 500대를 생산하게 되었다. 그해 말, 스트라토스는 스페인의 파이어스톤 랠리에서 첫 우승컵을 들어올렸다. 하지만 진정한 승리는 이듬해부터였다. 본격적인 생산이 시작되고 난 이후, 월드 랠리 챔피언십(WRC)에서 3회 연속 우승을 차지한다. 스트라토스의 성공은 차량의 완성도 덕분이었다. 센터 스틸 케이지와 리어 프레임이 엔진과 스트럿 서스펜션을 잘 지지했고, 앞과 뒤에는 위시본이 장착되었다. 란치아는 쿼드-캠샤프트 다이노 엔진을 계속 사용했는데, 공도용 버전에는 3개의 트윈-초크 카뷰레터를 사용했다.

최고속도	224km/h
0-96km/h	7.0초
엔진 형태	V6
배기량	2,418
변속기	5단 수동
최고출력	190마력(@7,000rpm)
토크	22.4kg·m(@5,500rpm)
공차중량	982kg
연비	6km/l

렉서스(Lexus) LS400

강력한 엔진, 뛰어난 편의장비, 좋은 핸들링을 가진 일본산 그랜드 투어러

고급차 시장에서 BMW와 메르세데스-벤츠를 꺾고자 하는 일본 브랜드의 도전은 처음에는 무모한 것으로 여겨졌다. 하지만 렉서스는 1990년에 LS400을 출시하며, 이 도전이 결코 무모하지 않음을 증명해냈다. 고급차의 뱃지는 없을지 몰라도, 250마력을 내는 4리터 V8엔진과 다양한 편의장비를 합리적인 가격에 제공해서 빠르게 인기를 끌기 시작했다. 더블 위시본 서스펜션은 커다란 차체에도 민첩한 움직임을 가능케 했으며, 랙앤피니언 스티어링 덕분에 코너에서도 정확하게 움직였다. 거대한 12인치 브레이크 디스크와 ABS 브레이크는 언제든 제동할 수 있다는 확신을 주었으며, 네이베이션, CD롬, 사운드 시스템, 고급스러운 내장재 덕분에 편안한 그랜드 투어러로 높은 평가를 받았다.

최고속도	248km/h
0-96km/h	6.3초
엔진 형태	V8
배기량	3,969
변속기	5단 자동
최고출력	290마력(@6,000rpm)
토크	40.5kg·m(@4,000rpm)
공차중량	1,766kg
연비	6km/l

라이트 카 컴퍼니(Light Car Co.) 로켓(Rocket)

모터사이클 엔진을 장착한 초경량 스포츠카

맥라렌에서 F1용 MP4/4, 공도용 맥라렌 F1으로 큰 성공을 거둔 디자이너 고든 머레이는 좋은 공도용 또는 레이싱용 차가 무엇을 갖춰야 하는지 잘 알고 있었다. 따라서 그는 1991년 크리스 크래프트와 '라이트 카 컴퍼니'를 설립하고, 2인승 '로켓'에 그의 모든 노하우를 집약했다. 무게는 반드시 가벼워야 했는데, 이를 위해서 멀티-튜브 스페이스 프레임 섀시를 사용했으며 얇고 강한 더블 A-암과 코일오버 쇼크 유닛이 사용되었다. 엔진은 야마하 FZR100 모터사이클 직렬 엔진을 가져왔고, 시트는 리어에 위치했는데 섀시 강성을 확보하기 위해 위치조절은 불가능했다. 기본혁 시퀀셜 기어박스는 동력을 트윈 스피드 액슬에 전달했는데, 편하게 크루징할 수 있었고 오토바이와는 다르게 후진도 가능했다. 엔진은 롤러 베어링 크랭크를 사용했고, 실린더당 밸브 개수는 5개였으며, 4개의 미쿠니(Mikuni) 카뷰레터를 사용했다. 레드존은 1만1000rpm 부터 시작했다.

최고속도	208km/h
0-96km/h	4.8초
엔진 형태	직렬 4기통
배기량	1,002
변속기	5단 시퀀셜
최고출력	143마력(@10,500rpm)
토크	10.4kg·m(@8,500rpm)
공차중량	401kg
연비	7.1km/l

링컨(Lincoln) MKVIII

현대적인 디자인과 고급스러움을 갖춘 링컨의 고성능 세단

포드의 프리미엄 브랜드인 링컨은 항상 럭셔리를 지향했지만, MKVIII은 이전 모델들과는 차원이 달랐다. MKVII에서 지적된 개선점을 반영해서 1993년에 선보인 MKVIII은 현대적인 디자인을 자랑했는데, 물밀듯이 밀려오는 유럽과 일본 차와의 경쟁에서 이기려면 어쩔 수 없는 선택이었다. 마치 독수리가 급습하는듯한 날렵한 디자인은 많은 사람으로부터 인기를 끌었고, 후기형 머스탱 코브라에 사용된 32밸브 알로이 V8엔진도 큰 사랑을 받았다. 새롭게 선보인 4R70W 자동 변속기와 맞물려서, 파워트레인은 좋은 퍼포먼스를 냈다. 핸들링도 우수했다. 양 코너의 에어 스프링 덕분에 날렵하면서도 편안했다. 차에 타기 위해서는 코드를 입력해서 도어 핸들을 작동시켜야 했지만, 일단 차에 탄 이후에는 충분한 편의장비, 인체공학적인 대쉬보드와 현대적인 디자인이 운전자를 만족시켰다.

최고속도	197km/h
0–96km/h	7.0초
엔진 형태	V8
배기량	4,601
변속기	4단 자동
최고출력	290마력(@5,750rpm)
토크	38.5kg·m(@4,500rpm)
공차중량	1,711kg
연비	7.8km/l

링컨(Lincoln) 네비게이터(Navigator)

아메리칸 럭셔리 SUV의 상징

미국에서 SUV시장은 점점 커지고 있는데, 고급스러움과 공간활용성 측면에서 링컨 네비게이터는 항상 최고의 자리를 차지한다. 1998년 출시되어 큰 인기를 끌었으며, F-150 픽업트럭을 기반으로 한 포드 익스페디션에서 구동계와 하체를 가져왔다. 그러니 네이게이터는 노면 상황을 자동으로 읽어들이는 장치와 연결된 에어 스프링을 장착해서, 오프로드에서는 자동으로 차체를 살짝 들어올리고 온로드에서는 차체를 낮추는 기능을 가지고 있었는데, 덕분에 편안하고 상황에 맞는 주행이 가능했다. 리지드 액슬 서스펜션이 약간 구형으로 느껴질 수 있지만, 파나르 로드와 어퍼/로어 트레일링 암과 함께 잘 조합되었다. 엔진은 포드에서 널리 사용된 트리톤 엔진을 더 크게 만들어서 장착했다. 싱클 캠샤프트와 시퀀셜 퓨얼 인젝션방식을 채택했는데, 16만km까지는 점검이 필요 없다는 말을 들을 정도로 내구도와 신뢰도가 뛰어났다.

최고속도	174km/h
0~96km/h	11.4초
엔진 형태	V8
배기량	5,400
변속기	4단 자동
최고출력	230마력(@4,250rpm)
토크	43.9kg·m(@3,000rpm)
공차중량	2,526kg
연비	5.25km/l

리스터(Lister) 스톰(Storm)

슈퍼차저 재규어 엔진과 모노코크 바디를 채택한 고성능 슈퍼카

리스터는 1950년대부터 재규어 레이싱카와 밀접한 연관이 있었는데, 1983년 재규어 XJS V12의 레이싱 버전을 만드는데 참여한 것이 리스터만의 독자 모델, 리스터 르망과 리스터 MKⅢ를 만드는 계기가 되었다. 리스터의 창립자 로렌스 피어스는 도로에서 주행할 수 있는 슈퍼카를 만들겠다는 꿈이 있었는데, 1991년에 마침내 충분한 자본을 확보하자 이 꿈을 이루기 위해 스톰의 개발을 시작했다. 벌집구조의 알로이 모노코크 바디를 채택했고, 탄소섬유를 적극적으로 사용했다. 엔진은 여전히 거대한 재규어의 V12엔진을 사용했지만, 두개의 슈퍼차저를 장착했다. 제동을 위해서 14.5인치와 12.5인치의 타공 브렘보 디스크와 알로이 4포트 캘리퍼를 사용했다. 서스펜션은 앞에는 튜브형 A암, 뒤에는 멀티링크 서스펜션을 사용했고, 트랙 주행과 공도에서의 고속주행을 염두에 둔 차답게 다소 딱딱한 세팅이었다.

최고속도	320km/h
0-96km/h	4.1초
엔진 형태	V12
배기량	6,996
변속기	6단 수동
최고출력	594마력(@6,100rpm)
토크	78.3kg·m(@3,450rpm)
공차중량	1,440kg
연비	4.2km/l

로터스(Lotus) 엘란(Elan) 1971

로터스 스포츠카 중 가장 뛰어난 핸들링을 자랑하는 경량 로드스터

경량화에 모든 것을 쏟아부어 만들어진 로터스 엘란은 역대 모든 차 중 가장 핸들링이 우수한 차로 꼽힌다. 엘란이 1960년대 처음으로 디자인되었다는 점을 감안하면 놀라운 사실이다. 로터스의 창업자 콜린 채프먼이 직접 만든 엘란은, 간단한 백본 섀시를 채택했고, 서스펜션은 앞에는 트라이엄프 해럴드의 독립형 서스펜션, 뒤에는 채프먼이 특허를 가지고 있던 스트럿 서스펜션을 사용했다. 유리섬유를 사용한 모노코크 차체였으나, 프로토타입으로 빠르게 테스트하기 위해서 로터스는 스틸 섀시로 만든 차도 따로 제작했다. 시험용 차가 좋은 평가를 받자, 로터스는 유리섬유의 엘란을 출시하기로 결정했다. 엔진은 로터스 코르티나에서 가져왔으며, 처음엔 1.4리터가 기본이었으나 나중에는 1.5리터 엔진이 사용되었다. 코너에서 언더스티어나 오버스티어 성향 없이 잘 달렸고, 165mm의 타이어에서 나오는 그립을 바탕으로 굽이진 커브길도 무리없이 주행했다.

최고속도	189km/h
0-96km/h	7.0초
엔진 형태	직렬 4기통
배기량	1,558
변속기	4단 수동
최고출력	126마력(@6,500rpm)
토크	15.3kg·m(@5,500rpm)
공차중량	688kg
연비	9.2km/l

로터스(Lotus) 엘란(Elan) 1989

이스즈 파워트레인을 사용한 로터스의 경량 로드스터

컨셉트카는 좋은 반응을 받았지만, 새로운 엘란이 출시된 1989년은 전 세계적으로 불경기가 찾아와서 신차 출시에 그렇게 좋은 시기는 아니었다. 비용을 줄이기 위해 이스즈의 파워트레인을 가져왔는데, 사람들은 전륜구동 차가 빠른 속도로 달린다는데 의구심을 품었다. 로터스는 고유의 백본 스타일 섀시와 새로운 파워플랜트를 조합했고, 결과는 훌륭했다. 접지력이 놀라웠으며, 1.6리터 퓨얼 인젝션 엔진은 수랭식 터보차저 덕분에 놀라운 토크를 뿜어냈다. 차체는 유리섬유로 제작되어 매우 가벼웠고, 특별히 제작된 위시본 서스펜션 덕분에 코너링시 차체 안정성이 놀랄만큼 향상되었고, 토크 전달 또한 우수했다.

최고속도	218km/h
0-96km/h	6.5초
엔진 형태	직렬 4기통
배기량	1,002
변속기	5단 시퀀셜
최고출력	143마력(@10,500rpm)
토크	10.4kg·m(@8,500rpm)
공차중량	401kg
연비	7.1km/l

로터스(Lotus) 앨리스(Elise)

주행 성능에 집중한 로터스의 초경량 로드스터

1990년대 경영난에 빠져 허우적거리던 로터스가 이렇게 인상적인 차를 만들어 낼 것이라고 예상한 사람은 거의 없었다. 1995년 프랑크푸르트 모터 쇼에서 데뷔한 멋진 디자인의 엘리스는 모든 사람들을 탄성케 했다. 디자인의 기저에는 로터스의 철학인 경량화가 녹아있었다. 경량화를 통해 핸들링과 퍼포먼스를 강조하는 로터스의 철학 덕분에, 인테리어는 단조로웠고 공차중량은 725kg에 지나지 않았다. 또한 브레이크 디스크를 포함한 가능한 모든 부분에 알루미늄 합금을 사용했다. 엘리스 제작팀은 매우 현명했는데, 알루미늄 패널을 제작해서 용접하지 않고 압출가공된 알루미늄 섀시를 섹션별로 만들어서 합치는 방식을 사용했다. 엔진은 로버의 소형차 K시리즈에 사용된 1.8리터 엔진을 가져왔는데, 특히 풍부한 토크가 매력적인 엔진이었다.

최고속도	198km/h
0-96km/h	5.5초
엔진 형태	직렬 4기통
배기량	1,796
변속기	5단 수동
최고출력	118마력(@5,500rpm)
토크	22.3kg·m(@3,000rpm)
공차중량	724kg
연비	10.5km/l

로터스(Lotus) 에스프리 터보(Esprit Turbo)

4기통 터보엔진을 장착한 로터스 경량 슈퍼카

에스프리는 가장 오랫동안 생산된 슈퍼카 중 하나이다. 1980년 출시되어, 조금의 수정은 있었지만 21세기까지 생산되었다. 많은 슈퍼카들 중 에스프리를 특별하게 하는 요소는 4기통 엔진이다. 터보차저가 장착되긴 했지만 4기통 엔진은 슈퍼카의 세계에서 낯설기만 하다. 로터스의 차답게 전형적인 스틸 백본 섀시를 채택했고, 미드십엔진은 세로로 배치되었다. 독립형 더블 위시본 서스펜션이 앞에 장착되었고, 뒤쪽은 두개의 가로방향 링크를 장착했다. 알로이 엔진은 16개의 밸브와 부스트 기능이 있었는데, 부스트를 작동하면 짧은 시간에 300마력을 발휘할 수 있었다. 미국의 환경규제를 통과하기 위해 1996년에 4기통 2.2리터 엔진은 V8엔진으로 교체되었고, 후기형 2리터 모델 에스프리 GT3은 240마력을 발휘했다.

최고속도	259km/h
0~96km/h	4.7초
엔진 형태	직렬 4기통
배기량	2,174
변속기	5단 수동
최고출력	264마력(@6,500rpm)
토크	35.6kg·m(@3,900rpm)
공차중량	1,204kg
연비	7.5km/l

로터스(Lotus) 칼튼/오메가(Carlton/Omega)

로터스(Lotus)와 복스홀(Vauxhall)이 함께 만든 스포츠 세단

세계에서 손꼽히는 스포츠카 제조사와, 대량생산 자동차 제조사가 손을 합쳐서 압도적이고 빠른 세단을 만들었는데, 이것이 바로 1990 로터스 칼튼이었다. 평범한 세단 복스홀 칼튼 GSi 3000의 차체를 가지고 와서 로터스가 스포츠카 제작의 노하우를 살려 평범한 비즈니스 세단을 다시 태어나게 만들었다. 구동계를 손보고 멀티링크 서스펜션을 장착했으며, 트윈 튜브 댐퍼를 장착하고 13인치, 11.8인치 브레이크 디스크를 더했다. 처음에는 3리터 트윈 캠샤프트 직렬 6 기통 엔진을 얹었고, 이후에 3.6리터 엔진을 장착했는데, 낮은 압축비에 알맞은 새로운 피스톤을 사용하고 트윈 터보를 추가했다. 트윈 터보가 추가되어 최고속도는 시속 290km에 달했으며, 다른 슈퍼카들을 한참 뒤로 따돌릴 정도로 가속력이 뛰어났다. 950대만이 생산되었는데, 510대는 좌핸들 버전으로, 로터스 오메가라는 이름으로 판매되었다.

최고속도	208km/h
0-96km/h	4.8초
엔진 형태	직렬 4기통
배기량	1,002
변속기	5단 시퀀셜
최고출력	143마력(@10,500rpm)
토크	10.4kg·m(@8,500rpm)
공차중량	401kg
연비	7.1km/l

마르코스(Marcos) 맨티스(Mantis)

소규모 회사에서 포드 V8엔진을 사용해 제작한 2인승 로드스터

1970년대 대부분의 중소 자동차 제조사들과 마찬가지로, 마르코스도 파산을 피하지 못했다.
하지만 창업자 젬 마쉬가 스포츠 쿠페의 최신 버전을 가지고 오면서 1981년에 다시 회사를 일
으켜 세웠다. 최초에는 4기통 엔진으로 시작했지만, 1980년 중반에는 로버의 V8엔진이 사용
되었다. 로버가 1990년대 중반 생산을 중단하자, 마르코스는 포드의 V8엔진을 가져왔고 이 때
맨티스가 탄생했다. 유리섬유를 적극적으로 사용했으며, 튜브형 스틸 백본 섀시가 채택되었다.
앞에는 맥퍼슨 스트럿, 뒤에는 위시본 서스펜션을 사용했다. 17인치 휠을 채택했으며, 차체의
뒤쪽이 더 크고 넓었다. 포드의 32밸브 모듈러 엔진에 보르테크(Vortech) 슈퍼차저를 더해서
450마력을 냈다. 거대한 보닛 아래에는 엔진과 벤틸레이션 장치가 장착되었다.

최고속도	258km/h
0~96km/h	4.8초
엔진 형태	V8
배기량	4,601
변속기	5단 수동
최고출력	352마력(@6,000rpm)
토크	40.5kg·m(@4,800rpm)
공차중량	1,191kg
연비	7.5km/l

마세라티(Maserati) 3500GT

최첨단 기술이 사용된 이탈리안 그랜드 투어러

이탈리안 머슬카 3500GT는 스타일리쉬한 라인과 강력한 직렬 6기통 엔진이 합쳐진 매력적인 그랜드 투어러였다. 서킷 주행보다는 GT성향으로 제작되었으며, 차량의 성향상 스티어링이 아주 정확하지는 않았다. 튜브형 스틸 섀시를 채택했으며, 두개의 튜브 구조가 차를 가로방향으로 지탱했다. 앞에는 더블 위시본, 뒤에는 판 스프링 서스펜션이 사용되었고, 당시에는 최첨단 기술이었다. 엔진은 알로이 소재로 만들어진 트윈 캠샤프트 엔진이었는데, 이 이전 세대는 2개의 점화플러그와 점화 코일에 기계식 퓨얼 인젝션 방식이었다. 1958년 3500GT는 직선에서 가장 빠른 차 중 하나로, 애스턴마틴 DB4와 페라리 250루쏘를 따돌렸다. 이러한 이유로 클래식카 시장에서 인기가 높으며, 원래 가격보다 몇 배나 비싼 가격으로 거래되고 있다.

최고속도	206km/h
0-96km/h	7.5초
엔진 형태	직렬 6기통
배기량	3,485
변속기	4단 수동
최고출력	230마력(@5,500rpm)
토크	30.2kg·m(@4,500rpm)
공차중량	1,445kg
연비	6km/l

마세라티(Maserati) 바이터보(Biturbo)

핸들링이 매력적인 마세라티의 컴팩트 스포츠 세단

전임 사장 알레한드로 드 토마소가 이끌다 1975년 경영난으로 파산을 겪은 바 있는 초창기 슈퍼카 제조사로서, 마세라티는 1980년대 초 들어 과거의 영광을 재현하고자 노력했다. 마세라티는 많은 판매량을 보장할 수 있는 대중적인 차를 출시해야 했고, BMW 3시리즈와 경쟁할 만한 파워풀하고 운전이 즐거운 컴팩트 세단을 선보이기로 결정했다. 그 결과, 1981년 바이터보가 탄생했다. 앞에는 맥퍼슨 스트럿, 뒤에는 채프먼 스트럿 서스펜션을 채택했고, 토크에 민감한 리미티드 슬립 디퍼렌셜(LSD)와 4휠 디스크 브레이크를 장착했다. 알루미늄의 V6엔진은 2리터부터 시작해서 1988년에는 2.8리터까지 올라갔다. 트윈터보는 다소 터보랙이 존재했지만, 후기형 모델이 나오면서 많이 개선되었다. 이 차의 가장 큰 특징은 명백한 오버스티어 성향이었는데, 특히 노면이 젖어있을 경우 더 심했다. 많은 자동차 전문가들은 이 차의 스티어링을 가장 큰 매력으로 꼽았다.

최고속도	205km/h
0~96km/h	7.2초
엔진 형태	v6기통
배기량	2,491
변속기	5단 수동
최고출력	185마력(@5,500rpm)
토크	28.1kg·m(@3,000rpm)
공차중량	1,088kg
연비	6km/l

마세라티(Maserati) 보라(Bora)

마세라티 최초의 미드십 스포츠카

1968년 마세라티의 주요 주주가 된 시트로엥으로부터 자금 지원을 받으면서, 마세라티는 2대
의 미드십 스포츠카, V6 메락과 V8보라를 만들게 되었다. 보라는 마세라티의 첫 번째 미드십이
었으며, 페라리와 람보르기니의 라이벌이 될만한 슈퍼카였다. 차체 앞부분과 좌석쪽에 스틸 프
레임이 사용된 세미 모노코크 바디였으며, 뒤쪽에 위치한 서브프레임에 엔진, 기어박스, 서스펜
션이 장착되었다. 4.7리터 V8엔진은 1950년대 생산되었으며, 4개의 오버헤드 캠샤프트, 알루
미늄 블락과 헤드, 반구형 연소실이 있어 출력을 향상시켰다. 차체는 스틸로 제작되었으며, 풍
동시험을 거치지 않았음에도 불구하고 항력계수가 0.3에 불과했다. 비교적 긴 9년 동안 570대
의 보라가 생산되었다.

최고속도	256km/h
0-96km/h	6.5초
엔진 형태	V8
배기량	4,719
변속기	5단 수동
최고출력	310마력(@6,000rpm)
토크	43.9kg·m(@4,200rpm)
공차중량	1,623kg
연비	3.5km/l

마세라티(Maserati) 기블리(Ghibli)

BMW M3에 대적한 마세라티의 컴팩트 슈퍼세단

대중적으로 큰 성공을 거둔적은 없지만, 1992년 기블리는 매우 뛰어난 머신이었다. 주요 경쟁 상대는 유사한 레이아웃을 가진 BMW 3시리즈로, 둘다 2도어 모노코크 바디에, FR구조를 채택했다. 맥퍼슨 스트럿과 세미-트레일링 암이 서스펜션을 구성했고, 마세라티의 레이스 노하우를 적용해서 주행과 핸들링이 매우 우수했다. 랙앤피니언 스티어링은 아주 날카로웠다. 알로이 소재의 4밸브 쇼트-스트로크 2.8리터 V6엔진은 매우 우수했다. 트윈 터보가 장착되어, 기블리의 파워플랜드는 엄청난 토크를 뿜어냈는데, 라이벌 BMW M3에 대적하기 충분했다. 마세라티는 세단 뿐만 아니라 슈퍼카도 잘 만든다는 것을 증명한 차였다.

최고속도	245km/h
0-96km/h	5.6초
엔진 형태	v6
배기량	2,790
변속기	5단 수동
최고출력	230마력(@5,500rpm)
토크	42.8kg·m(@3,750rpm)
공차중량	1,363kg
연비	8.5km/l

마쯔다(Mazda) 미아타(Miata)

출중한 주행 성능을 자랑한 2인승 컴팩트 로드스터

1960년대 로터스 엘란과 비슷한 외모의 마쯔다 미아타(MX5)는 1989년 출시 이후 스포츠카 시장에서 대성공을 거뒀다. 엘란처럼 간단한 FR구조의 미아타는 서스펜션을 아주 타이트하게 조율하고 경량화에 집중했다. 마쯔다 323에서 가져온 1.5리터 116마력 엔진이 기본장착되었으며, 16개의 밸브 덕분에 323보다 레드라인이 살짝 증가했다. 스틸 모노코크 차체 아래에는 엔진과 변속기가 자리했으며, 리어 액슬 서브프레임과 앞뒤 모두 더블위시본이 사용되었다. 랙 앤피니언 스티어링은 기어비가 높아서 운전자가 코너에서 아주 빠르게 차체를 조향할 수 있었다. 핸들링의 밸런스가 완벽해서 운전자는 라인을 벗어나고 싶은 충동이 들 수밖에 없었다. 루프를 개방하여 오픈에어링을 즐기는 방법도 간단했다. 두개의 버튼을 누르기만 하면 루프가 접히며 컨버터블이 되었다.

최고속도	194km/h
0-96km/h	9.1초
엔진 형태	직렬 4기통
배기량	3,485
변속기	4단 수동
최고출력	230마력(@5,500rpm)
토크	30.2kg·m(@4,500rpm)
공차중량	1,445kg
연비	6km/l

마쯔다(Mazda) RX-7

로터리 엔진에 트윈터보를 장착한 마쯔다의 슈퍼카

1991년 르망에서의 성공을 거둔 뒤, 마쯔다는 700마력의 R26B 로터리엔진을 장착한 신형 RX-7을 출시했다. 차는 최대한 가볍고 빨라야 한다는 철학 아래에서, 마쯔다 RX-7은 스포츠 카에서 슈퍼카의 영역으로 단순히 점프했다. 차체는 스틸 소재로 제작되었으며, 알로이 더블 위 시본 서스펜션이 사용되었고, 정확한 핸들링을 위해 부품들은 부싱 없이 섀시에 바로 볼트로 조 립되었다. 알로이 소재의 크로스 보강재가 차체 내부에 사용되어 강성을 높였다. 엔진은 로터 리 엔진의 일종인 트윈 로터 방켈 엔진(Twin Rotor Wankel Engine)을 기반으로 만들어졌는데, 움직이는 부품이 거의 없어서 회전속도가 매우 빨랐다. 트윈터보가 장착되었는데, 시작시점에 한 개의 터보가 작동하여 터보랙을 거의 느끼지 못하게 했으며, 4500rpm이 넘어서면 두 번째 터보가 작동해서 레드라인까지 빠르게 회전수를 늘릴 수 있었다.

최고속도	250km/h
0-96km/h	5.3초
엔진 형태	트윈 로터 방켈(로터리 엔진)
배기량	2,616
변속기	5단 수동
최고출력	255마력(@6,500rpm)
토크	29.3kg·m(@5,000rpm)
공차중량	1,273kg
연비	4.9km/l

맥라렌(McLaren) F1

F1 머신의 기술이 접목되어 100대 한정생산된 맥라렌 슈퍼카

맥라렌 F1은 디테일에 너무나도 많이 신경을 쓰고 영국 F1 팀에 의해 세심하게 디자인되다보니, 차를 제작할 때마다 손해였다. 100대만이 생산되었는데, 전세계의 수집가들에게 돌아갔고, 100대를 위한 순정 부속들이 풍부하게 제공되었다. 예를 들어 컴플리트 툴 키트, 도금된 엔진 룸, 커스텀핏 맥라렌 F1 적재함, 맥라렌의 엔진 진단 소프트웨어 등등이 전세계에서 사용 가능했다. F1은 탄소섬유가 적극적으로 사용된 벌집구조의 크로스빔을 토대로 제작되어 차체 강성이 매우 뛰어났다. 12초만에 시속 241km에 도달할 수 있는 엄청난 파워를 자랑했다. 벤투리관이 하체에 사용되어 차체를 지면에 가깝게 유지할 수 있었다. 드라이버의 포지션은 이상적으로 차체 중앙에 위치해서 운전하기 쉬웠다. 출시시점에는 1백13만 달러였으나, 현재는 훨씬 많은 돈을 지불해야 한다.

최고속도	370km/h
0-96km/h	3.2초
엔진 형태	V12
배기량	6,064
변속기	6단 수동
최고출력	627마력(@7,300rpm)
토크	64.7kg·m(@4,000rpm)
공차중량	1,020kg
연비	4.4km/l

메르세데스(Mercedese) 300SL

걸윙(Gull-wing) 도어가 특징인 메르세데스 세단

악명높은 '걸윙'도어는 1952년 레이스 카에서 처음으로 세상에 공개되었다. 작은 튜브들을 이어서 만든 스페이스프레임 섀시를 사용해서 무게는 아주 가벼웠으나, 차체의 옆부분이 비교적 높아서 전통적인 문을 달면 차에 탑승하기가 불편했다. 메르세데스는 걸윙도어를 채택하여 드라이버가 탑승하기 위한 공간을 마련했다. 서스펜션은 튼튼한 섀시에 맞게 잘 조율되었으나, 특정한 상황에서 스윙 액슬을 사용한 뒤쪽 서스펜션이 조향에서 문제를 일으켰다. 브레이크는 드럼식이었는데, 효율적이지는 않았다. SL은 세단 엔진을 사용했는데, 건식 윤활 방식, 기계식 퓨얼 인젝션 방식을 채택했다. 이런 구조 때문에 보닛 위에 툭 튀어나온 공간이 필요했으며, 차체 밸런스를 맞추기 위해 뒤쪽에도 비슷한 공간을 마련했다. 1957년 로드스터는 훨씬 나았는데, 뒤 서스펜션을 개선하고, 디스크 브레이크를 채택하고 인테리어를 개선했다.

최고속도	265km/h
0~96km/h	9.0초
엔진 형태	직렬 6기통
배기량	2,996
변속기	4단 수동
최고출력	240마력(@6,100rpm)
토크	29.2kg·m(@4,800rpm)
공차중량	1,295kg
연비	6.4km/l

메르세데스 벤츠(Mercedes Benz) 560 SEC

V8엔진을 장착한 럭셔리 스포츠 쿠페

560 SEC는 W126 S클래스 쿠페를 기반으로한 마지막 벤츠였다. 메르세데스가 라이벌 BMW 에 맞서기 위해 가장 큰 엔진을 장착하기로 했다는 결정이 알려진 덕분에, V12엔진을 얹은 럭 셔리카가 탄생한다는 루머가 돌았다. V12엔진은 아니었지만, S클래스 4도어 세단이 아닌 차에 처음으로 V8엔진이 장착되었으며, 럭셔리카에 장착되던 엔진이었지만 스포츠 쿠페 성향인 이 차에도 잘 어울렸다. 세단 버전과 동일한 서스펜션과 파워트레인을 사용했지만 휠베이스가 짧 아진 덕분에 날렵한 핸들링을 자랑했다. 여전히 뒷좌석은 럭셔리했으며, 옵션으로 선택가능한 자동 조절식 댐퍼도 뒷좌석을 더욱더 고급스럽게 했다. 엔진은 메르세데스의 에너지 컨셉트 V8 중 하나였으며, 1979년 S클래스 세단에서 처음으로 사용되었다. 높은 엔진 퍼포먼스와 뛰어난 연료 효율성을 위해 퓨얼 인젝션 방식을 채택했다.

최고속도	232km/h
0-96km/h	7.0초
엔진 형태	V8
배기량	5,547
변속기	4단 자동
최고출력	238마력(@5,200rpm)
토크	38.7kg·m(@3,500rpm)
공차중량	1,753kg
연비	7.1km/l

메르세데스 벤츠(Mercedes Benz) 벤츠 S600

럭셔리한 소재를 대거 사용하고 강력한 엔진을 장착한 최고급 대형 세단

560SEL을 대체하는 메르세데스-벤츠의 플래그쉽 모델 S600은 대형 세단 시장에 새로운 기준을 제시했다. S600은, 사람들이 S클래스에 흔히 예상하는 럭셔리함을 기대 이상으로 충족시켰다. 빗물을 감지하는 윈드스크린 와이퍼, 앞뒤 전동시트, 전자식 선쉐이드, 전자식 스티어링휠 조절 방식은 고급 리무진에서나 볼 수 있는 퀄리티였다. 하지만 S600은 그저 럭셔리한 도구가 가득한 세단이 아니었다. S600는 드라이버가 개입해 엄청난 퍼포먼스를 낼 수 있는 차였다. 앞에는 더블 위시본, 뒤에는 셀프 레벨링 멀티링크 서스펜션이 사용되어 핸들링이 매우 우수했다. 새로 개발한 알로이 48v V12엔진은 고회전 영역에서 엄청난 토크를 내뿜었다. 트랙션을 잃고 차체가 미끄러질 때를 대비하여 ASR이 사용되었다.

최고속도	248km/h
0-96km/h	6.6초
엔진 형태	V12
배기량	5,987
변속기	5단 자동
최고출력	389마력(@5,300rpm)
토크	56.7kg·m(@3,800rpm)
공차중량	2,254kg
연비	6km/l

메르세데스 벤츠(Mercedes Benz) 190E 2.5-16 EVO II

E클래스 세단을 기반으로 튜닝한 레이싱카

메르세데스-벤츠는 코스워스가 튜닝한 190E를 1983년 출시했는데, 1988년에 그룹A 레이싱에 출전하기 위해 225마력의 190E 2.5-16 Evo를 제작했다. 1년 뒤, 10마력을 더한 Evo II를 출시했고 이것이 바로 그 유명한 190E이다. 앞에는 맥퍼슨 스트럿 서스펜션, 뒤에는 멀티링크 서스펜션을 사용했다. 스프링은 낮아졌으며 댐퍼가 계량되으었며, 복잡한 시스템이 탑재되어 상황에 맞게 서스펜션이 자동으로 조절되었다. 차체는 유럽산 GT카처럼 디자인되었는데, 8x17인치 휠에 맞게 휠아치도 커졌다. 프론트 스포일러와 리어 스포일러는 다운포스를 증가시키는 역할을 했다. 코스워스가 4기통 2.4리터 엔진으로 다시 한번 마법을 부렸는데, 회전 어셈블리의 밸런스를 맞춰서 엄청난 파워를 뿜어냈다.

최고속도	250km/h
0-96km/h	6.8초
엔진 형태	직렬 4기통
배기량	2,463
변속기	5단 수동
최고출력	232마력(@7,200rpm)
토크	24.4kg·m(@5,000rpm)
공차중량	1,343kg
연비	7.1km/l

메르세데스 벤츠(Mercedes Benz) 500SL

메르세데스 벤츠 SL의 4세대 버전으로, 고성능 그랜드 투어러의 성격이 강했다.

SL라인은 1952년 '걸윙'으로부터 시작했는데, 4세대 모델이 1898년 출시된 이후 이 차는 빠른 속도를 자랑하는 편안한 GT카로 자리매김했다. V8엔진의 500SL은 1989년 해당 라인업의 가장 최상위 모델이었으며, 하이테크와 럭셔리라는 수식어가 잘 어울렸다. 아주 단단한 모노코크 섀시를 사용했으며, 맥퍼슨 스트럿과 멀티링크 서스펜션이 전자제어식 댐퍼와 연결되어 운전자가 4가지 드라이빙 모드를 선택함에 따라 전자식으로 서스펜션이 조절되었다. 최악의 상황에서 차가 뒤집어져도, 수압 펌프가 1/3초만에 롤바를 전개시켜 탑승자를 보호했다. 탑은 30초만에 열렸으며, 5-way 전동시트, 스탠다드 또는 스포츠 모드 세팅이 가능한 변속기가 장착되었다. 최첨단 기술은 엔진에도 사용되었는데, 노면 상황과 속도에 따라 전자적으로 바뀌는 가변밸브 시스템이 적용되어서 언제나 부드럽게 운전할 수 있었다.

최고속도	248km/h
0-96km/h	6.1초
엔진 형태	V8
배기량	4,973
변속기	4단 자동
최고출력	326마력(@5,500rpm)
토크	44.8kg·m(@4,000rpm)
공차중량	1,894kg
연비	4.7km/l

메르세데스 벤츠(Mercedes Benz) C36 AMG

AMG에서 튜닝한 메르세데스 벤츠 C클래스의 고성능 버전

큰 형님 E55처럼, C36도 굉장했다. 벤츠 190을 대체하는 C클래스가 1993년 공개된 이후, 메르세데스-벤츠의 튜닝 디비전인 AMG가 C클래스를 기반으로 작업을 시작했다. AMG는 E클래스와 S클래스에 사용되는 유명한 직렬 6기통 3.2리터 엔진을 장착했는데, 배기량을 3.6리터로 업그레이드시켰다. 이는 당시 메르세데스-벤츠에서 가장 큰 직렬 6기통 엔진이었다. 17인치 알로이 휠, 로-프로파일 타이어, 코일 스프링과 가변식 댐핑 서스펜션, 더 커진 디스크 브레이크와 스포티 성향의 변속기도 사용되었다. 업그레이드된 휠과 트윈 머플러 덕분에 유니크한 모델임을 은근히 드러낼 수 있었다.

최고속도	243km/h
0-96km/h	6.0초
엔진 형태	직렬 6기통
배기량	3,606
변속기	4단 자동
최고출력	268마력(@5,750rpm)
토크	37.8kg·m(@4,000rpm)
공차중량	1,571kg
연비	7.1km/l

메르세데스 벤츠(Mercedes Benz) SLK

합리적인 가격의 소형 2인승 로드스터

메르세데스 벤츠는 1996년 SLK 이전에는 한번도 작고 합리적인 가격의 스포츠카를 만든 적이 없었다. 그러나 소형 스포츠카 시장은 빠르게 성장하고 있었고, 포르쉐, BMW, 알파, MG가 이 시장에서 큰 인기를 끌고 있었다. 메르세데스 벤츠는 소형 스포츠카 시장에 진출하기 위해 가볍고 핸들링이 좋으면서 잘 생긴 차를 만들고자 했다. 튼튼한 차체를 만들기 위해 마그네슘과 고강성 스틸을 사용했다. 서스펜션은 앞 더블위시본, 뒤 멀티링크였으며, 루프는 엔지니어의 걸작품으로 평가받을 만했다. 25초만에 잘 생긴 루프가 복잡하게 접혀서 트렁크에 수납되었다. 루프가 수납되어도 완벽한 에어로다이나믹 설계와 리어 윈드 디플렉터 덕분에 바람이 많이 들어오지는 않았다. 2.3리터 4기통 엔진은 슈퍼차저를 장착해서, 튼튼한 섀시에 걸맞는 출력을 냈다.

최고속도	229km/h
0-96km/h	7.5초
엔진 형태	직렬 4기통
배기량	2,295
변속기	5단 수동
최고출력	193마력(@5,300rpm)
토크	27kg·m(@2,500rpm)
공차중량	1,328kg
연비	6.1km/l

메르세데스 벤츠(Mercedes Benz) C43 AMG

강력한 엔진과 스포츠 서스펜션을 장착한 고성능 컴팩트 웨건

C43 AMG의 철학은 간단했다. 작은 웨건에 큰 엔진을 넣고, 스포츠 서스펜션을 더해서 빠르고 실용적인 짐차를 만들자는 것이었다. 그러나 개조는 결코 쉽지 않았는데, 많은 이들이 V8엔진을 장착해야 한다고 생각했다. 주철 직렬 6기통 엔진보다 새로운 알로이 V8엔진이 가벼워서, 차체 밸런스를 잘 맞출 수 있었다. AMG는 딱딱한 스프링, 댐퍼, 안티롤바를 더했으며, 17인치 알로이 휠을 장착했고, 차체는 뒤쪽으로 갈수록 넓어져서 핸들링이 우수했다. 메르세데스의 ESP(전자식 제어 프로그램, Electronic Stablility Program)가 트랙션을 유지했으며, 측면으로 미끄러지는 것을 방지했다. AMG는 캠샤프트를 계량했으며, 오일 쿨러와 흡기 시스템을 개선해서 27마력과 0.9kg·m의 토크를 더했다. 그 결과 시속 160km까지 15초만에 도달할 수 있었다.

최고속도	248km/h
0-96km/h	5.9초
엔진 형태	V8
배기량	4,266
변속기	5단 자동
최고출력	302마력(@5,850rpm)
토크	40.8kg·m(@3,250rpm)
공차중량	1,567kg
연비	8.5km/l

메르세데스 벤츠(Mercedes Benz) E55 AMG

E클래스를 기반으로 제작된 고성능 세단

메르세데스 AMG 세단만큼 퍼포먼스에 민감하고 집중하는 차는 드물었다. E55는 보통의 세단과 크게 다른 점이 없어 보였지만, 커다란 18인치 휠, 낮아진 차체, 로 프로필 타이어는 이 차의 성격을 잘 나타냈다. E클래스 세단을 기반으로 4.3리터 V8엔진을 계량하여 탑재했다. 서스펜션은 앞에는 더블 위시본, 뒤에는 향상된 멀티링크 서스펜션을 사용했으며, 계량된 스프링도 장착했다. 전자식 제어 프로그램(Electronic Stability Program, ESP)이 사용되었고, ABS와 트랙션 컨트롤이 더해져 언제 어떠한 상황에서도 균형을 잃지 않았다. 다소 약한 4.3리터 엔진을 대신하여 5.4리터 엔진이 장착되었다. 실린더당 3개의 밸브가 사용되었는데, 4개가 사용되지 않은 이유는 추가로 점화플러그를 장착하기 위함이었다. 가변 매니폴드가 사용되어 V8엔진의 실용 토크 대역대가 넓어졌고, 도로에서 쏜살같이 튀어나갈 수 있었다.

최고속도	248km/h
0~96km/h	5.4초
엔진 형태	V8
배기량	5,439
변속기	5단 자동
최고출력	354마력(@5,500rpm)
토크	40.8kg·m(@3,000rpm)
공차중량	1,636kg
연비	5.3km/l

메르세데스 벤츠(Merceses Benz) ML320

메르세데스 역사상 최초의 고성능 4륜구동 SUV

ML은 메르세데스 역사상 최초의 제대로 된 4륜구동이었다. 이전에도 G바겐이 있었지만, 그 당시 G바겐은 평범한 밴과 다를 바가 없었다. 반면 ML은 잘 조율된 코일 스프링 독립형 서스펜션 덕분에 마치 세단과 같은 주행감을 뽐냈다. 4륜구동 시스템은 2개의 디퍼렌셜을 사용했으며, 만약 하나의 휠에서 트랙션을 잃은 것을 감지하면 트랙션을 유지하고 있는 다른 3개의 휠에 구동력을 보내는 기능을 갖췄다. 덕분에 오프로드에서 탁월한 성능을 발휘했으며, 온로드에서도 좋은 승차감을 유지했다. 차체 하부는 잘 보호되어 있었다. 최저지상고가 216mm였으며, 연료탱크, 배기구와 디퍼렌셜은 프레임에 의해 보호되었다. V6엔진은 1개의 실린더당 3개의 밸브와 2개의 점화플러그가 사용되었으며, 파워는 강력하면서도 배기가스 배출은 최소화했다.

최고속도	179km/h
0-96km/h	8.9초
엔진 형태	V6
배기량	3,199
변속기	5단 자동
최고출력	215마력(@5,500rpm)
토크	31.5kg·m(@3,000rpm)
공차중량	1,909kg
연비	5.6km/l

머큐리(Mercury) 쿠가 엘리미네이터(Cougar Eliminator)

포드 머스탱의 길이를 늘려놓은 포니카

머큐리는 머스탱 이후 2년간 '쿠가'라는 이름의 포니카만 생산했다. 쿠가는 머스탱을 길쭉하게 늘여놓은 차였다. 엘리미네이터는 1969년 출시되었는데, 앞에는 독립형 더블위시본과 코일 스프링 서스펜션, 뒤에는 리지드 액슬과 판 스프링 서스펜션을 사용했다. 보스 302와 428 코브라 제트 중 어떠한 엔진을 선택해도 만족스러운 가속력을 즐길 수 있었다. 보스 302는 290마력을 냈으며, 428 코브라 제트 엔진은 보험회사를 속이기 위해 제원상에는 335마력을 낸다고 적혀져 있었지만 실제로는 410마력까지 뿜어냈다. 428엔진은 옵션으로 '드래그 팩'을 선택할 수 있었는데, 오일 쿨링 시스템과 4.3:1의 기어비가 제공되었다.

최고속도	170km/h
0-96km/h	5.6초
엔진 형태	V8
배기량	7,013
변속기	3단 자동
최고출력	335마력(@5,200rpm)
토크	59.4kg·m(@3,300rpm)
공차중량	1,718kg
연비	2.2km/l

머큐리(Mercury) 리드 슬레드(Lead Sled)

급진적 디자인과 합리적 가격을 바탕으로 핫 로더(hot rodder)들의 튜닝카로 애용된 차

1950년대 핫 로더(hot rodder)들이 미국을 주름잡을 시기에, 레이싱용과 공도용 차들이 모두 발달했다. 스타일은 균열이 생기기 시작했으며, 어떤 사람들은 이 차의 외관을 자랑하기 위한 용도로 튜닝하기도 했으며, 드레스업 용도의 부품들이 인기를 끌기 시작했다. 1949년 머큐리는 급진적인 디자인을 띄고 있었다. 공기역학적이고 물 흐르는 듯한 외관은 마치 루프라인이 잘 려나간 듯한 착각을 주었다. 출시 후 수년만에 합리적인 가격으로 차를 구입할 수 있었으며, 핫 로더(hot rodder)들은 머큐리의 바디를 사용해 커스터마이징 버전을 내놓기 시작했다. 이 차는 리드 슬레드로 불렸는데, 플라스틱 바디필러가 사용되기 전에는, 폐차 업자들이 녹인 납을 실과 트림 사이에 부어서 차체 모양과 비슷하게 만들었기 때문이다. 이 차의 디자인은 1950년대 말과 1960년대 초 커스텀 휠캡, 불꽃모양의 도색, 톱니모양의 그릴, 리어 펜더 스커트를 특징으로 한다. 엔진은 쉐보레의 스몰 블락 엔진을 얹었다.

최고속도	192km/h
0–96km/h	7.8초
엔진 형태	V8
배기량	5,735
변속기	3단 자동
최고출력	380마력(@5,100rpm)
토크	51.3kg·m(@3,200rpm)
공차중량	1,533kg
연비	3.2km/l

MG 마에스트로 터보(Maestro Turbo)

MG 마에스트로에 터보차저를 장착하고 여러 파츠를 계량한 한정판 모델

오스틴 로버가 마에스트로를 1983년에 출시했지만, 외모가 촌스럽고 오래되어 보여서 사람들의 인기를 끌지는 못했다. 하지만 마에스트로는 저렴했고, 여러 종류의 엔진을 선택할 수 있었는데 그 중 하나가 1.6리터 MG 엔진이었다. 스포츠카 브랜드임을 고려했을 때 출력이 부족하다는 비판을 받아들여, MG는 이듬해 1.6리터 엔진을 115마력을 내는 2리터 엔진으로 교체했다. 115마력은 여전히 실용적인 해치백에서나 적합한 파워라는 비판이 있었지만 마에스트로의 판매량은 상승했다. 또한 1988년 영국 모터쇼에서 마에스트로 터보를 선보이면서 비판 의견은 많이 줄어들었다. 10psi 가렛 T3 터보가 새로운 O시리즈 엔진에 장착되어 MG 역사상 가장 빠른 차가 되었으며, 이 기록은 1990년대까지 깨지지 않았다. 계량되고 낮아진 서스펜션과, 커진 디스크 브레이크, 그리고 15인치 알로이 휠은 핸들링도 완벽했다. 505대만이 한정 생산되어, 콜렉터들에게도 인기가 많았다.

최고속도	216km/h
0-96km/h	6.4초
엔진 형태	직렬4기통
배기량	1,994
변속기	5단 수동
최고출력	150마력(@5,100rpm)
토크	22.8kg·m(@3,500rpm)
공차중량	1,118kg
연비	8.9km/l

MG 메트로 6R4(Metro 6R4)

미드십 엔진을 장착한 MG의 랠리카

RS200을 선보인 포드처럼, 오스틴 로버도 그룹B 월드 랠리 챔피언십(WRC)에서 활약할 궁극의 머신을 제작하고자 했다. 하지만 로버는 랠리에 출전하려면 해당 모델을 200대 이상 생산해야 한다는 호몰로게이션 규정에 막혀있었다. 랠리카 제작 프로젝트는 그랑프리 엔지니어인 윌리엄스(Williams)가 맡았고, 1981년부터 1982년 말까지 MG의 첫 번째 미드십 메트로 V6를 생산하게 되었다. 여기에 사용된 V6엔진은 로버 V8엔진에서 실린더 2개를 제거한 엔진이었다. 후기형 모델은 비스보크 V6엔진을 사용했는데, V6 4V라는 별명으로 불렸다. 이는 실린더마다 밸브가 4개 장착되어서 붙여진 별명이다. 메트로는 마치 스테로이드를 맞은 듯한 외모를 가지고 있었다. 내부에는 롤케이지가 장착되었으며, 튜브형 섀시의 코너마다 맥퍼슨 스트럿 서스펜션이 사용되었다 하체에는 3개의 토크-스플릿 디퍼렌셜이 위치했으며, 4륜구동이었다. 공도용 버전은 250마력을, 후기형 Evo 모델은 410마력을, 그리고 랠리카 버전은 600마력을 발휘했다.

최고속도	224km/h
0-96km/h	4.5초
엔진 형태	V6
배기량	2,991
변속기	5단 수동
최고출력	250마력(@7,000rpm)
토크	30.4kg·m(@6,500rpm)
공차중량	1,030kg
연비	7.1km/l

MG MGB GT V8

날카로운 핸들링이 인상적인 MG 최초의 V8 모델

MGB에 V8엔진을 넣으려는 시도는 1973년 브리티시 레이랜드(British Leyland)에서 공식적인 최초의 V8 차를 발표하기 이전에도 꾸준히 있어왔다. 많은 튜너들은 개조를 완성했으며, BL을 안정적으로 유지할 수 있는 이상적인 엔진을 연구했는데, 그것은 바로 1960년대 뷰익에 많이 장착되었던 로버의 V8엔진이었다. 로버는 엔진을 3.5리터 알루미늄 엔진으로 교체했는데, MGB의 4기통 엔진보다 살짝 무거울 뿐이었다. 따라서 MGB V8은 스포츠카 성향이 아니라 GT카 성향으로 세팅되었음에도 여전히 핸들링이 날카로웠다. 앞에는 코일스프링과 더블위시본을, 뒤에는 판 스프링과 리지드 액슬 서스펜션을 사용했다. 앞에는 디스크 브레이크, 뒤에는 드럼이 사용되어 빠른 속도에서도 멈출 수 있었다. 모든 MGB GT V8들은 패스트백으로 출시되다가 1992년에는 로드스터인 MG RV8도 출시되었다.

최고속도	200km/h
0-96km/h	8.5초
엔진 형태	V8
배기량	3,528
변속기	4단 수동
최고출력	137마력(@5,000rpm)
토크	26.1kg·m(@2,900rpm)
공차중량	1,085kg
연비	8.5km/l

MG MGF

운전의 즐거움을 극대화한 MG의 로드스터

MG라는 이름은 1980년대까지 살아남았다. MG 메트로, MG 마에스트로 등의 차로 간신히 명맥을 이어갔는데, 어떤 사람들은 MG의 뱃지만 달고 있는 차라고 비판하기도 한다. MG의 정신을 제대로 계승하기 위해 1992년 MG RV8을 출시했지만, 1990년대 MG는 대량생산할 수 있는 현대적인 로드스터가 필요했고, 1995년 MGF가 탄생했다. 이 차는 혁신적인 하이드로뉴매틱 독립형 서스펜션을 채택했다. 가스가 가득찬 스프링이 서스펜션에 사용되었다. 이 서스펜션은 놀라운 승차감을 선사했다. 엔진도 마찬가지였다. 로버의 1.8리터 K시리즈 엔진을 장착했는데, 가변밸브시스템(VVC)이 계속해서 흡기 타이밍을 가변적으로 조절했다. 미드십 구조의 이 MGF는 밸런스가 놀라웠으며, 드라이버에게 운전의 즐거움을 선사하는, MG의 정신이 살아있는 차였다.

최고속도	200km/h
0-96km/h	8.5초
엔진 형태	V8
배기량	3,528
변속기	4단 수동
최고출력	137마력(@5,000rpm)
토크	26.1kg·m(@2,900rpm)
공차중량	1,085kg
연비	8.5km/l

MG RV8

MGB 출시 30년을 기념하여 출시된 클래식 로드스터

1992년 MG RV8은 MGB출시 30년을 기념하여 클래식을 재현하기 위해 만들어졌다. 차체 디자인은 MG와 유사했지만, 둥근 모서리, 조화를 이룬 휀더와 라이트가 특징적이었다. 도어와 트렁크리드는 오리지널 MG와 동일했다. 여전히 앞에는 위시본 서스펜션이, 뒤에는 리지드 액슬과 판 스프링 서스펜션이 사용되었는데, 코니 텔레스코픽 쇼크 업소버가 사용된 것이 차이점이었다. 이 차를 살아 움직이게 하는 것은 4리터 V8엔진이었는데, 레인지로버에서 가져온 엔진으로 뷰익이 알루미늄 V8으로 업그레이드한 엔진이었다. 이 엔진은 저 rpm에서의 토크가 엄청났지만, TVR이나 마르코스 같은 다른 영국산 스포츠카만큼의 인기를 얻진 못했다. RV8의 내부는 여전히 익숙했지만 가죽시트, 가죽패널, 월넛 대쉬보드 등 고급스러운 소재가 풍부하게 사용되었다.

최고속도	218km/h
0-96km/h	7.0초
엔진 형태	V8
배기량	3,946
변속기	5단 수동
최고출력	190마력(@4,750rpm)
토크	31.6kg·m(@3,200rpm)
공차중량	1,102kg
연비	7.8km/l

오스틴(Austin) 미니(Mini)

레이싱을 위해 극한까지 튜닝된 미니

영국에서 미니는 지난 40년동안 튜닝버전이 가장 많이 등장한 차 중 하나였다. 귀여운 외모와 날카로운 핸들링, 순수하고도 단순한 운전의 즐거움 덕분에, 1959년부터 지금까지 항상 영국인늘이 좋아하는 자동차 순위 5위 안에 자리힐 수 있었다. 긴 시간동안 많은 튜닝 비전들이 출시되었는데, 미니를 극한까지 튜닝한 사람들은 정식 회사가 아닌 개인 튜너들이었다. 때문에 미니의 애프터마켓 시장은 매우 컸다. 로드스터 버전은 외모와 퍼포먼스 모두에서 미니의 최고봉이었다. 루프는 제거되었고, 차체의 높이는 오리지널 버전보다 76mm 짧아졌으며, 2인승으로 만들어졌다. 엔진 또한 튜닝되었고, 차가 매우 가벼웠기 때문에 미국산 머슬카보다 1/4마일 주파속도가 빨랐다.

최고속도	218km/h
0-96km/h	5.4초
엔진 형태	직렬4기통
배기량	1,400
변속기	4단 수동
최고출력	125마력(@6,500rpm)
토크	17.3kg·m(@4,000rpm)
공차중량	591kg
연비	6.4km/l

미쓰비시(Mitsubishi) 3000GT

최첨단 기술이 대거 사용된 2도어 스포츠카

1991년식 3000GT는 첨단 장비가 대거 장착되었다. 강성이 높은 모노코크 바디를 채택했으며, 앞에는 맥퍼슨 스트럿, 뒤에는 트레일링 암과 더블 위시본 서스펜션이 사용되었고 전자 조절식 댐퍼가 장착되었다. 4륜 조향 시스템이 사용되었는데, 속도, 스티어링 휠의 조절정도, 그리고 노면의 접지력을 종합적으로 판단해서 조향각을 추가로 1.5도 더 확보할 수 있었다. 비스커스 커플링 방식의 사륜구동 시스템이 사용되어 접지력의 손실 없이 앞뒤 토크배분을 할 수 있었다. 실내는 온도를 컨트롤할 수 있는 전자 스크린을 포함한 유용한 장비들로 가득했다. 엔진도 첨단 기술의 집합체였다. 쿼드 캠샤프트, 트윈 인터쿨러 터보차저, 멀티 포인트 퓨얼 인젝션 시스템이 엔진에 사용되었다. 시속 80km가 넘으면 앞 스포일러가 낮아지고 뒤 스포일러가 올라가서 공기역학적으로 유리해졌다. 단 한가지 단점은 이처럼 많은 장비들 때문에 차가 무거웠다는 점이다.

최고속도	243km/h
0~96km/h	6.0초
엔진 형태	V6
배기량	2,972
변속기	5단 수동
최고출력	281마력(@6,000rpm)
토크	40.5kg·m(@3,000rpm)
공차중량	1,814kg
연비	7.5km/l

미쓰비시(Mitsubishi) 파제로(Pajero) Evo

다카르 랠리에서 우승을 차지한 고성능 오프로더

다카르 랠리는 프랑스에서부터 아프리카에 이르는 험한 코스를 달려야 하는 레이스였다. 사막과 매우 거친 지형을 지나야 하기 때문에, 다카르 랠리에 출전하는 차량은 강인한 4륜구동 시스템이 필수적이었으며, 보급품을 적재할 충분한 공간도 필요했다. 하지만 가장 중요한 것은, 차가 빠르면서도 신뢰도가 높아야 한다는 것이었다. 미쓰비시는 1997년 파제로 Evo를 출시해 랠리에 출전시켰고, 1,2,3위를 석권하는 영광을 누린다. 이듬해 1998년에도 1,2,3위를 차지하면서 전년도의 성과가 운이 아니었음을 증명했다. 파제로는 두꺼운 크로스 형태의 보강재를 덧댄튼튼한 프레임 위에 차체를 얹었으며, 서스펜션은 앞에는 더블 위시본, 뒤에는 코일 스프링과리지드 액슬 서스펜션을 사용했다. 구동방식은 사륜구동이었으며, 시속 60km까지는 2륜구동으로 전환할 수도 있었다. 3.5리터 알로이 엔진은 실린더당 밸브가 4개씩 사용되었으며, 미쓰비시의 MIVEC 시스템이 전자적으로 밸브 타이밍을 조절했다. 랠리카에서 따온 커다란 휀더가특징적이었으며, 10인치의 넓은 타이어를 채택했다.

최고속도	200km/h
0-96km/h	8.0초
엔진 형태	V6
배기량	3,497
변속기	5단 세미오토
최고출력	280마력(@6,500rpm)
토크	34.6kg·m(@3,500rpm)
공차중량	1,986kg
연비	6.7km/l

미쓰비시(Mitsubishi) 이클립스 스파이더 GS-T(Eclipse Spider GS-T)

미쓰비시의 고성능 전륜구동 쿠페

1989년 출시된 미쓰비시 이클립스는 미쓰비시 라인업 중 유일한 쿠페였다. 특이하게도 이클립스는 일본이 아닌 일리노이 공장에서 생산되었다. 갈란트의 구동장치를 기반으로, 라인업의 정점인 GS-T모델은 전륜구동을 택했다. 라인업의 또 다른 간판 모델인 GSX에는 뛰어난 사륜구동 시스템이 사용되어, 코너링에서 엄청난 성능을 발휘했다. 1996년에는 로드스터 버전이 출시되었다. 루프가 제거된 만큼 차체 강성 확보를 위해 많은 노력을 했다. 미쓰비시는 리어 덱을 추가하고, 시트 패널, 문틀, 휠아치를 개선했으며 윈드실드 프레임 강성을 계량했다. 서스펜션은 이전과 동일했는데, 앞 위시본 뒤 멀티링크 시스템은 애초에 뛰어났기 때문이다. 엔진은 알로이 헤드와 트윈 오버헤드 캠샤프트, 실린더당 4개의 밸브, 멀티 포인트 전자식 퓨얼 인젝션방식, 가렛 터보차저가 장착되었다.

최고속도	208km/h
0-96km/h	8.0초
엔진 형태	V6
배기량	3,497
변속기	5단 세미오토
최고출력	280마력(@6,500rpm)
토크	34.6kg·m(@3,500rpm)
공차중량	1,986kg
연비	6.7km/l

미쓰비시(Mitsubishi) FTO

핸들링이 날카로운 미쓰비시 전륜구동 모델

1995년식 FTO는 처음에는 일본에서만 판매되었는데, 전 세계적으로 충분한 수요가 확보되자 세계 각지에서 출시되었다. 고회전 엔진이 올라가 뛰어난 조화를 자랑했다. 전륜구동 방식을 채택했는데 핸들링이 매우 우수했으며, 날카로운 쿠페 스타일의 익스테리어는 럭셔리한 인테리어와 조화를 잘 이루었다. 앞 서스펜션은 맥퍼슨 스트럿과 로어 위시본이었으며, 뒤 서스펜션은 복잡한 구조의 트랜스버스 링크와 안티롤바가 사용되었다. 브레이크도 매우 효율적이었다. 디스크 브레이크가 사용되어 아주 적은 노력으로도 차의 속도를 빠르게 줄일 수 있었다. 1.8리터 4기통 엔진이 기본형이었으며, 퍼포먼스 버전은 MIVEC(Mitsubishi Induction Valve Electronical Control) 2리터 V6엔진이 적용되어 5600rpm에서 추가적인 파워가 터지며 8200rpm에 이르는 레드라인까지 더 강력한 힘을 낼 수 있었다.

최고속도	224km/h
0~96km/h	7.5초
엔진 형태	V6
배기량	1,998
변속기	5단 수동
최고출력	200마력(@7,500rpm)
토크	27kg·m(@4,800rpm)
공차중량	1,152kg
연비	10km/l

미쓰비시(Mitsubishi) 갈란트(Galant) VR4

최첨단 기술이 접목된 박스형 세단으로, 랠리 레이싱에서 우승을 차지한 모델

갈란트는 1987년 출시되었는데, 따분한 박스형태의 차체 때문에 퍼포먼스 모델처럼 보이진 않았다. 그러나 VR-4는 랠리카로서 아주 뛰어났는데, 펜티 아리카라(Pentti Arikkala)가 이 차를 타고 영국 롬바드-RAC랠리에서 우승을 차지했다. VR4는 당시 미쓰비시의 최첨단 기술이 집약된 차였다. 액티브 4WD시스템, 시속 51km 이하에서 뒷바퀴가 1.5도까지 조향되는 4륜조향 시스템, 안티-락 브레이크, 독립형 맥퍼슨 스트럿 및 더블 위시본 서스펜션이 이 차에 사용되었다. 전자식으로 제어되는 서스펜션이 양산차 최초로 적용되었는데, 전자식 밸브가 코너에서의 롤링과 충격을 줄여주었고, 급가속과 급감속을 효율적으로 할 수 있도록 도와주었다. 멀티밸브 트윈캠샤프트 엔진은 인터쿨러가 장착된 터보차저를 사용하여 랠리에서 290마력까지 발휘했다.

최고속도	216km/h
0-96km/h	6.4초
엔진 형태	직렬4기통
배기량	1,997
변속기	5단 수동
최고출력	195마력(@6,000rpm)
토크	27.4kg·m(@3,000rpm)
공차중량	1,477kg
연비	10km/l

미쓰비시(Mitsubishi) 랜서(Lancer) Evo 5

도로에서 합법적으로 달릴 수 있는 최고의 랠리카

"도로에서 달리는 랠리카" 라는 말만큼 미쓰비시 Evo5를 잘 표현하는 수식어는 없었다. Evo5 는 날씨와 무관하게 시골길에서 빠르게 달릴 수 있는 차였고, 심지어 운전하기에도 매우 쉬웠다. 후륜에 좀 더 초점을 맞춘 사륜구동 시스템이 적용되었고, 토크 벡터링 기술 덕분에 미끄러짐도 방지할 수 있었다. 12인치 타공 디스크 브레이크와 브렘보 캘리퍼 덕분에 빠른 속도에서도 효과적으로 제동할 수 있었다. 16밸브 2리터 4기통 엔진은 이전 Evo 모델을 계량한 엔진이었는데, 6500rpm의 레드라인까지 부드럽게 올라갔다. 프론트 그릴에 위치한 터보차저의 거대한 인터쿨러는 어마어마한 공기를 빨아들여서 막강한 출력과 토크를 뿜어냈다. 이 차는 토니 맥퀸 WRC에서 3번이나 우승을 차지할만큼 뛰어났다.

최고속도	235km/h
0-96km/h	4.7초
엔진 형태	직렬4기통
배기량	1,997
변속기	5단 수동
최고출력	276마력(@6,500rpm)
토크	37.0kg·m(@3,000rpm)
공차중량	1,436kg
연비	9.2km/l

미쓰비시(Mitsubishi) 스탈리온(Starion)

미쓰비시 터보차저를 사용한 첫 번째 일본산 스포츠카

스탈리온은 터보차저를 사용한 첫 번째 일본산 스포츠카였다. 1982년 첫 출시되었을 때 170마
력의 출력을 냈는데, 터보랙이 심하다는 단점이 있었다. 하지만 1989년 후기형 모델은 터보랙
문제를 어느 정도 해결했다. 엔진이 2.6리터 급으로 커졌는데 실제 최고 출력은 살짝 줄어들었
다. 출력이 줄었지만 1989년식 스탈리온은 최고라는 평가를 받았다. 넓어진 차체 덕분에 더 공
격적으로 보였으며, 무게 배분이 53:47으로 완벽에 가까웠다. 앞에는 맥퍼슨 스트럿, 뒤에는 딱
딱하게 세팅된 스프링이 사용되어 작은 차체가 안정적이고 단단하게 주행할 수 있었다. 2가지
사양 때문에 출력이 살짝 줄어들었는데, 225/50x16s의 넓은 타이어와 리미티드 슬립 디퍼렌
셜(LSD)이 그것이었다.

최고속도	216km/h
0-96km/h	8.3초
엔진 형태	직렬4기통
배기량	2,555
변속기	5단 수동
최고출력	168마력(@5,000rpm)
토크	29.0kg·m(@2,500rpm)
공차중량	1,386kg
연비	7.8km/l

모리스(Morris) 마이너(Minor)

영국에서 큰 사랑을 받은 실용적인 2도어 왜건

모리스 마이너는 영국인들이 사랑한 작은 차로, 23년이라는 오랜 세월 동안 생산되었다. 출시 시점에는 독립형 토션바 서스펜션과 넓은 공간 덕분에 혁명적이라는 평가를 받았다. 저렴한 가격과 실용적인 구성 덕분에 많은 가족들에게 사랑을 받았고 현재까지도 영국에서 인기가 많다. 우드 타입의 2도어 왜건 형태의 디자인을 기본으로, 루프를 50mm정도 올려서 실내 공간을 확보했으며 뒤쪽 휠아치를 넓혀서 큰 타이어를 장착할 수 있도록 했다. 보닛 아래에는 830cc 4기통 엔진이 들어갔다. 3.9리터 로버 알루미늄 V8 슈퍼차저 엔진 모델도 출시되었는데, 0-400m를 14초 안에 주파했다. 내부는 오리지널 인테리어를 계승했으며, 동력전달을 위한 거대한 트랜스미션 터널만이 변화의 흔적으로 남았다.

최고속도	200km/h
0-96km/h	5.1초
엔진 형태	V8
배기량	3,950
변속기	3단 자동
최고출력	300마력(@5,750rpm)
토크	43.9kg·m(@4,300rpm)
공차중량	1,090kg
연비	5.7km/l

닛산(Nissan) 200SX

날카로운 핸들링을 자랑한 후륜구동 쿠페

300ZX가 1995년 단종되면서 닛산은 새로운 모델을 출시하고자 했다. 200SX는 1988년부터 생산되었는데, 시간이 지나면서 점점 인기를 끌고 있던 차종이었다. 닛산은 200SX를 가져와서 1994년부터 대대적인 개발에 들어갔다. 이전 200SX는 포르쉐 944에서 영감을 받은 패스트백 스타일이었는데, 신형은 쿠페 스타일로 개발되었고 차 내부도 유럽산 스포츠카처럼 디자인했다. 엔진 또한 1.8리터에서 2.0리터 급으로 커졌는데, 트윈 오버헤드 캠샤프트, 저 rpm에서도 높은 토크를 내기 위한 가변 흡기 시스템, 인터쿨러가 장착된 터보차저가 추가되었다. 앞에는 맥퍼슨 스트럿, 뒤에는 멀티링크 서스펜션이 장착되어 놀라운 핸들링을 선보였으며, 후륜구동이라는 특성 덕분에 운전자가 좀 더 개입해서 날카로운 주행을 할 수 있었다. 하지만 판매량이 저조했고, 1996년 더 공격적인 앞모습을 한 모델을 출시하기도 했다.

최고속도	234km/h
0-96km/h	7.5초
엔진 형태	직렬4기통
배기량	1,998
변속기	5단 수동
최고출력	197마력(@5,600rpm)
토크	26.3kg·m(@4,800rpm)
공차중량	1,268kg
연비	9.2km/l

닛산(Nissan) 300ZX 터보

최첨단 기술이 대거 사용된 드라이빙 머신

300ZX의 조상격인 240Z는 1969년 출시되어 풍부한 토크, 뛰어난 핸들링, 잘생긴 쿠페 스타일의 외모를 자랑하는 드라이빙 머신이었다. 시간이 지나며 1980년 초반 300ZX라는 후속작이 출시되었는데, 터보차저를 장착한 모델 이전 모델처럼 뛰어나지 않았다. 이에 닛산은 300ZX의 대체품을 만들고자 했다. 1990년의 최첨단 기술이 대거 사용되어, 튼튼한 차체, 더블위시본과 멀티링크 서스펜션, 그리고 4륜조향 시스템이 장착되었다. 엔진 또한 최신의 24밸브, 쿼드 캠샤프트, 가변 밸브 타이밍, 시퀀셜 퓨얼 인젝션시스템을 채택한 직분사 엔진이었다. 하이브리드 개럿 T2/T24 트윈 터보차저가 사용되어 막강한 출력을 쏟아냈다. 이 차는 오리지널 240Z처럼 순수하지는 않았지만, 드라이버의 개입 또한 용이한 스포츠카였다.

최고속도	248km/h
0-96km/h	5.8초
엔진 형태	V6
배기량	2,960
변속기	5단 수동
최고출력	300마력(@6,400rpm)
토크	36.9kg·m(@3,600rpm)
공차중량	1,584kg
연비	5km/l

닛산(Nissan) 실비아(Silvia) 터보

수평대향 엔진을 사용한 후륜구동 컴팩트 쿠페

1980년대 중반 닛산은 마법같았던 240Z의 후속작을 만들고자 애썼다. 이를 위해 컴팩트 쿠페 스타일의 차체를 고안했는데, 실비아 터보가 그 결과였다. 실비아 터보의 외모는 몰라도, 파워 와 핸들링에서는 매우 우수했다. 이 차는 민감한 후륜구동을 채택했는데, 구조상 수평대향형 엔 진이 세로방향으로 차체 앞부분에 장착되어야 했다. 그래서 많은 튜너들은 엔진을 반대방향으 로 돌리고 전륜구동으로 구동방식을 개조하기도 했다. 독립형 서스펜션은 앞에는 맥퍼슨 스트 럿과 뒤에는 세미-트레일링 암이 사용되었다. 안티롤바, 디스크 브레이크도 사용되었다. 터보 차저와 함께, 닛산은 16개의 밸브까지는 필요 없다고 생각해서 기본형 8밸브 엔진을 사용했는 데, 효율성과 경량화라는 두 마리 토끼를 잡은 성공적인 선택이었다.

최고속도	198km/h
0-96km/h	8.3초
엔진 형태	직렬4기통
배기량	1,809
변속기	5단 수동
최고출력	137마력(@6,000rpm)
토크	25.8kg·m(@4,000rpm)
공차중량	1,173kg
연비	8.2km/l

닛산(Nissan) 스카이라인(Skyline) GT-R

뉘른부르그링 기록을 세운 고성능 드라이빙 머신

스카이라인이라는 이름의 역사는 1955년까지 거슬러가지만, 1989년 첫 GT-R이 출시되고 나서야 8세대 모델부터 사람들에게 널리 알려지기 시작했다. 1994년 스카이라인은 스트리트 레이싱카로 개발되었고, 최첨단 기술을 장착했다. 스티어링의 입력값, 조향각, 속도를 종합적으로 판단하는 4륜 조항 시스템이 적용되었고, 토크 벡터링과 뛰어난 그립을 확보하기 위한 G-포스도 장착되었다. 4륜구동 시스템은 최적의 트랙션을 확보하기 위해 컴퓨터로 제어되었으며, 각 휠마다 장착된 센서 덕분에 휠스핀도 없었다. 브레이크는 12.8인치와 11.8인치 타공 디스크 브레이크로, ABS가 장착되었다. 엔진 또한 최첨단 기술이 접목되었다. 실린더마다 스로틀 바디가 있었으며 트윈터보를 얹었다. 이 차가 뉘른부르그 링에서 세운 8초대의 기록은 몇 년간 깨지지 않았다.

최고속도	248km/h
0-96km/h	5.6초
엔진 형태	직렬6기통
배기량	2,568
변속기	5단 수동
최고출력	277마력(@6,800rpm)
토크	36.6kg·m(@4,400rpm)
공차중량	1,604kg
연비	5.6km/l

닛산(Nissan) 써니(Sunny) GTi-R

랠리 레이싱에 출전할 목적으로 계량된 소형 해치백

1980년대 써니는 전형적인 소형 해치백이었다. 닛산이 랠리 레이싱에 출전할 자동차로 써니를 선택했고, 이 소형 해치백은 많은 변화를 겪게 되었다. 거친 주행 환경을 버티기 위해 모노코크 바디에 강성을 더했고, 비스커스 커플링 방식의 복잡한 사륜구동 시스템을 적용했으며, 그립을 확보하기 위해 리미티드 슬립 디퍼렌셜(LSD)도 사용되었다. 독립형 맥퍼슨 스트럿 서스펜션이 앞뒤에 장착되었으며, 차체도 살짝 낮췄다. 리어 스포일러와 보닛의 벤틸레이션이 추가된 것 말고는 익스테리어의 큰 변화는 없었지만, GTi-R은 강력한 머신이었다. 알루미늄으로 제작된 엔진에는 트윈 캠샤프트, 16 밸브, 보쉬의 전자제어식 멀티포인트 퓨얼 인젝션방식, 터보랙을 최소화하고 막강한 토크를 뿜어내는 공랭식 터보차저가 더해졌다. 이 차는 1990년부터 1994년까지 생산되었는데, 랠리카로서의 명성보다는 뛰어난 로드카로 더 알려졌다.

최고속도	214km/h
0-96km/h	6.1초
엔진 형태	직렬4기통
배기량	1,998
변속기	5단 수동
최고출력	220마력(@6,400rpm)
토크	26.6kg·m(@4,800rpm)
공차중량	1,250kg
연비	7.5km/l

올즈모빌(Oldsmobile) 커트라스 랠리 350(Cutlass Rallye 350)

경량화에 성공해서 1970년대 최고의 머슬카로 평가받은 모델

1960년대, 빅블락 머슬카들의 보험료는 매우 비쌌다. 보험료의 부담을 낮추기 위해서, 자동차 제조사들은 스몰 블락 엔진을 장착한 머슬카도 대체품으로 시장에 출시했다. 올즈모빌 랠리 350은 1970년에 출시된 머슬카 중 최고였다. 앞에는 위시본, 뒤에는 코일 스프링과 컨트롤 암과 연결된 리지드 액슬 서스펜션을 장착했다. 앞뒤에 사용된 안티롤바, 헤비 듀티 스프링과 댐퍼 덕분에 좋은 핸들링과 밸런스를 유지하면서도 빅블락 머슬카보다 가벼웠다. 엔진 성능도 좋았는데, 5.7리터 엔진은 충분한 출력과 인상적인 토크를 뿜어냈다. 랠리카는 모두 세브링 옐로우 색상이었으며, 보닛 위에는 W30 빅블락 모델에서 가져온 에어 인테이크가 자리했다. 1971년 랠리카 버전은 출력을 260마력으로 낮춰서 출시되었다.

최고속도	195km/h
0-96km/h	7.0초
엔진 형태	V8
배기량	5,735
변속기	3단 자동
최고출력	310마력(@4,600rpm)
토크	52.7kg·m(@3,200rpm)
공차중량	1,624kg
연비	5km/l

올즈모빌(Oldsmobile) 허츠/올즈(Hurst/Olds)

빅블락 엔진과 3단 변속기를 장착한 고성능 머슬카

1960년대 조지 허스트(George Hurst)는 스피드 샵(개조한 고속 자동차용 부품 판매점)을 운영하고 있었는데, 1968년 직원 잭 왓슨과 함께 올즈모빌 4-4-2를 만들었다. 조지 허츠는 이 차에 매료되었고, 사람들을 흥분시킬 수 있는 고마력의 차를 만들자는 아이디어를 가지고 올즈모빌에 찾아갔다. 그 결과 만들어진 작품이 허츠/올즈였는데, 1972년 이 차는 매우 높이 평가받았고, 컨버터블 모델도 출시되었다. 이 차는 W30의 엔진을 기반으로 해서, 7.4리터 빅블락 인진을 장착했는데 67.5kg·m의 토크를 냈다. 배기가스 규제를 충족시키기 위해서 1972년 출력과 토크가 살짝 낮아졌다. 보닛 위에는 실용적인 에어 인테이크가 위치했다. 스페셜 버전의 허츠는 3단 변속기를 장착했으며, 계량된 스프링과 댐퍼, 앞뒤로 장착된 안티롤바가 허츠/올즈에 균형 잡힌 핸들링을 제공했다. 또한 우아하게도 후드는 전동식으로 작동했다.

최고속도	211km/h
0-96km/h	6.8초
엔진 형태	V8
배기량	7,456
변속기	3단 자동
최고출력	300마력(@4,700rpm)
토크	26.6kg·m(@3,200rpm)
공차중량	1,250kg
연비	7.5km/l

파노즈(Panoz) 로드스터(Roadster)

순수한 드라이빙의 재미를 강조한 2인승 로드스터

현대의 쉘비 코브라에 비견되는 파노즈 로드스터는 포드 머스탱과 많은 부품을 공유했다. 파노즈의 대표 대니 파노즈는 아일랜드의 자동차 회사를 1994년에 인수해서 원초적인 운전의 즐거움을 주는 자동차를 제작하고자 했고, 그해 로드스터가 탄생했다. 2년 뒤 알루미늄 소재를 차체와 엔진에 대거 사용해서 한단계 업그레이드했다. 오리지널 프레임은 레이싱카 엔지니어인 프랭크 코스틴이 구상했으며, 커다란 알루미늄 튜브형 백본으로 구성되었다. 레이스 A-암 서스펜션이 사용되었고 머스탱 코브라에서 가져온 13인치 ABS 디스크 브레이크 덕분에 엄청난 제동력을 확보할 수 있었다. 엔진은 포드의 32밸브 엔진이었다.

최고속도	210km/h
0-96km/h	4.5초
엔진 형태	V8
배기량	4,604
변속기	5단 수동
최고출력	305마력(@5,800rpm)
토크	40.5kg·m(@4,800rpm)
공차중량	1,117kg
연비	7.1km/l

팬서(Panther) 솔로(Solo)

운전의 즐거움을 강조한 사륜구동 스포츠카

솔로는 1985년 출시될 예정이었으나 토요타가 MR2를 출시하면서, 팬서는 더 복잡한 섀시와 정교한 4WD 시스템을 장착한 1989년이 되어서야 솔로를 판매하기 시작했다. 스틸 플로워팬은 앞뒤 서브프레임과 연결되었고, 세너 콕핏과 차체는 합성 소재로 제작되었다. 앞 서스펜션은 맥퍼슨 스트럿, 뒤 서스펜션은 더블 위시본이 사용되어 코너링이 좋았다. 엔진은 토요타 시에라를 위해 개발된 코스웍스 엔진이었는데, 팬서는 이 엔진을 운전자 뒤쪽에 위치시켰다. 랙 앤 피니언 스티어링, 10인치 ABS 디스크 브레이크가 사용되었다. 운전의 즐거움은 뛰어났지만 겨우 26대만이 생산되었으며, 팬서는 시장의 경쟁을 이기지 못했고 1990년에 생산을 중단시켰다.

최고속도	227km/h
0-96km/h	7.0초
엔진 형태	직렬4기통
배기량	1,993
변속기	5단 수동
최고출력	204마력(@6,000rpm)
토크	26.7kg·m(@4,500rpm)
공차중량	1,237kg
연비	7.8km/l

푸조(Peugeot) 205 T16

랠리에서 뛰어난 성적을 기록한 푸조 205의 2도어 해치백 모델

푸조205는 포드 RS200, MG 6R4처럼 악명높은 그룹 B랠리 도전자 중 도로에서 합법적으로 달릴 수 있는 차 중 하나였다. 하지만 205는 가장 성공적인 랠리 머신이었으며, 1985년과 1986년 티모 살로넨, 주하 칸쿠넨을 앞세워 우승을 차지했다. T16은 205의 2도어 해치백 형태였는데, 외모만 비슷할 뿐 튼튼한 스틸 모노코크 섀시를 사용했으며 튜브형 프레임이 가로로 놓인 엔진과 기어박스를 튼튼하게 지탱했다. 센터 디퍼렌셜이 앞뒤 바퀴의 구동력을 제어했는데, 상황에 따라 앞뒤 구동력을 25:75에서 45:55까지 조절했다. 더블위시본, 안티롤바, 코일오버 댐퍼가 서스펜션을 구성했다. 알로이 16v 엔진에는 보쉬 퓨얼 인젝션 시스템, 건식 윤활 시스템, 인터쿨러가 장착된 KKK 터보가 사용되었다.

최고속도	205km/h
0-96km/h	7.8초
엔진 형태	직렬4기통
배기량	1,775
변속기	5단 수동
최고출력	200마력(@6,750rpm)
토크	25.4kg·m(@4,000rpm)
공차중량	1,107kg
연비	8.2km/l

푸조(Peugeot) 406 쿠페

매혹적인 디자인과 최첨단 기술을 접목한 2도어 쿠페

푸조 406 쿠페는 메이저 자동차 회사에서 만든 것이라곤 믿을 수 없을 정도로 아름다웠다. 대부분의 사람들이 이 차가 프랑스가 아니라 이탈리아에서 만들어졌다고 생각할 정도로 디자인이 완벽했다. 사실 차는 프랑스에서 만들어지긴 했지만, 디자인은 이탈리아인 피닌파리나가 했다. 406 쿠페는 406 세단을 베이스로 만들어졌고, 최상위 모델은 3리터 24밸브 V6엔진을 사용했다. 날카로운 스티어링과 환상적인 핸들링이 운전의 즐거움을 주었다. 4륜구동 시스템이 적용되어 V6엔진의 출력을 무리없이 다룰 수 있었으며, ABS 브램보 디스크 브레이크 덕분에 빠르게 속도를 줄일 수 있었다. 406의 플래그쉽 모델답게 실내는 럭셔리한 장비로 가득했다. 전동 시트, 10스피커 CD 시스템, 레인 센싱 와이퍼가 대표적인 첨단 사양이었으며, 쿠페만을 위한 7개의 색상을 선택할 수도 있었다.

최고속도	234km/h
0-96km/h	7.9초
엔진 형태	V6
배기량	2,946
변속기	5단 수동
최고출력	194마력(@5,500rpm)
토크	26.6kg·m(@4,000rpm)
공차중량	1,488kg
연비	8.2km/l

플리머스(Plymouth) 쿠다(Cuda) 383

크라이슬러(Chrysler) E바디를 베이스로 만든 아름다운 머슬카

쿠다는 크라이슬러의 E-바디를 베이스로 한 모델 중 잘생긴 외모를 한 차로 꼽힌다. 좀 더 큰 모델인 B-바디와 프론트 엔드를 공유했는데, 덕분에 거대한 V8엔진을 장착할 수 있을 정도로 공간이 충분했다. 1971년 쿠다383은 6.3리터 V8 엔진을 장착했는데, 스트로크가 짧아진 크랭크 샤프트를 제외하면 엔진은 동일했다. 가장 빠른 머슬카는 아니었지만, 쿠다383은 엄청난 토크를 초반부터 뿜어냈고, 1/4마일을 14초대 중반에 주파할 수 있었다. 섀시는 전통적인 크라이슬러와 유사했다. 드래그 레이스에서 유리하기 위해 앞에는 토션 바 서스펜션을 사용했으며, 뒤쪽 타이어에 하중을 더 주기 위해 금속 판을 추가로 장착하기도 했다. 전반적인 서스펜션이 더 단단해져서 핸들링에서 강점이 있었으며, 슈어-그립 다나(Sure-Grip Dana) 차축이 접지를 잃지 않도록 도와주었다. 하지만 수요가 점점 줄어들면서 쿠다383은 2년만 생산된 뒤 단종되었다.

최고속도	192km/h
0-96km/h	7.8초
엔진 형태	V8
배기량	6,276
변속기	3단 자동
최고출력	300마력(@4,800rpm)
토크	55.4kg·m(@3,400rpm)
공차중량	1,579kg
연비	4.2km/l

플리머스(Plymouth) 더스터(Duster) 340

스몰블락 엔진을 장착한 경량 2도어 머슬카

1960년대 말 머슬카가 대중적으로 인기를 끌자, 크라이슬러는 새로운 엔트리 레벨의 퍼포먼스 머슬카를 만들어서 시장 점유율을 높이고자 했다. 5.6리터 스몰 블락 엔진을 가벼운 2도어 차체에 장착해서 엔트리급 머슬카를 만들 수 있었다. 그 결과 1970년 출시된 더스터 340은 합리적 가격의 레이싱카로 이름을 날렸으며, 거대한 엔진을 장착한 머슬카들과 비교해서도 크게 뒤쳐지지 않았다. 앞 서스펜션은 크라이슬러의 신뢰도 높은 토션바 서스펜션이 사용되었는데, 생산단가가 저렴하면서도 편안했다. 뒤 서스펜션은 판 스프링과 리지드 액슬 서스펜션이 사용되었고, 기어비는 3.23:1였으며, 옵션으로 리미티드 슬립 디퍼렌셜(LSD)를 선택할 수 있었다. 변속기는 3단 수동 변속기가 기본이었는데, 토크컨버터식 4단 자동 변속기를 선택할 수도 있었다. 익스테리어에 눈에 띄는 특징은 매트 블랙 보닛 위에 320 Wedge라는 그래픽이 자리한 것이었다.

최고속도	192km/h
0-96km/h	6.0초
엔진 형태	V8
배기량	5,571
변속기	3단 자동
최고출력	275마력(@5,000rpm)
토크	45.9kg·m(@3,200rpm)
공차중량	1,590kg
연비	5.7km/l

플리머스(Plymouth) 퓨리(Fury)

멋진 외모와 강력한 엔진을 가진 머슬카

1958년 출시된 플리머스의 2도어 머슬카 퓨리는 분노라는 이름에 걸맞게, 멋진 외모로 존재감을 뿜어냈으며, 그 당시 출시된 다른 대부분의 차들보다 빨랐다. 1956년 출시 이후 퓨리의 심장에는 항상 크라이슬러의 가장 큰 파워플랜트가 들어갔다. 1957년에는 5.2리터 엔진이, 이듬해에는 5.7리터 V8엔진이 사용되었다. 퓨리는 1957년 디트로이트의 '베스트 핸들링' 차로 선정되며 명성을 얻었는데, 세로로 배치된 토션 바 스프링을 특징으로 하는 크라이슬러의 '토션 에어 라이드(Torsion Air Ride)' 서스펜션 덕분이었다. 낮은 스탠스의 디자인은 외모도 매우 멋졌으며, 무게중심을 낮게 하는 효과도 있어 핸들링에서도 강점을 가져왔다. 스타일링은 당시의 전형적인 모습을 하고 있는데, 한껏 치켜올라간 리어팁, 끝부분이 휘어진 윈드쉴드, 필러가 없는 사이드 윈도우가 당시의 유행을 보여주고 있다.

최고속도	195km/h
0-96km/h	8.0초
엔진 형태	V8
배기량	5,735
변속기	3단 자동
최고출력	305마력(@5,000rpm)
토크	50.0kg·m(@3,600rpm)
공차중량	1,595kg
연비	4.6km/l

플리머스(Plymouth) GTX 426 헤미(GTX 426 Hemi)

헤미엔진을 장착한 고성능 럭셔리카

폰티악(Pontiac) GTO의 경쟁상대로, 플리머스는 헤미엔진을 장착한 GTX를 출시했다. GTX는 날카로운 레이싱카가 아니라, 뛰어난 파워플랜트를 장착한 럭셔리카로 출시되었지만 실제로 GTX는 트랙과 도로 모두에서 엄청난 성능을 발휘했다. 1964년 개발된 헤미 엔진을 캠샤프트를 교체하고 압축비를 낮춘 덕분에(10.25:1) 저 rpm영역의 성능이 개선되었다. 앞 서스펜션은 토션 바 서스펜션이 사용되었는데, 튜브형 댐퍼와 안티롤바로 서스펜션을 보조했다. 브레이크는 헤비-듀티 드럼 브레이크가 기본이었고, 11인치 프론트 디스크 브레이크를 옵션으로 선택할 수 있었다. 변속기는 헤미엔진에 적합하게 설계된 자동 변속기가 사용되었는데, 수동으로 변속할 수도 있었다. 시선을 내부로 옮기면, 두툼한 패드를 덧댄 편안한 시트가 있었으며, 계기판에는 시속 241km까지 표시되어 있었다. GTX의 속도는 정말 놀라웠다. 1/4마일을 13초 안에 쉽게 주파할 수 있을 정도였다.

최고속도	203km/h
0-96km/h	4.8초
엔진 형태	V8
배기량	6,980
변속기	3단 자동
최고출력	425마력(@5,000rpm)
토크	66.2kg·m(@4,000rpm)
공차중량	1,606kg
연비	4.2km/l

플리머스(Plymouth) 헤미 쿠다(Hemi Cuda)

고성능 헤미 엔진을 장착하고 잘생긴 외모를 가진 크라이슬러 머슬카

헤미 쿠다는 잘생긴 외모와 뛰어난 헤미 V8엔진을 장착한, 크라이슬러의 역대급 머슬카 중 하나로 꼽힌다. 기본형 버전은 차체 앞과 뒤에 서브프레임을 사용한 모노코크 바디를 채택했는데, 이 특별한 머신은 조금 달랐다. 드래그 레이스에서 최고의 성능을 내기 위해, 차체의 뒷부분을 4링크 코일오버 서스펜션을 장착하여 새로 만들었다. 또한 18.5인치 믹키 탐슨의 레이싱 타이어를 장착하고, 차체에 알루미늄 소재를 적극적으로 사용했으며, 뒷좌석과 트렁크 공간은 거의 없다시피 했다. 엔진은 딕 랜디 인더스트리에서 튜닝하여 기본형 헤미엔진보다 출력을 50% 가까이 향상시켰다. 4.56:1 기어비의 4단 수동 변속기가 사용되었으며, 1/4마일을 11초 안에 주파했다.

최고속도	219km/h
0-96km/h	4.3초
엔진 형태	V8
배기량	7,079
변속기	3단 자동
최고출력	620마력(@6,500rpm)
토크	88.4kg·m(@5,100rpm)
공차중량	1,793kg
연비	3.3km/l

플리머스(Plymouth) 프라울러(Prowler)

클래식 핫 로더(hot rodder)의 감성을 불러일으키는 디자인으로 화제가 된 모델

크라이슬러가 프라우러 컨셉트카를 선보였을 때 대중의 반응은 뜨거웠다. 실제로 프라울러가 생산에 들어가기까지 3년이 걸렸는데, 출시 이후에도 컨셉트카의 인기를 계속 이어갔으며, 그 때문에 중고차 값이 출시 당시 금액의 2배에 이르는 기이한 현상이 벌어지기도 했다. 본인을 '핫 로더(hot rodder)'이라고 지칭하는 크라이슬러의 헤드 디자이너 탐 게일이 디자인 했는데, 그는 프라울러를 통해 1930년대 유행한 폭주 자동차들의 감성을 다시 불러일으키고 싶어했다. 이는 차체를 가볍게 하려는 노력으로 이어졌는데, 경량화를 위해 얇은 A암과 알루미늄 섀시가 사용되었다. A암은 각각 독립형 서스펜션과 연결되었다. 앞에는 레이스카처럼 코일오버 서스 펜션이 장착되었으며, 뒤는 멀티링크 서스펜션이었다. 무게 배분에서 이점을 갖기 위해 변속기를 차체 뒤쪽에 위치시켰다. 덕분에 핸들링은 자연스러웠고 코너링은 슈퍼카와 비견되었다. 다만 한가지 단점은 출력이다. 24v엔진이 사용되었지만 프라울러가 제대로 된 폭주 머신이 되기엔 엔진의 출력이 살짝 부족했다.

최고속도	208km/h
0-96km/h	6.7초
엔진 형태	V8
배기량	6,276
변속기	3단 자동
최고출력	335마력(@5,200rpm)
토크	57.4kg·m(@4,000rpm)
공차중량	1,545kg
연비	4.2km/l

플리머스(Plymouth) 로드 러너(Road Runner)

가벼운 차체에서 강력한 파워를 뿜어낸 뛰어난 머슬카

1960년대 머슬카 애호가들은 가격에 상관없이 더 강력한 파워를 원했고, 크라이슬러는 이에 응답하여 로드 러너를 출시했다. 크라이슬러는 로드 러너의 예상 판매량을 2500대로 판단하고서도 카툰 캐릭터 명칭과 로고를 차체에 사용하는 대가로 워너 브라더스(Warner Bros)에게 5만 달러를 지불했는데, 실제로는 4만4589대가 판매되는 기염을 토했다(로드 러너는 워너브라더스의 애니메이션 '루니 툰' 시리즈에 등장하는 캐릭터임 – 역자 주). 앞에는 계량된 토션 바 서스펜션을, 뒤에는 판스프링과 리지드 액슬 서스펜션을 사용했으며, 순간 가속력을 높이기 위해 3.23:1의 기어비를 택했다. 6.2리터 빅블락 엔진을 장착했으며 엄청난 토크를 뿜어냈다. 헤드, 캠샤프트 배기시스템 모두 7.2리터 엔진에서 가져왔다. 커다란 차체에도 불구하고 로드 러너는 비교적 가볍고 날렵했다.

최고속도	208km/h
0-96km/h	6.7초
엔진 형태	V8
배기량	6,276
변속기	3단 자동
최고출력	335마력(@5,200rpm)
토크	57.4kg·m(@4,000rpm)
공차중량	1,545kg
연비	4.2km/l

플리머스(Plymouth) 슈퍼버드(Superbird)

나스카에서 포드를 꺾을 목적으로 만들어진 고성능 모델로, 규제 때문에 나스카에 출전하지는 못했다.

플리머스는 나스카에서 우승하기 위해 1970년 슈퍼버드를 만들었다. 1960년대 나스카에서는 탈레디가(Talladega)을 앞세운 포드에게 적수가 없었다. 심지어 1969 닷지 데이토나도 포드 탈레디가를 이기지 못했다. 포드를 격파하기 위해 크라이슬러는 에어로 다이나믹을 개선하고 시속 320km에서도 버틸 수 있는 다운포스를 가진 슈퍼버드를 만들었다. 보닛 아래에는 전설적인 6.9리터 헤미 엔진이 자리했다. 이 엔진은 반구형(Hemishperical) 연소실 때문에 헤미 엔진으로 불렸는데, 커다란 밸브를 사용하여 엄청난 양의 연료를 소모하며 출력을 뿜어냈다. 슈퍼버드는 매우 강력해서 첫 시즌부터 21개의 레이스에서 우승을 차지했다. 하지만 리어 윙을 장착한 차에만 적용되는 엔진 규제에 걸려 나스카에는 출전하지 못했다. 슈퍼버드의 독특한 외모 때문에 플리머스의 공도용 버전은 잘 팔리지 않았는데, 어떤 사람들은 앞 범퍼와 리어 스포일러를 제거한 뒤 스포일러를 달아 닷지 차저라는 이름을 붙여서 판매하는 경우도 있었다.

최고속도	224km/h
0-96km/h	6.1초
엔진 형태	V8
배기량	6,980
변속기	4단 수동
최고출력	425마력(@5,000rpm)
토크	66.2kg·m(@4,000rpm)
공차중량	1,745kg
연비	4.9km/l

폰티악(Pontiac) 파이어버드 파이어호크(Firebird Firehawk)

드래그 레이서가 튜닝한 폰티악 파이어버드의 퍼포먼스 버전

전 드래그 레이서 애드 햄버거(Ed Hamburger)는 1987년 'Street Legal Performance(SLP)'라는 회사를 설립했다. 그리고 그는 GM에게 폰티악 파이어버드의 퍼포먼스 버전을 제작하겠다는 제안을 한다. 첫 SLP '파이어호크'는 1992년 시장을 강타했다. 이어서 1995년 315마력의 LT1엔진을 장착한 쿠페와 컨버터블 모델도 출시했다. 1998년 새로운 파이어호크가 출시되었는데, 콜벳의 알로이 LS1 엔진을 장착했으며 변속기는 6단 수동 변속기만 선택 가능했다. 다른 변속기로는 엄청난 출력을 감당할 수 없었기 때문이다. SLP는 필스테인 울트라 퍼포먼스 서스펜션을 옵션으로 제공했다. 보닛에 위치한 벤틸레이션 홀을 통해 공기가 빨려들어갔고, 열을 빨리 식히는데 큰 도움을 주었다. 9x17인치 알로이 휠과 11.8인치 타공 ABS 디스크 브레이크가 사용되어 어떤 차를 만나더라도 절대 밀리지 않았다.

최고속도	251km/h
0-96km/h	5.1초
엔진 형태	V8
배기량	5,735
변속기	6단 수동
최고출력	327마력(@5,200rpm)
토크	46.6kg·m(@4,400rpm)
공차중량	1,600kg
연비	7.8km/l

폰티악(Pontiac) 파이어버드 H.O.(Firebird H.O.)

대중적으로 인기를 끈 폰티악의 합리적인 머슬카

폰티악 파이어버드는 머슬카들의 전쟁에서 메이저 모델은 아니었다. 오히려 아버지 격인 카마로에 가려져 있는 마이너 모델에 가까웠다. 1968년 파이어버드는 기본형과 퍼포먼스형으로 출시되었는데, 기본형은 매뉴얼 스티어링과 브레이크를 지원해서 대부분의 사람들은 퍼포먼스형을 선택했다. 퍼포먼스형에 사용된 버킷시트는 신체를 꽉 잡아주어 스포티한 느낌을 주었다. 퍼포먼스 모델 중 H.O.는 가장 강력한 엔진을 사용하지는 않았지만(6.5리터 엔진이 가장 큰 엔진이었다), 롱 듀레이션 캠샤프트, 10.25:1의 압축비와 큰 밸브를 사용해서 인상적인 출력을 냈다. 큰 엔진을 사용한 차보다 조금 느렸지만, 훨씬 저렴했기 때문에 판매량도 많았다. 4단 수동 변속기가 사용되었고, 트랙용 리미티드 슬립 디퍼렌셜(LSD)을 선택할 수 있었다.

최고속도	182km/h
0-96km/h	6.9초
엔진 형태	V8
배기량	5,735
변속기	4단 수동
최고출력	320마력(@5,000rpm)
토크	51.3kg·m(@3,400rpm)
공차중량	1,700kg
연비	4.2km/l

폰티악(Pontiac) GTO 1964

머슬카 전쟁의 시발점이 된 경량 머슬카

폰티악 GTO는 머슬카 전쟁을 시작한 모델로 잘 알려져 있다. 1964년형 템페스트 차체에 6.3 리터 V8엔진을 결합해서 GTO가 탄생했는데, 처음에 엔지니어들은 중형급인 차체 크기를 고려 해서 5.4리터가 넘는 엔진을 장착하지 말도록 GM에 건의했다. 하지만 오일쇼크 전까지 10년 동안 중형급 차체에 커다란 엔진을 넣는 것이 대세여서 엔지니어들의 건의가 받아들여지지는 않았다. GTO에는 두꺼운 안티롤바, 딱딱한 스프링, 계량된 댐퍼와 고속에서 안정적인 타이어 가 사용되었다. 변속기는 4단 'Muncie' 수동변속기가 사용되어 엄청난 파워를 제어했다. 드럼 브레이크는 GTO에 큰 도움이 되지는 못했다. 이 차의 가장 큰 장점은 무게였다. 여타 머슬카보 다 136kg이 덜 나가서, 아주 빠르게 출발선에서 뛰어나갈 수 있었다.

최고속도	192km/h
0-96km/h	6.6초
엔진 형태	V8
배기량	6,374
변속기	4단 수동
최고출력	348마력(@4,900rpm)
토크	57.8kg·m(@3,600rpm)
공차중량	1,420kg
연비	5km/l

폰티악(Pontiac) GTO 1968

강력한 토크를 자랑한 폰티악의 머슬카

폰티악은 GTO(Grand Turismo Omologato) 라인을 출시한 뒤, 1968년 GTO라인에 강력한 파
워와 뛰어난 핸들링을 더했다. 엄청난 토크를 자랑하는 6.6리터 엔진을 장착했는데, 토크를 제
어하기 위해 세이프-T-트랙 리미티드 슬립 디퍼렌셜(LSD)이 필수적이었다. 1968년식 GTO는
외모를 공격적으로 가다듬은 새로운 바디 스타일을 채택하고, 전작보다 휠베이스를 살짝 줄였
다. 하지만 분리형 섀시와 바디는 그대로 유지했다. 차체 앞부분에는 길이가 서로 다른 A-암을
장착했으며, 트레일링 암과 리지드 액슬, 그리고 코일 스프링이 독립형 쇼크 업소버와 함께 사
용되었다. 엔진은 3가지 버전으로 제공되었는데, 기본형은 350마력, 퍼포먼스형은 360마력 그
리고 가장 강력한 모델은 366마력을 발휘했다.

최고속도	192km/h
0-96km/h	6.4초
엔진 형태	V8
배기량	6,554
변속기	5단 수동
최고출력	360마력(@5,400rpm)
토크	60.1kg·m(@3,800rpm)
공차중량	1,595kg
연비	3.9km/l

폰티악(Pontiac) GTO 저지(Judge)

멋진 외모만큼 강력한 파워를 자랑한 퍼포먼스 머신

강렬한 캐러셀 레드 색상으로 칠해지고, 펜더와 보닛에 'The Judge'라는 로고가 새겨져 있는 GT 저지를 본다면 그 느낌을 절대로 잊지 못할 것이다. 멋진 외모만큼 파워도 강력했는데, 기본형 모델는 6.6리터 엔진으로 350마력을, 퍼포먼스 모델은 램 에어Ⅲ 엔진을 장착해서 366마력을 냈다. 딱딱한 스프링과 댐퍼가 사용되었으며, 트랙용 디퍼렌셜도 자랑거리 중 하나였다. 이 차는 저속에서의 충격을 극복하기 위해서 최초로 에너지 흡수형 펜더를 채택했다. 인테리어 스타일은 극찬을 받았는데, 깔끔한 대쉬보드 레이아웃과 실용적으로 후드가 달린 rpm 게이지가 멋을 뽐냈다. 버킷 시트는 몸을 잘 잡아주었고, 먼시(Mincie) 변속기는 손실 없이 출력을 전달했다.

최고속도	197km/h
0-96km/h	6.2초
엔진 형태	V8
배기량	6,555
변속기	4단 수동
최고출력	366마력(@5,400rpm)
토크	60.1kg·m(@3,600rpm)
공차중량	1,592kg
연비	3.9km/l

폰티악(Pontiac) 터보 트랜스 AM 1989(Turbo Trans AM 1989)

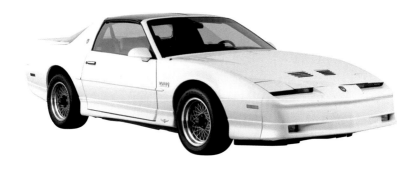

1969년형 트랜스 AM의 20주년을 기념하기 위해 만들어진 뛰어난 드라이빙 머신

폰티악은 1969년형 트랜스 AM을 기념하는 모델을 출시하기로 결정했다. 기념 모델은 파워풀해야 하고, 브레이킹이 뛰어나야 하고, 무엇보다 순수한 드라이빙 머신이어야 했다. 폰티악은 이를 충족시키는 터보 트랜스 AM을 각종 최신 전자장비를 갖춘 모델로 만들어서 대중 앞에 선보였다. 20주년 모델은 WS6 핸들링 패키지가 기본 장착되었는데, 계량된 댐퍼와 스프링, 두꺼운 안티롤바가 패키지의 구성품이었다. 토크암이 사용되어 뒤 타이어 그립을 확보했으며, 파나르 로드 서스펜션 덕분에 차체의 꼬리 흔들림이 억제되어 코너링에서 0.89g를 받아도 문제가 없었다. 파워플랜트는 뷰익에서 가져왔으며, 가렛 터보와 에어 인터쿨러, 전자 점화 시스템이 사용되어 가벼운 V6엔진으로도 V8엔진만큼 강력한 파워를 뿜어냈다.

최고속도	251km/h
0-96km/h	5.1초
엔진 형태	V6
배기량	3,785
변속기	4단 자동
최고출력	255마력(@4,000rpm)
토크	45.9kg·m(@2,800rpm)
공차중량	1,548kg
연비	9.6km/l

포르쉐(Porsche) 356

포르쉐 뱃지를 달고 처음으로 출시된 기념비적인 모델

페리 포르쉐는 356으로 자동차 역사에 첫 발을 내딛었다. 처음으로 포르쉐 뱃지를 달고 탄생한 이 차의 프로토타입은 폭스바겐 엔진을 장착했다. 1949년 제네바 모터쇼에서 데뷔를 했고, 1951년 르망 레이스에서 우승을 차지했다. 고성능 버전 356A와 카레라 버전이 1955년 출시되었고, 더 강한 엔진을 장착한 페이스리프트 버전 356B가 1959년 출시되었다. 1963년 마지막 버전인 356C가 추가되었는데, 2년 후 911로 대체되었다. 356은 폭스바겐 비틀과 유사하게 스윙 차축과 플로어팬 섀시가 사용되었다. 뒤쪽에 토션바 서스펜션이 장착되었으며 앞쪽에는 트레일링 암과 토션바 서스펜션이 함께 사용되었다. 엔진도 폭스바겐의 공랭식 엔진을 가져왔는데, 밸런스를 개선하고 훨씬 더 복잡하게 설계되어 플로우가 개선되었고 엔진 회전속도를 효율적으로 제어할 수 있었다. 356 중 최상위 버전은 카레라였으며, 4개의 캠샤프트가 장착되어 최고속도 시속 201km를 냈다.

최고속도	165km/h
0~96km/h	13.0초
엔진 형태	수평수대향 4기통
배기량	1,582
변속기	4단 자동
최고출력	75마력(@5,000rpm)
토크	11.5kg·m(@3,700rpm)
공차중량	936kg
연비	8.9km/l

포르쉐(Porsche) 356 스피드스터(356 Speedster)

포르쉐의 경량 2인승 미드십 스포츠카

1952년 포르쉐는 레이싱을 위한 356 아메리칸 로드스터 버전을 한정판으로 생산했다. 그리고 1954년 포르쉐는 가벼운 머신인 스피드스터를 다시 부활시키기로 결정했다. 1956년에는 더 큰 엔진을 장착한 퍼포먼스 모델을 출시하기도 했다. 이 모델은 하드탑 버전보다 가벼워서 인기를 끌었다. 356 카브리올레와 동일한 플로어팬을 사용했으며, 엔진은 뒤쪽에 위치했고 앞에는 트랜스액슬과 토션바 서스펜션, 뒤에는 스윙 액슬이 장착되었다. 엔진은 기본형이 70마력을 발휘했으나, '슈퍼 튜닝' 버전은 88마력을 발휘했다. 가장 강력한 카레라의 트윈 점화플러그와 4캠샤프트 엔진을 사용한 버전은 115마력이라는 출력을 냈다. 스피드스터의 윈드쉴드는 무게를 줄이기 위해서 3인치가 짧았으며, 옆쪽에는 유리가 없었고 아주 가벼운 접이식 루프를 사용했다.

최고속도	160km/h
0~96km/h	11.2초
엔진 형태	수평대향 4기통
배기량	1,582
변속기	4단 수동
최고출력	70마력(@4,500rpm)
토크	11.1kg·m(@2,700rpm)
공차중량	813kg
연비	9.2km/l

포르쉐(Porsche) 911(901 모델)

혁신적인 수평대향형 6기통 엔진을 장착한 포르쉐의 상징적 모델

최초의 911은 1963년 프랑크푸르트 모터쇼에서 공개되었다. 911은 1959년에 개발이 시작되었는데, 당시 포르쉐는 911로 노후화되고 '욕조를 뒤집어 놓은듯 한' 디자인을 한 356을 대체하고자 했다. 엔지니어들은 911의 출력이 356 카레라 엔진만큼 강력하길 바랬다. 복잡하고 비싼 여러 개의 캠샤프트를 장착하지 않고, 간단히 2개의 실린더를 추가하는 것만으로 911은 편안하게 시속 160km까지 속력을 올릴 수 있었다. 2리터 수평대향 6기통 '901' 엔진은 건식 윤활 시스템과 반구형 연소실을 특징으로 하는 혁신적 엔진이었다. 카뷰레터가 달린 버전은 145마력을 냈고 내구성이 뛰어났다. 1963년식 911은 더 커지고 강력해진 엔진에 맞게 차체가 튼튼하게 설계되었다. 맥퍼슨 스트럿과 토션 바 서스펜션이 앞에 사용되었고, 뒤에는 트레일링-암이 사용되었다. 이 구조는 1990년까지도 사용되었다.

최고속도	211km/h
0-96km/h	9.0초
엔진 형태	수평대향형 6기통
배기량	1,991
변속기	5단 수동
최고출력	145마력(@6,100rpm)
토크	19.3kg·m(@4,200rpm)
공차중량	1,073g
연비	6.7km/l

포르쉐(Porsche) 911 카레라 RS 2.7

포르쉐 911중 뛰어난 핸들링으로 유명한 모델

많은 포르쉐 팬들은 핸들링이 가장 좋은 911으로 RS 2.7을 꼽는다. 또한 911 카레라 RS 2.7은 독일 슈튜트가르트에서 만든 차 중 최고로 평가받기도 한다. 500대의 양산형 모델을 생산해야 한다는 호몰로게이션 규정을 만족시키기 위해 태어났는데 실제로는 1500대가 팔렸다. 카레라 RS 2.7은 오리지널 911과 상당히 많은 변화가 있어서 별도의 생산 라인이 따로 필요했다. 카 페트, 실러, 글로브박스, 코트 걸이 등 주행에 필요없는 많은 것들이 삭제되었다. 또한 엔진 커 버와 펜더는 유리 섬유로 제작했으며 스틸 패널과 창문 유리는 훨씬 얇아졌다. 빌스테인 가스조 절식 댐퍼가 사용되었고, 두꺼운 안티롤바, 넓은 알로이 휠이 장착되었다. 엔진은 2.7리터부터 2.4리터까지 있었는데, 수평대향형 피스톤 중 1개에만 퓨얼 인젝션이 장착되었다. 정밀 기어박 스는 계속해서 엔진을 파워밴드 안에 있을 수 있도록 도와주었다.

최고속도	158km/h
0-96km/h	5.9초
엔진 형태	수평대향형 5기통
배기량	2,687
변속기	5단 수동
최고출력	210마력(@6,300rpm)
토크	25.4kg·m(@5,100rpm)
공차중량	982kg
연비	5.2km/l

포르쉐(Porsche) 911 1998

최초로 수랭식 수평대향형 6기통 엔진을 사용한 포르쉐 911

1997년 출시된 새로운 911은, 1963년 이래로 내려온 911의 전통인 '운전의 즐거움을 강조하는 리어-엔진 스포츠카'을 훌륭하게 계승했다. 어느덧 6세대가 된 911은 차체를 새롭게 디자인했으며, 수랭식 수평대향형 6기통 엔진을 최초로 장착했다. 공랭식 엔진보다 배기량이 0.2리터 늘어났는데, 더 강한 파워를 내면서도 더 조용했다. 포르쉐는 이전 공랭식 모델과 동일한 소리를 내려면 수랭식 포르쉐가 20대 필요하다고 발표하기도 했다. 뒤쪽으로 무게가 쏠리는 것을 방지하고 핸들링을 개선하기 위해 알로이 소재를 적극적으로 사용했으며, 가변 밸브 타이밍과 듀얼 오버헤드 캠샤프트를 사용했다. 박스터를 길게 늘린 플랫폼에 포르쉐의 하이테크 맥퍼슨 타입 스트럿 서스펜션을 앞에 사용하고, 뒤에는 더블 트랙 컨트롤 암과 멀티링스 서스펜션을 사용했다. 튼튼한 차체 덕분에 강성이 뛰어났고 911 역사상 가장 뛰어난 핸들링을 자랑했다.

최고속도	278km/h
0-96km/h	5.0초
엔진 형태	직렬6기통
배기량	3,387
변속기	6단 자동
최고출력	296마력(@6,800rpm)
토크	34.8kg·m(@4,600rpm)
공차중량	1,400kg
연비	8.3km/l

포르쉐(Porsche) 911 루프(Ruf) 1997

양산차 최고기록을 경신한 911의 튜닝모델

알로이스 루프(Alois Ruf)는 1977년부터 포르쉐 911의 튜닝버전을 제작했는데, 루프의 손을 거치면 911이 가장 빠른 로드카로 변신했다. 1987년 루프 CTR이 양산차의 최고속도인 시속 339km를 경신하면서 회사의 명성을 널리 알렸다. 루프가 하는 일은 단순한 튜닝이 아니라, 거의 차를 전반적으로 뜯어고치는 수준이었는데, 따라서 그들이 출시한 911은 포르쉐가 아니라 루프의 자동차로 인식되었다. 예를들어 루프가 출시한 1997년형 911은 서스펜션이 38mm 낮아졌으며, 빌스테인 댐퍼, 딱딱한 안티롤바와 스트럿 브레이스가 사용되었다. 여전히 포르쉐의 뛰어난 비스커스 커플링 방식의 사륜구동, 트랙션 컨트롤이 사용되었다. 직렬 6기통 엔진의 피스톤을 교체하고, 실린더 헤드, 캠샤프트와 터보차저를 손봤다. 또한 흡배기 시스템도 계량했으며, 엔진을 다시 매핑하여 주행 성능을 더욱 강조한 세팅을 했다. 옵션으로 전자제어식 클러치를 제공하여 손가락으로 기어변속을 할 수 있었다.

최고속도	307km/h
0~96km/h	3.8초
엔진 형태	수평대항형 6기통
배기량	3,600
변속기	6단 수동
최고출력	490마력(@5,500rpm)
토크	64.8kg·m(@4,800rpm)
공차중량	1,404kg
연비	3.9km/l

포르쉐(Porsche) 911 터보 1976-1977

포르쉐 최초로 터보차저를 장착한 모델

1976~1877년 911의 터보 버전은 도전적인 주행을 좋아하는 부자들에게 큰 인기를 끌었다. 포르쉐가 터보를 장착한 것은 용감한 도전이었는데, 이전에는 오직 BMW와 쉐보레만이 양산 모델에 터보를 적용했었다. 하지만 포르쉐는 터보차저를 장착하면 레이스에서 좋은 결과를 낼 것임을 확신했다. KKK 싱글터보를 장착하여 엔진의 펀치력을 높였는데, 이를 제어하기 위해 더 강력한 변속기가 필요했다. 1977년 이후 3.3리터 엔진에서 300마력을 뽑아냈는데, 터보차저는 '괴물'이라는 칭호를 얻었다. 뛰어난 퍼포먼스를 자랑했지만 가끔 오버스티어가 나타나기도 했다. '고래꼬리' 모양의 스포일러에는 인터쿨러가 설치되었고, 다운포스를 생성하는 역할도 했다.

최고속도	250km/h
0-96km/h	4.9초
엔진 형태	수평대향형 6기통
배기량	2,993
변속기	4단 수동
최고출력	234마력(@5,500rpm)
토크	33.1kg·m(@4,000rpm)
공차중량	1,143kg
연비	6.7km/l

포르쉐(Porsche) 911 터보 1990-1995

터보차저를 장착한 후륜구동 911

1989년 신형 911이 출시되고 이듬해 터보차저를 장착한 버전도 출시되었다. 후륜구동 버전만이 제공되었는데, 뒤쪽에 위치한 엔진의 무게가 거의 뒷바퀴로 전달되어 정지 마찰력(트랙션)이 좋았고 굳이 사륜구동이 아니어도 차체를 쉽게 제어할 수 있었다. 뒤 서스펜션을 딱딱하게 하고, 리어 트레일링 암을 계량한 덕분에 젖은 노면에서도 쉽게 접지력을 잃지 않았다. 앞 서스펜션은 맥퍼슨 스트럿이 사용되어 뛰어난 핸들링에 기여했다. 브레이크는 거대한 12인치 타공 디스크 브레이크였으며, 4피스톤 캘리퍼가 사용되었다. 대부분의 무게가 뒤쪽에 치우쳐 잇었지만 넓은 타이어가 스티어링을 무겁게 했기 때문에 파워 스티어링이 사용되었다. 엔진은 여전히 공랭식이었으며, 보쉬의 K-트로닉 퓨얼 인젝션과 싱글 KKK 터보가 장착되었으며, '고래꼬리' 모양의 스포일러에는 인터쿨러가 설치되었다.

최고속도	269km/h
0-96km/h	4.9초
엔진 형태	수평대향형 6기통
배기량	3,299
변속기	5단 수동
최고출력	315마력(@5,750rpm)
토크	44.8kg·m(@4,500rpm)
공차중량	1,488kg
연비	4.4km/l

포르쉐(Porsche) 911 터보 3.3 SE

1985년에 출시되어 한정생산된 고성능 911

1980년식 포르쉐 터보는 정말 빠른 차였다. 하지만 포르쉐는 1985년에 더 빠른 SE(Special Equipment) 버전을 출시했다. 프론트는 더 납작해졌고, 스포일러는 더 깊어졌으며, 팝업형 램프가 사용되었고, 리어 아치는 엔진을 식히기 위해 타공처리되었다. 서스펜션은 기존과 동일했다. 엔진은 고성능 캠샤프트, 커다란 인터쿨러를 사용했으며, 매핑을 새롭게 했다. 또한 배기 시스템을 계량해서 기존 터보 모델보다 30마력을 향상시켰다. 내부에는 에어컨, 가죽, 열선 시트와 사운드 시스템이 사용되었다. SE는 한정생산되어 1986년에 단종되었으나, 미국에서는 1987년까지는 터보 모델에 2만3244달러를 추가하면 SE 패키지를 선택할 수 있었다.

최고속도	272km/h
0-96km/h	5.0초
엔진 형태	수평대향형 6기통
배기량	3,299
변속기	4단 수동
최고출력	330마력(@5,750rpm)
토크	44.0g/m2(@4,000rpm)
공차중량	1,363kg
연비	6.4km/l

포르쉐(Porsche) 924 터보

포르쉐 최초로 FR 레이아웃을 채택한 모델

924는 포르쉐 역사상 처음으로 FR(프론트 엔진-후륜구동)레이아웃을 채택했다. 일부 포르쉐 팬들은 폭스바겐과 아우디를 연상시킨다는 이유로 이 차를 비판하기도 했다. 2리터 아우디 100 엔진을 사용했으며, 생김새는 포르쉐처럼 생기지 않았다. 사실 그 어떤 브랜드와 비슷하게 생기지도 않았다. 포르쉐는 이 차의 단점을 설명하면서도, 924 터보는 드라이빙 머신이라고 주장했다. KKK 26 터보차저를 장착했는데, 당시 대부분의 터보차저를 장착한 차와는 다르게 터보랙의 문제를 해결했다. 핸들링과 브레이킹은 역시 우수했다. 변속기가 뒤쪽에 위치한 덕분에 50:50의 완벽한 무게배분이 가능했으며, 11인치 디스크 브레이크가 사용되어 제동도 완벽했다. 보닛에는 NACA스타일의 덕트와 앞 스포일러에 있는 그릴이 터보차저에 필요한 공기를 빨아들였다.

최고속도	214km/h
0-96km/h	8.9초
엔진 형태	직렬4기통
배기량	1,985
변속기	5단 수동
최고출력	143마력(@5,500rpm)
토크	19.8kg·m(@3,000rpm)
공차중량	1,236kg
연비	6.9km/l

포르쉐(Porsche) 928

911보다 더 넓고 우아한 V8 스포츠카

1977년 출시된 928은 911을 대체하리라는 기대감을 안고 태어났다. 사람들은 928은 911보다 더 넓은 공간에, 더 우아하고, 더 빠를 것이라고 생각했다. 앞의 두 개는 적중했지만, 928은 240마력을 내면서도 911보다 무거웠기 때문에, 더 빠르진 않았다. 1979년 300마력 버전이 출시되면서 911보다 더 빨라졌지만, 928이 911을 대체할 수 없을 것이란 사실은 명백했다. 차체의 균형을 맞추기 위해 변속기는 뒤쪽에 장착되었고, 앞에는 싱글 오버헤드 캠샤프트를 사용한 V8엔진이 장착되었다. 1986년에는 배기량을 5리터까지 올린 32v 듀얼 오버헤드 모델도 출시되었다. 앞에는 더블 위시본 서스펜션, 뒤에는 세미 트레일링 암과 다이애거널 링크식 서스펜션이 사용되었다. 펜더는 폴리우레탄 소재가 사용되어 유연하면서 외모를 부드럽게 보이는 역할을 했으며, 0.39라는 우수한 항력계수를 자랑했다.

최고속도	264km/h
0~96km/h	5.8초
엔진 형태	V8
배기량	4,957
변속기	5단 수동
최고출력	330마력(@4,100rpm)
토크	42.8kg·m(@4,100rpm)
공차중량	1,568kg
연비	4.4km/l

포르쉐(Porsche) 933 터보

포르쉐 최후의 공랭식 수평대향형 6기통 엔진을 장착한 스포츠카

1997년형 993 터보는 911처럼 생긴 차 중 최후의 공랭식 수평대향형 6기통 엔진을 장착한 모델이다. 엄청난 출력은 터보차저 덕분에 가능했다. 933터보는 포르쉐 최초로 트윈터보를 사용했는데, 작은 KKK 터보차저를 2개 장착하여 이전 모델에서 해결하지 못했던 터보랙의 문제를 거의 완벽하게 해결했다. 포르쉐는 엄청난 출력을 효율적으로 사용하기 위해서 1989년 카레라 4에 사용한 4륜구동 시스템을 장착했다. 똑똑하게도 올드카의 감성을 느낄 수 있도록 평상시에는 후륜으로만 주행할 수 있었으며, 센서가 자동으로 트랙션을 인식해서 상황에 따라 앞바퀴도 굴렸다. 993은 포르쉐 팬들에게 큰 인기를 끌었다.

최고속도	288km/h
0-96km/h	3.8초
엔진 형태	수평대향형 6기통
배기량	3,600
변속기	6단 수동
최고출력	400마력(@5,750rpm)
토크	54.0kg·m(@4,500rpm)
공차중량	1,503kg
연비	6.4km/l

포르쉐(Porsche) 968

뛰어난 무게배분, 드라이빙의 용이성, 완벽한 핸들링을 자랑한 모델

포르쉐 924로부터 이어진 25년의 전통에 따라, 1991년형 포르쉐 968은 자동차 매니아를 위한 합리적 가격의 잘 정제되고 다루기 쉬운 포르쉐였다. 하지만 너무 정제되어 포르쉐 팬들에게 비판을 받기도 했다. 16개의 밸브가 사용된 고성능 4기통 엔진을 탑재했으며, 944 S2의 비슷한 엔진보다 30마력이 높았다. 변속기는 뒤쪽에 장착되어 무게배분이 우수했고 차체의 균형을 이뤄냈다. 핸들링도 완벽해서 드라이버의 개입이 기존 포르쉐보다 덜 중요했는데, 순수한 포르쉐답지 않다는 비판도 받았다. 클럽 스포츠 모델이 출시되어 이러한 비판을 잠재웠는데, 이 버전은 17인치 휠을 사용했고, 뒷좌석과 파워윈도우를 제거해 53kg을 감량했다.

최고속도	240km/h
0-96km/h	6.1초
엔진 형태	직렬 4기통
배기량	2,990cc
변속기	6단 수동
최고출력	240마력(@6,200rpm)
토크	30.2kg·m(@4,100rpm)
공차중량	1,338kg
연비	6.9km/l

포르쉐(Porsche) 박스터(Boxster)

포르쉐 철학을 그대로 지키면서 상업적으로 큰 성공을 거둔 포르쉐의 대표적 2인승 로드스터

지난 20년동안 포르쉐의 첫 번째 차는 두 가지를 충족시켜야 했다. 회사의 이익을 증대시켜야 했고, 슈퍼카를 대중화시켜야 했다. 포르쉐는 두 가지를 훌륭하게 해냈고, 21세기에도 주요 제조사로 남아있다. 포르쉐의 그 유명한 수평대향형 엔진을 사용한 박스터는 미드십 레이아웃으로 완벽한 무게배분에 성공했다. 6000rpm에서 204마력의 출력을 냈는데, 특히 레드라인 근처에서 엔진의 모든 성능을 쏟아냈다. 비교적 가벼운 차체와 뛰어난 스티어링 덕분에 코너에서의 반응성이 뛰어났다. 드라이빙 머신으로서만 좋은 것이 아니라 실용적이기도 했다. 트렁크 용량도 큰 편이었고, 머리 위 공간도 충분했다. 인테리어는 구식의 911보다 훨씬 뛰어났다. 컨버터블 루프는 그 퀄리티가 마치 하드탑처럼 느껴질 정도였다.

최고속도	238km/h
0-96km/h	6.9초
엔진 형태	수평대향형 6기통
배기량	2,480
변속기	6단 수동
최고출력	204마력(@6,000rpm)
토크	24.4kg·m(@4,500rpm)
공차중량	1,252kg
연비	8.3km/l

레인지로버(Range Rover) 사의 레인지 로버

튼튼하고 어디든 갈 수 있는 럭셔리 오프로더

레인지로버는 럭셔리 오프로더의 원조로, 1970년 처음 등장하자마자 전 세계적으로 큰 관심을 받았다. 보통의 랜드로버보다 오프로드에서 능력이 훨씬 뛰어남은 물론이고, 판 스프링 대신 코일 스프링이 사용되면서 승차감도 아주 편안했으며, 럭셔리한 실내는 마치 리무진 같았다. 처음에는 2도어 버전만이 출시되었는데, 그게 비실용적이라는 지적을 받자 1981년부터는 4도어 모델만 판매되었다. 차체는 믿을 수 없을 정도로 튼튼했다. 바디-온-프레임 방식으로, 섀시가 주요 부품들을 완벽하게 보호했다. 앞쪽에는 텔레스코픽 쇼크 업소버가 사용되었고, 뒤에는 셀프 레벨링 보그 유닛이 사용되었다. 모든 바퀴에 디스크 브레이크가 장착되었다. 엔진은 알루미늄 소재로 제작된 뷰익의 V8엔진이었으며, 무게는 가벼운 반면 토크가 충분한 좋은 엔진이었다.

최고속도	158km/h
0-96km/h	12.9초
엔진 형태	V8
배기량	3,528
변속기	4단 수동
최고출력	130마력(@5,000rpm)
토크	27.7kg·m(@3,000rpm)
공차중량	1,756kg
연비	6km/l

레인지로버(Range Rover) 오버핀치(Overfinch)

레인지로버에 쉐보레 엔진을 장착한 고성능 튜닝 모델

레인지로버가 좋긴 했지만, 강력한 엔진을 장착하지 않은 탓에 슈퍼카처럼 매우 빠르진 않았다. 레인지로버의 엔진은 가벼운 반면 충분한 토크를 발휘하지는 못했다. 오버핀치는 1975년 처음으로 레인지로버의 튜닝버전을 만들었는데, 대중 앞에 첫 선을 보인 것은 1982년 쉐보레 엔진 570T를 장착한 모델부터였다. 시간이 지나고 기술이 발전되면서, 오버핀치는 쉐보레의 포트 인젝션 엔진을 장착한 570Ti 모델을 출시했고, 20주년을 기념하여 380마력을 내는 6.5리터 GM의 V8엔진을 장착한 한정판을 선보이기도 했다. 1998년 출시된 570HSE는 에어 서스펜션, 7개의 시트, 개선된 스티어링, 벤틀리 터보 타이어를 사용했다. 파워는 훨씬 높아졌지만 오버핀치는 놀랍게도 오리지널 레인지로버와 동일한 연료 효율성을 자랑하기도 했다.

최고속도	208km/h
0-96km/h	7.2초
엔진 형태	V8
배기량	5,733
변속기	4단 자동
최고출력	330마력(@4,700rpm)
토크	57.4kg·m(@3,150rpm)
공차중량	2,254kg
연비	6km/l

르노(Renault) 르노5 터보2(Renault 5 Turbo 2)

수많은 우승컵을 들어올린 르노의 랠리카

르노는 1980년 R5 터보2로 중요한 2가지를 해냈다. 브랜드의 수익성을 개선했으며, 그룹B 랠리 레이스에 출전할 수 있는 뛰어난 랠리카를 확보한 것이다. R5 터보는 호몰로게이션 규정을 충족시키기 위해 1000대가 생산되어야 했는데, 300대가 추가로 생산되어 총 1300대가 생산되었다. R5 터보는 기본형 R5와 거의 공통점이 없었다. 서스펜션은 더블 위시본을 기본으로, 앞에는 토션 바, 뒤에는 코일 서스펜션이 장착되었다. 변속기는 르노30에서 가져왔는데, 미드십 4기통 엔진에 알맞게 튜닝되었다. 엔진은 반구형 연소실과 알로이 헤드를 특징으로 했으며, 가렛(Garret) 터보가 장착되어 양산형 버전은 300마력을, 랠리카 버전은 500마력이라는 엄청난 출력을 쏟아냈다. 뛰어난 핸들링 덕분에 4년간 250번의 우승을 차지할 정도로 랠리 레이싱에서 좋은 성과를 거뒀다.

최고속도	198km/h
0-96km/h	7.7초
엔진 형태	직렬4기통
배기량	1,397
변속기	5단 수동
최고출력	160마력(@6,000rpm)
토크	21.3kg·m(@3,500rpm)
공차중량	972kg
연비	7.8km/l

르노(Renault) 알파인(Alpine) A110

WRC에서 우승을 차지한 르노의 경량 쿠페

르노는 알파인 110을 가벼운 쿠페로 포지셔닝했고, 이 컨셉을 쭉 밀고나간 결과 10년 동안 랠리에서 정상의 위치를 유지할 수 있었다. 낮은 무게중심은 날씬하지만 튼튼한 섀시 덕분이었다. 튼튼한 합금 소재의 섀시는 하나의 차축에 앞 서스펜션을 위한 서브프레임이 연결되어 있었으며, 뒤쪽에는 파워트레인을 장착하기 위한 공간이 자리했다. 앞 서스펜션은 서로 길이가 다른 위시본 서스펜션과 각각 1개의 코일오버 쇼크업소버가 사용되었고, 뒤 서스펜션은 위시본 서스펜션과 각각 2개의 코일오버 쇼크업소버가 결합되어 무게를 추가했다. 4개의 휠에는 10인치 디스크 브레이크가 장착되어 제동력을 확보했다. 유리 섬유가 적극적으로 사용되었고, 트윈 베버 카뷰레터가 사용된 작은 반구형 연소실 형태의 엔진이 장착되었다. A110은 1971년과 1973년 WRC에서 우승을 차지했다.

최고속도	203km/h
0~96km/h	6.3초
엔진 형태	직렬4기통
배기량	1,605
변속기	5단 수동
최고출력	138마력(@6,000rpm)
토크	14.3kg·m(@5,000rpm)
공차중량	712kg
연비	8.3km/l

르노(Renault) 알파인 V6 GT/터보(Alpine V6 GT/Turbo)

터보차저 V6엔진을 장착한 르노의 드라이빙 머신

알파인 V6 GT의 기원은 1970년대 초반 출시된 2인승 스포츠카 A110까지 거슬러 올라간다. A110은 레이싱과 랠리에서 모두 큰 성공을 거뒀다. 르노는 1985년에 후속작을 출시하면서 A110처럼 좋은 성과를 내기를 기원했다. 알파인 V6는 분리형 스틸 백본 섀시를 사용했으며, 앞뒤에 장착된 서브프레임이 서스펜션과 스티어링, 그리고 엔진이 들어갈 공간을 확보했다. 서스펜션은 앞뒤 모두 더블위시본이 사용되어 앞뒤 무게배분이 비교적 좋지 않았음에도 불구하고(37:63) 뛰어난 핸들링을 자랑했다. 알루미늄으로 제작된 엔진은 반구형 연소실에 실린더당 2개의 밸브가 사용되었다. 짧은 스트로크 크랭크샤프트 덕분에 V6엔진의 회전수가 빠르게 올라갈 수 있었다. 하지만 실제로 폭발적인 파워는 터보차저가 돌아가면서 뿜어져나왔고, 터보 덕분에 저 rpm에서도 충분한 토크를 확보할 수 있었다. 이 차는 아주 뛰어난 핸들링과 완벽한 드라이빙 포지션을 훌륭한 경주용 머신이었다.

최고속도	243km/h
0-96km/h	6.3초
엔진 형태	V6
배기량	2,458
변속기	5단 수동
최고출력	200마력(@5,750rpm)
토크	28.9kg·m(@2,500rpm)
공차중량	1,182kg
연비	8.9km/l

르노(Renault) 스포츠 스파이더(Sport Spider)

르노 최초의 2인승 로드스터

1996년 스파이더가 생산되기 전, 르노는 단 한번도 2인승 컨버터블 스포츠카를 만들어 본 적이 없었다. 처음에는 스파이더는 유럽을 가로지르는 내구 레이스에 출전하기 위해 디자인되었다. 심지어 초기 구상단계에서는 윈드스크린도 없었다. 하지만 수요를 고려해서 실제로는 공도용 버전으로 변경되어 생산되었다. 섀시는 매우 가벼웠는데 합금 소재로 제작되었고, 바디 패널은 모두 유리 섬유로 제작되었다. 서스펜션 조인트에는 고무 대신 헤임 조인트(Heim Joint)가 사용되었는데 평균을 상회하는 주행성능을 발휘했다. 심장은 메간에 사용된 2리터 16밸브엔진을 가져왔다. 롱 스트로크 엔진이 충분한 토크를 발휘했다. 초기 모델에는 너무 작은 스크린이 사용되어 시야가 좋지 않았고, 1997년부터는 전통적인 스크린이 사용되었다.

최고속도	198km/h
0-96km/h	7.7초
엔진 형태	직렬 4기통
배기량	1,998
변속기	5단 수동
최고출력	150마력(@6,000rpm)
토크	18.9kg·m(@4,500rpm)
공차중량	957kg
연비	8.3km/l

로쉬(Roush) 머스탱(Mustang) 1999

로쉬(Roush)가 튜닝한 머스탱의 퍼포먼스 버전

잭 로쉬(Jack Roush)와 머스탱의 인연은 1988년으로 거슬러 올라간다. 그는 머스탱 탄생 25
주년을 기념하기 위하여 400마력을 내는 5.8리터 트윈 터보 머스탱을 만들었다. 생산비용이 많
이 든다는 이유로 포드는 이를 양산하기를 거절했으나, 7년 뒤 로쉬 레이싱 회사에서 로쉬 퍼포
먼스라는 자회사를 설립하면서 도로 주행이 가능한 고성능 GT카를 출시하려고 했고, 결국 다시
머스탱을 생산하게 되었다. 1999년 머스탱을 기반 삼아 로쉬는 다양한 성능과 가격의 튜닝버
전을 출시했다. 크지는 않지만 중요하고 효율적인 튜닝으로 최대의 성능을 끌어낸 것이 특징이
었다. 쇼크 업소버와 스프링이 계량되고 또 낮아졌으며, 딱딱한 안티롤바와 컨트롤 암이 장착되
었다. 13인치 브렘보 타공 디스크 브레이크가 앞에 사용되어 제동력이 아주 뛰어났다. 배기구
가 달린 풀 스커트 바디 킷이 사용되었다.

최고속도	240km/h
0-96km/h	5.8초
엔진 형태	V8
배기량	4,606
변속기	5단 수동
최고출력	260마력(@5,250rpm)
토크	40.8kg·m(@4,000rpm)
공차중량	1,578kg
연비	5.7km/l

로버(Rover) SD1 비테세(SD1 Vitesse)

로버의 후륜구동 패스트백으로, 아름다운 디자인이 특징이다.

영국 레이렌드 그룹의 로버는 1976년 SD1을 출시했다. 유려한 패스트백 스타일의 바디는 몇 년 후 페라리 데이토나의 다자인에도 영감을 주었다. SD1은 처음에는 로버의 V8엔진을 사용 했다. 이 엔진은 뷰익이 만들었고, 로버가 사들여서 몇 가지의 수정을 가한 엔진이었다. SD1은 1980년대에도 여전히 인기가 많았는데, 점점 구형이 되어가자 로버는 1982년에 페이스리프트 버전을 출시했다. 이듬해 출력을 높인 비테세 버전을 출시했는데, 비테세는 프랑스어로 '스피 드'라는 뜻이다. 비테세는 SD1과 동일한 레이아웃인 FR구조(프론트 엔진-후륜구동)를 취했으 며, 서스펜션을 낮추고 강화시켰으며 디스크 브레이크를 계량하고 스티어링을 개선했다. 엔진 은 루카스(Lucas)의 전자식 퓨얼 인젝션 시스템을 받아들이고 앞면의 가스 흐름을 향상시켰다. 1986년 흡기를 개선해서 200마력까지 출력을 향상시켰다.

최고속도	216km/h
0~96km/h	7.1초
엔진 형태	V8
배기량	3,528
변속기	5단 수동
최고출력	190마력(@5,280rpm)
토크	29.7kg·m(@4,000rpm)
공차중량	1,443kg
연비	7.8km/l

사브(Saab) 99 터보(99 Turbo)

사브99에 터보차저를 장착하고 성능을 개선한 모델

평범한 세단인 99는 따분하고 매력없는 평범한 차였지만, 터보 버전은 완전히 달랐다. 외모에서 풍기는 이미지는 무겁고 둔한 차처럼 느껴졌지만, 99 터보는 놀라울 정도로 운전이 즐거웠으며 승차감과 핸들링이 뛰어났다(무게는 실제로 무거웠다). 엔진은 트라이엄프 돌로마이트 엔진을 사용했는데, 사브는 이 엔진의 압축비를 낮추고 가렛 T3 터보를 장착하고 전자식 연료분사 시스템을 더했다. 5개의 메인 베어링 크랭크가 주행 안정성을 향상시켰다. 서스펜션은 앞에는 위시본, 뒤에는 팬하드 로드와 빔을 복합적으로 사용했다. 세팅이 매우 효율적이었고 터보차저를 장착한 자동차 중 처음으로 1979년 스웨덴 랠리에서 우승을 차지했다. 99터보는 나중에 더 뛰어난 차로 평가받는 900터보로 대체되었다.

최고속도	192km/h
0-96km/h	9.1초
엔진 형태	직렬 4기통
배기량	1,985
변속기	4단 수동
최고출력	145마력(@5,000rpm)
토크	23.5kg·m(@3,000rpm)
공차중량	1,234kg
연비	7.8km/l

살린(Saleen) 익스플로러(Explorer)

스티브 살린(Steve Saleen)의 튜닝을 거쳐서 주행의 DNA를 품은 포드 익스플로러

스티브 살린(Steve Saleen)은 머스탱을 튜닝해서 판매하는 회사를 운영하고 있었다. 1990년 대 포드의 SUV 익스플로러가 대중들에게 인기를 끌자, 스티브 살린은 익스플로러도 사업 영역 으로 가지고 오게 되었다. 1996년 출시된 5.0리터 푸시로드(pushrod) V8 엔진 익스플로러를 가져와서, 다이나믹한 주행과 운전의 즐거움을 느낄 수 있도록 튜닝작업을 거쳤다. 분리형 스틸 섀시와 리지드 액슬 서스펜션은 그대로 남았지만 전체적으로 딱딱하게 세팅되었으며, 스프링 이 낮아지고 계량되었고 두꺼운 안티롤바를 달았다. 경량 마그네슘 18인치 휠과 로-프로파일 (low-profile) 타이어를 사용했다. 엔진에는 슈퍼차저를 추가해서 출력을 끌어올렸다.

최고속도	200km/h
0-96km/h	7.9초
엔진 형태	V8
배기량	4,948
변속기	4단 자동
최고출력	286마력(@4,500rpm)
토크	45.0kg·m(@3,200rpm)
공차중량	2,045kg
연비	5.3km/l

살린(Sallen) 머스탱 레이서(Mastang Racer)

스티브 살린이 튜닝한 레이싱용 포드 머스탱

1980년대 서킷용 레이싱 머신과 공도용 레이스카를 만들면서 명성을 얻은 스티브 살린은 계속해서 회사를 확장시켜 나갔다. 1997년 스티브 살린의 SR 머스탱은 르망에서 좋은 성과를 냈다. 또한 1998년 미국 스피드비전 월드 챌린지 시리즈(Speedvision World Challenge Series)에서, 시트콤 '아빠 뭐하세요(Home Improvement)'의 배우 팀 앨런(Tim Allen)과 함께 머스탱 RRR로 우승을 차지했다. 머스탱의 섀시를 기반으로, 튜브형 서브프레임과 더블 위시본 A-암 서스펜션, 빌스테인 쇼크 업소버를 사용했다. 보닛 아래에 원저의 5.7리터 엔진을 장착했으며, 알루미늄 헤드, 홀리(Holley) 600cfm 카뷰레터를 사용했다. 탄소섬유가 문, 트렁크 리드, 보닛, 휀더, 노즈등 많은 부분에 사용되었다. 제리코(Jerico) 변속기가 막강한 파워를 효과적이고 신뢰성있게 제어했다. 1998년 테리 보첼러(Terry Borcheller)가 5개의 레이스에서 우승컵을 들어올리며 살린의 명성을 드높였다.

최고속도	336km/h
0-96km/h	3.2초
엔진 형태	V8
배기량	5,850
변속기	4단 수동
최고출력	525마력(@6,800rpm)
토크	정보없음
공차중량	정보없음
연비	정보없음

살린(Saleen) 머스탱 SSC(Mustang SSC)

스티브 살린이 튜닝한 슈퍼카급 머스탱

1984년 스티브 살린은 그가 튜닝한 머스탱으로 레이싱에 출전해서 명성을 알리기 시작했다. 총 3대의 머스탱을 튜닝해서 판매했으며, 1985년에는 139대의 해치백과 2대의 컨버터블을 튜닝해 판매했다. 1986년에는 판매량이 계속 성장했고, 살린은 이를 바탕으로 레이싱 팀을 만들었다. 1989년 그동안 쌓인 레이싱과 공도에서의 노하우를 토대로 살린은 살린 슈퍼 카(SSC)를 만들게 되었다. 5.0리터 엔진을 베이스로, 살린은 딱딱한 스프링과 가변식 쇼크 업소버를 사용해 서스펜션을 튜닝했다. 4포인트 롤케이지와 보강재를 덧대서 차체 강성을 향상시켰다. 내부에는 특별한 가죽과 바디킷을 더했다. 엔진 튜닝으로는, 헤드를 교체하고 스로틀 크기를 키웠으며, 배기 시스템을 개선했다. 변속기는 그대로 남았지만 리어 기어비를 3.55:1로 수정했으며, 뒷바퀴에도 디스크 브레이크가 추가되었다.

최고속도	250km/h
0–96km/h	5.6초
엔진 형태	V8
배기량	4,948cc
변속기	5단 수동
최고출력	290마력(@5,200rpm)
토크	43.9kg·m(@3,500rpm)
공차중량	1,556kg
연비	7.8km/l

쉘비(Shelby) 차저 GLH-S(Charger GLH-S)

1980년대 캐롤 쉘비가 닷지 차저를 튜닝해서 출시한 한정판 고성능 스포츠카

캐롤 쉘비라는 이름은 곧 고성능 차를 뜻했다. 1980년대 효율보다는 강력한 출력이 더 중요해지자, 크라이슬러는 캐롤 쉘비에게 지루했던 1986-1987 차저에 새로운 숨결을 불어넣어 달라는 주문을 넣었다. 당시는 V8엔진과 후륜구동을 기피하고 4기통 엔진과 전륜구동을 선호하던 시기였는데, 차저도 마찬가지로 4기통 전륜구동으로 생산되어 수입산 컴팩트 세단과 직접적으로 경쟁을 하고 있었다. 쉘비는 146마력짜리 엔진에 터보차저를 장착했다. 코니 쇼크 업소버가 각각 코너에 장착되었고, 낮은 스프링과 알로이 휠, 로-프로파일 타이어가 사용되어 핸들링을 개선했다. 엔진 튜닝을 한단계 더 거칠 수 있었는데, 피스톤을 교체하고 회전 어셈블리와 헤드를 강화시키며, 4개의 인젝터를 추가할 수 있었다. 출력은 1/4마일을 13초 안에 주파할 수 있을 정도로 충분했다.

최고속도	200km/h
0-96km/h	5.4초
엔진 형태	직렬 4기통
배기량	2,200
변속기	5단 수동
최고출력	289마력(@6,200rpm)
토크	37.0kg·m(@3,700rpm)
공차중량	1,128kg
연비	6.4km/l

쉘비(Shelby) 다코타(Dakota)

캐롤 쉘비가 튜닝한 스포츠 버전의 다코타 트럭

1980년대 인기를 끌었던 소형 픽업트럭 닷지 램 미니는 사실 미쓰비시에서 생산하고 미국 내 판매를 위해서 뱃지만 바꾼 것이 대부분이었다. 1987년부터 닷지는 다코타를 직접 생산하기로 결정했다. 경쟁 모델 중 가장 큰 3.9리터 V6 엔진을 장착했으며, 2년 뒤 블랙아웃 트림과 알로이 소재를 적극적으로 사용한 스포츠 버전을 출시했다. 같은 해 캐롤 쉘비는 좀 더 화끈한 스포츠 버전을 제작했는데, V6엔진 대신 크라이슬러의 5.4리터 V8엔진을 장착해서 더 막강한 출력을 확보했다. 뿐만 아니라 딱딱한 스프링과 댐퍼를 사용했으며, 굿이어 이글(Goodyear Eagle) 타이어와 리미티드 슬립 디퍼렌셜(LSD)를 장착했다. 스포츠 스티어링 휠이 사용되었고, 내부도 스포츠 트럭다운 디자인을 자랑했다.

최고속도	190km/h
0-96km/h	8.5초
엔진 형태	V8
배기량	5,211
변속기	4단 자동
최고출력	175마력(@4,000rpm)
토크	36.5kg·m(@2,000rpm)
공차중량	1,641kg
연비	5.3km/l

쉘비(Shelby) 머스탱 GT350(Mustang GT350)

캐롤 쉘비가 튜닝한 한정판 고성능 머스탱

캐롤 쉘비는 처음에는 2인승 코브라 로드스터의 고성능 버전을 제작했다. 하지만 1965년 포드의 요청으로 머스탱으로 관심을 돌리게 되었다. 쉘비는 271마력 머스탱을 바탕으로 GT350을 만들어냈다. 그는 핸들링을 개선하기 위해 앞 서스펜션 컨트롤 암의 위치를 재조정하고, 딱딱한 스프링과 코니(Koni) 쇼크 업소버를 사용했으며, 리어 트랙션 바를 추가했다. 브레이킹 성능을 향상시키기 위해 켈시-헤이스(Kelsy-Hayes) 디스크 브레이크를 앞바퀴에 사용하고, 뒤에는 고성능 드럼 브레이크를 사용했다. 4.7리터 V8엔진은 압축비를 높여 파워를 향상시켰으며, 하이 리프트 캠샤프트를 사용하고, 밸브와 카뷰레터의 크기를 키웠다. 쉘비 R은 더 강력했는데, 한정판으로 37대만 생산되었다. 한정판 쉘비R은 미국 스포츠 카 클럽(Sports Car Club of Americas) B-프로덕션 클래스에서 콜벳, 코브라, 페라리, 로터스, 재규어 E타입을 제치고 우승을 차지했다.

최고속도	210km/h
0-96km/h	6.2초
엔진 형태	V8
배기량	4,948
변속기	4단 수동
최고출력	335마력(@5,200rpm)
토크	43.9kg·m(@3,200rpm)
공차중량	1,518kg
연비	5km/l

쉘비(Shelby) 머스탱 GT500(Mustang GT500)

쉘비가 튜닝한 한정판 고성능 머스탱으로, 완벽한 핸드링이 강점이었다.

GT350이 출시 이후 큰 인기를 끌자, 쉘비는 GT500도 라인업에 추가했다. GT500은 기본형 머스탱 마하1(Mach 1)을 기반으로, 그릴 디자인을 새로 하고 테일 게이트를 변경했으며, 쉘비 스트라이프를 새겼다. 쉘비 스트라이프 끝에 위치한 배기구에서는 가끔 불꽃이 튀기도 했다. 마하1과 마찬가지로 쉘비는 428 코브라 제트 V8엔진을 사용했는데, 핸드링은 아주 달랐다. 헤비-듀티 스프링과 쇼크 업소버, 넓은 타이어, 두꺼운 안티롤바, 롤케이지를 잘 조율해서 밸런스를 완벽하게 맞췄다. 기본형 마하1보다 3배나 더 비싼 가격을 주고 구입할 만큼 핸드링이 완벽했다. 코브라 제트 엔진은 400마력에 달하는 출력을 낼 수 있었는데, 주 고객층인 젊은 남성들이 400마력 스포츠카를 구입하려면 막대한 보험료를 지출해야 했기 때문에 엔진 출력은 335마력으로 제한되었다.

최고속도	208km/h
0~96km/h	5.5초
엔진 형태	V8
배기량	7,013
변속기	3단 자동
최고출력	335마력(@5,200rpm)
토크	59.4kg·m(@3,400rpm)
공차중량	1,409kg
연비	2.8km/l

쉘비(Shelby) 쉘비/쿠버 킹 코브라(Shelby/Cooper King Cobra)

존 쿠퍼의 아이디어를 현실화 시켜준 쉘비의 한정판 레이스카

영국의 레이서 존 쿠퍼는 그의 미드십 레이스카를 1958년 소개했는데, 실제로 양산차 생산까지는 이르지 못하다가, 1963년이 되어서야 캐롤 쉘비가 존 쿠퍼의 차체 디자인을 바탕으로 거대한 미국산 V8엔진을 구겨넣어 차를 출시하게 되었다. 튜브형 구조를 사용해서 섀시는 튼튼하면서도 가벼웠다. 더블 A암, 안티롤바, 디스크 브레이크가 사용되었고 차체 전체가 알루미늄으로 만들어졌다. 엔진은 레이싱을 위해 거의 새로 제작되었다고 해도 과언이 아닐 정도로 많은 튜닝을 거쳤다. 강력한 파워를 위해 압축비를 10.5:1으로 올렸고, 4개의 트윈 베버 카뷰레터를 사용해 낮은 rpm에서도 충분한 출력을 냈다. 2년간 12대만이 한정생산되었는데, 현재는 3대만 남아있다고 알려졌으며, 현재 시점에서 그 가치는 이루 말할 수 없다.

최고속도	282km/h
0-96km/h	3.5초
엔진 형태	V8
배기량	4,735
변속기	4단 수동
최고출력	400마력(@6,800rpm)
토크	46.6kg·m(@4,000rpm)
공차중량	636kg
연비	3.5km/l

스바루(Subaru) 임프레자 터보(Impreza Turbo)

WRC에서 압도적 우승을 차지한 스바루의 명차

많은 사람들이 1990년대 최고의 차로 스바루 임프레자 터보를 꼽는다. 더 큰 차인 스바루 레거시(Legacy)에서 엔진을 가져온 임프레자 터보는 1992년 일본에서 데뷔한 뒤, 랠리에서 그 존재감을 입증했다. 1994년 영국의 랠리 드라이버 콜린 맥레이(Colin McRae)는 월드 랠리 챔피언십(WRC)에서 임프레자를 타고 좋은 성적을 거뒀고, 그해 임프레자는 영국 시장을 강타했다. 이후 임프레자 터보는 성공을 거듭했는데, 그 이유는 간단했다. 인테리어는 단순했지만 외모는 다이나믹했으며, 운전의 재미가 많은 사람들에게 매력적으로 느껴졌기 때문이다. 코너에서 그립이 엄청났고, 핸들링은 센세이셔널했고, 엔진의 터보랙도 거의 느껴지지 않았다. ABS브레이크와 4휠 브레이크 디스크 덕분에 브레이킹 성능도 완벽했으며, 4WD 시스템이 노면을 분석해서 최적의 그립을 찾을 수 있도록 앞뒤로 적절히 토크를 배분했다.

최고속도	229km/h
0-96km/h	6.4초
엔진 형태	수평대향형 4기통
배기량	1,994
변속기	5단 수동
최고출력	208마력(@5,600rpm)
토크	28.9kg·m(@4,000rpm)
공차중량	1,308kg
연비	10.35km/l

스바루(Subaru) 임프레자 랠리카(Impreza Rally Car)

스바루 임프레자의 랠리 버전으로, WRC에서 우승을 차지함.

스바루는 1990년부터 4WD 레거시 터보(Legacy Turbo)로 월드 랠리 챔피언십(WRC)에서 두각을 나타내기 시작했다. 1994년 임프레자(Impreza)가 출시된 이후, 스바루는 레거시보다 가볍고 작아서 더 민첩한 임프레자로 랠리에 참가했다. 임프레자 랠리카의 레이아웃은 양산형 버전과 동일했다. 앞뒤로 맥퍼슨 스트럿 서스펜션을 사용했는데 모두 가변식이었다. 4포트 캘리퍼가 장착된 타공 디스크 브레이크가 사용되어 브레이킹 성능이 탁월했고, 4WD 시스템은 토크를 앞뒤로 50:50으로 배분했다. 튜브형 롤케이지가 차체 강성을 높였고 안정성을 강화했다. 수평대향형 4기통 엔진은 WRC의 규제를 맞추기 위해 300마력으로 제한되었고, 배출가스 규제를 충족시키기 위해 촉매변환장치가 사용되었다. 콜린 맥레이(Colin McRae)가 임프레자 랠리카를 타고 WRC에서 우승했는데, 영국인 최초의 우승인 동시에 스바루 최초의 우승이기도 했다.

최고속도	224km/h
0-96km/h	3.2초
엔진 형태	수평대향형 4기통
배기량	1,994
변속기	6단 시퀀셜
최고출력	300마력(@5,500rpm)
토크	47kg·m(@4,000rpm)
공차중량	1,232kg
연비	정보없음

스바루(Subaru) SVX

스바루에서 출시한 아름다운 고성능 쿠페

SVX는 스바루에서 느닷없이 출시한 신비스러운 쿠페형 세단이었다. 스바루가 1985년부터 1990년까지 XT쿠페를 생산하기는 했지만 아름다운 외모를 가진 모델은 아니었고, 1991년 출시된 SVX가 스바루 최초의 이탈리안 스타일링의 멋진 쿠페였다. 독특하게 필러 뒤쪽에도 유리를 사용해서 지면과 붙어서 달리는 낮은 슈퍼카처럼 시야가 뛰어났다. SVX의 파워트레인도 특이했는데, 수평대향형 6기통 엔진이 차체의 앞에 위치하고 네바퀴를 굴렸다. 토크는 그립의 상황에 따라 앞뒤로 적절히 배분되었다. 핸들링이 뛰어났고 트랙션도 우수해서 코너에서 차체의 롤링이 잘 억제되었다. 하지만 판매는 신통치 않았고, 더 저렴한 모델이 등장하자 1996년 단종되었다.

최고속도	230km/h
0~96km/h	7.6초
엔진 형태	수평대향형 6기통
배기량	3,318
변속기	4단 자동
최고출력	230마력(@5,400rpm)
토크	30.8kg·m(@4,400rpm)
공차중량	1,642kg
연비	7.8km/l

선빔(Sunbeam) 타이거(Tiger)

선빔 알파인의 차체에 포드 V8 심장을 심다.

V8엔진이 많은 스포츠카에 장착되자, 선빔도 차체에 V8엔진을 이식하고자 했다. 알파인 (Alpine)의 1.9리터 4기통 엔진을 드러내고, 포드 V8엔진을 심었다. 선빔은 영국 회사였기 때문에 포드가 전혀 거리낌없이 머스탱에 사용된 4.6리터 V8엔진을 판매할 수 있었다. 알파인의 차체는 커다란 엔진을 받아들이기에 아무 문제가 없었으며, 주목할만한 변화라고는 스티어링을 랙엔피니언으로 교체한 것 밖에 없었다. 또한 거대한 엔진이 보닛 아래에 위치하면서 공간이 부족해서 배터리를 트렁크로 옮겼다. X자 형태의 보강재 덕분에 차체는 매우 튼튼했고, 앞에는 위시본 서스펜션, 뒤에는 판스프링과 리지드 액슬 서스펜션이 사용되었다. 스프링과 쇼크 업소버가 계량되었지만, 구불구불한 도로에서는 핸들링의 한계를 노출했다.

최고속도	187km/h
0~96km/h	9.7초
엔진 형태	V8
배기량	4,735
변속기	4단 수동
최고출력	164마력(@4,400rpm)
토크	34.8kg·m(@2,200rpm)
공차중량	1,201kg
연비	5.25km/l

탈보트(Talbot) 선빔 로터스(Sunbeam Lotus)

탈보트(Talbot) 선빔의 숏-휠베이스 버전으로, WRC에서 아우디를 누르고 우승을 차지함.

크라이슬러는 1967년 유럽 진출 시도의 일환으로, 영국의 루츠(Rootes)와 프랑스의 심카(Simca)를 인수했다. 그 후 어벤저(Avenger)를 1976년부터 1979년까지 생산했는데, 어벤저는 탈보트 선빔의 숏-휠베이스(Short-Wheelbase) 버전이었다. 탈보트로 불린 이유는, 크라이슬러가 1978년 유럽 지역의 사업권을 푸조에게 팔았고, 탈보트가 심카(Simca)의 일부였기 때문이다. 푸조는 인수를 기념하기 위하여 로터스와 함께 1979년에 이 뛰어난 핫해치를 생산하게 되었다. 로터스는 엘리트(Elite)에서 사용된 알로이-트윈 캠샤프트와 트윈 베버 카뷰레터를 가져왔다. 낮아진 스프링과 쇼크 업소버, 앞 맥퍼슨 스트럿, 뒤 트레일링 암과 리지드 액슬 서스펜션이 사용되었고, 6x13인치 알로이 휠이 더해졌다. 또한 버킷 시트와 5단 변속기가 사용되었다. 이 차는 1981년 아우디 콰트로를 누르고 월드 랠리 챔피언십(WRC)에서 우승컵을 들어올렸다.

최고속도	194km/h
0-96km/h	7.4초
엔진 형태	직렬 4기통
배기량	2,174
변속기	5단 수동
최고출력	150마력(@5,750rpm)
토크	20.3kg·m(@4,500rpm)
공차중량	962kg
연비	7.8km/l

토요타(Toyota) 셀리카 GT(Celica GT)

첨단 기술이 접목된 토요타의 랠리/스포츠 카

셀리카는 리지드 액슬, 뒷바퀴 굴림 방식에서 탈피해서 앞바퀴 쿨림으로 1986년 대폭 변경되었다. 또한 토요타는 고 rpm에서의 성능을 개선했는데, 부드러운 4기통 엔진은 미국에서는 130마력을, 유럽에서는 147마력의 힘을 냈다. 1990년 개선된 모델이 출시되었고, 1994년이 되어서야 외모를 바꿔서 날카로운 인상을 뽐어냈다. 1990년대 중반에 차의 기본기가 매우 뛰어나서 카를로스 세인츠(Carlos Sainz) 같은 유명 드라이버가 셀리카를 타고 WRC에 출전한 적도 있다. 앞뒤 모두 독립적인 맥퍼슨 스트럿 서스펜션이 안티롤바와 함께 사용되었다. 또한 ABS기능이 있는 10인치 디스크 브레이크가 4개 휠에 모두 장착되었다. 새로운 알로이 휠과 로-프로파일 타이어 덕분에 코너링에서도 속도가 많이 줄지 않았다. 16v 엔진은 듀얼-페이스 인테이크 시스템(Dual-phase intake system)을 사용했다. 처음에 짧게 공기를 빨아들이고, 5200rpm을 넘으면 더 강력한 출력을 위해 한번 더 공기를 빨아들이는 방식이다.

최고속도	210km/h
0-96km/h	8.3초
엔진 형태	직렬4기통
배기량	2,200
변속기	5단 수동
최고출력	130마력(@5,400rpm)
토크	19.6kg·m(@4,400rpm)
공차중량	1,173kg
연비	9.2km/l

토요타(Toyota) 셀리카 올-트랙(Celica All-Trac)

토요타 셀리카의 랠리카 버전으로, 뛰어난 핸들링과 출력을 바탕으로WRC에서 우승 컵을 들어올렸다.

토요타는 랠리 레이싱에 참가하기 위한 호몰로게이션 규정을 충족시키기 위해 셀리카의 4륜구 동 터보 버전을 생산했다. 1988년 GT-4가 출시되었고, 양산형 버전은 4기통 엔진이 185마력 을 냈다. 두 바퀴를 굴리는 셀리카도 핸들링이 뛰어났는데, 추가로 두 바퀴를 더 굴리는 셀리카 의 핸들링은 기념비적이었다. 1990년 토요타는 출력을 높이고 액티브 서스펜션을 장착한 올- 트랙(All-Trac)을 선보였다. 올-트랙으로 토요타는 1990년대 초반 랠리에서 뛰어난 성적을 거 뒀다. 많은 레이스에서 우승컵을 들어올렸고, 1993년에는 월드 랠리 챔피언십(WRC)에서도 우승을 차지했다. 올-트랙은 직선뿐만 아니라 구불구불한 도로에서도 빠른 속도로 질주할 수 있었다. 보닛에는 인터쿨러를 위한 커다란 흡기구가 있었고, 터보는 사이즈가 다른 2개의 포트 를 사용해서 터보랙을 최소화했다. 양산형 버전은 300마력에 달하는 출력까지 낼 수 있었다.

최고속도	218km/h
0-96km/h	6.7초
엔진 형태	직렬4기통
배기량	1,998
변속기	5단 수동
최고출력	200마력(@6,000rpm)
토크	27.0kg·m(@3,200rpm)
공차중량	1,463kg
연비	8.5km/l

토요타(Toyota) MR2

토요타의 완성도 높은 미드십 스포츠카

토요타가 1984년 미드십 MR2를 최초로 미디어에 공개하자, 전문가들은 MR2에 사용된 기본적인 서스펜션으로 과연 핸들링이 뛰어날지에 대해 의문을 품었다. 하지만 그 걱정을 비웃기라도 하듯, MR2는 경량화 설계 덕분에 아주 날렵하게 움직였다. 1990년 2세대 모델이 시장을 강타했는데, 전 세대보다 무거워져서 날카로운 핸들링을 많이 잃어버렸지만 대신 최신 사양이 대거 적용되고 완성도가 더 높아졌다. 서스펜션은 앞뒤 모두 맥퍼슨 스트럿을 사용했으며, 보통의 미드십 차량보다 훨씬 안정적인 핸들링이 가능했다. 2리터 엔진은 트윈 캠샤프트와 가변 인덕션 시스템이 적용되어 고 rpm에서의 출력이 향상되었고 저 rpm에서의 파워도 준수했다. 밸런스를 맞추기 위해서 뒤 타이어와 브레이크의 사이즈가 앞쪽보다 살짝 컸다.

최고속도	205km/h
0-96km/h	8.1초
엔진 형태	직렬4기통
배기량	1,998
변속기	5단 수동
최고출력	173마력(@7,000rpm)
토크	18.5kg·m(@4,800rpm)
공차중량	1,288kg
연비	8.39km/l

토요타(Toyota) MR2 터보

토요타 MR2에 터보차저를 장착한 모델

1990년에 토요타는 기존 MR2의 2리터 16v 4기통 엔진에 터보차저를 장착해서 최고출력 200 마력과 27kg·m 의 토크를 내는 MR2 터보를 출시했다. MR2 터보는 마치 작은 페라리같았다. 터보를 제외하면 가변 인덕션 시스템이 사용된 엔진은 전작과 비슷했지만, 토요타가 만들었기 때문에 신뢰성이 있었다. 모든 파워가 리미티드 슬립 디퍼렌셜(LSD)를 통해 안정적으로 전달되었다. 1990년식 MR2 터보의 서스펜션은 앞뒤로 맥퍼슨 스트럿과 안티롤바가 사용되었으며, 예전 모델에서 지적된 불안한 핸들링을 개선하기 위해 더 큰 타이어를 뒤쪽에 장착했다. 앞뒤무게배분은 42:58이었다. 코너에서 급격한 가속을 해도 컨트롤을 잃지 않았다. 타공 디스크 브레이크의 성능 역시 뛰어났다.

최고속도	230km/h
0-96km/h	6.2초
엔진 형태	직렬4기통
배기량	1,998
변속기	5단 수동
최고출력	200마력(@6,000rpm)
토크	200kg·m(@3,200rpm)
공차중량	1,313kg
연비	9.6km/l

토요타(Toyota) 수프라 터보(Supra Turbo)

편안한 GT카인 수프라에 터보차저를 장착해서 슈퍼카급 성능을 발휘한 차

'수프라'라는 이름은 캘리카 수프라에서 처음으로 사용되었다. 캘리카 수프라는 4기통 엔진을
사용한 보통의 캘리카와 다르게, 2.8리터 직렬6기통 엔진을 사용해서 168마력을 냈다. 1986
년 캘리카와 수프라가 분리되었고, 수프라는 완전 변경을 거쳐 새로운 차로 태어났다. 3리터 엔
진을 장착했으며, 200마력의 출력을 냈다. 3년 뒤 토요타는 터보차저를 장착해서 출력을 234
마력까지 끌어올렸으며, 실용 구간에서의 토크를 향상시켰다. 덕분에 수프라 터보는 편안한 GT
카에서 슈퍼카의 영역으로 점프할 수 있었다. 위시본 서스펜션과 안티롤바가 사용되었고 핸들
링 또한 우수했다. ABS가 적용된 11인치 타공 디스크 브레이크와 파워 스티어링 휠이 기본으
로 장착되었다. 5단 수동 변속기가 기본이었고, 옵션으로 4단 자동 변속기도 선택 가능했다.

최고속도	230km/h
0-96km/h	6.5초
엔진 형태	직렬 6기통
배기량	2,954
변속기	4단 자동
최고출력	232마력(@5,600rpm)
토크	35.1kg/m2(@4,000rpm)
공차중량	1,606kg
연비	8.5km/l

트라이엄프(Triumph) 돌로마이트 스프린트(Dolomite Sprint)

소형 엔진을 사용한 트라이엄프의 스포츠 세단

1965년 트라이엄프는 회사 역사 최초의 4륜구동 1300을 출시했다. 이탈리아의 미켈로티가 디자인했음에도 불구하고 외모가 우스꽝스러웠다. 하지만 내부는 아주 고급스러웠고 판매량도 만족스러웠다. 1970년대 들어서 트라이엄프는 디자인을 재해석하고, 후륜구동으로 구동방식을 바꾼 1500을 출시했다. 1500은 테일을 좀 더 길게 늘렸으며, 더블 헤드램프를 적용했다. 1973년 출시한 돌로마이트는 1500을 업그레이드한 버전이었으며, 1.8리터 4기통 엔진을 장착했다. TR6의 변속기를 사용했으며, 딱딱한 서스펜션이 적용되어 스포츠 세단 같은 주행성능을 자랑했다. 1974년 영국에서 열린 세단 챔피언십(British Saloon Car Championship)에서 우승을 차지했다. 1980년 단종되었고, 총 2만3000대가 생산되었다.

최고속도	184km/h
0-96km/h	8.8초
엔진 형태	직렬 4기통
배기량	1,998
변속기	5단 수동
최고출력	127마력(@5,700rpm)
토크	16.9kg/m2(@4,500rpm)
공차중량	1,045kg
연비	8.9km/l

트라이엄프(Triumph) 스태그(Stag)

개성있는 컨버터블이 될 수 있었지만 엔진 결함으로 비운의 단종을 맞이한 차

1970년 출시된 트라이엄프 스태그는 GT성향의 4인승 컨버터블이 아니었다. 유행을 선도하고자 하는 영국 레이랜드의 정신을 본받은 색다른 컨버터블이었다. 신형 SOHC V8 엔진을 장착하고, 새롭게 설계된 섀시를 사용해서 차체 강성을 높였으며, 독립형 앞뒤 서스펜션을 사용했고, 이탈리아 회사에서 디자인을 했다. 하지만 불행하게도 엔진 결함이 자주 발생했는데, 보증기간이 지나기도 전에 과열하는 현상, 그리고 헤드 가스켓의 불량이 주된 결함이었다. 1971년 미국 시장에서 인기를 끌었지만, 결함 때문에 명성에 금이 가기 시작했다. 2년 뒤 결함을 해결한 V8엔진을 장착한 MKⅡ 버전이 출시되었다. 스티어링이 개선되었으며, 5-스포크 알로이 휠과 고급 시트가 사용되었다. 하지만 한번 타격을 입은 명성은 회복되지 않았고, 1977년에 단종되었다.

최고속도	189km/h
0-96km/h	9.3초
엔진 형태	V8
배기량	2,997
변속기	4단 수동
최고출력	145마력(@5,500rpm)
토크	23.5kg·m(@3,500rpm)
공차중량	1,270kg
연비	7.8km/l

트라이엄프(Triumph) TR6

트라이엄프의 DNA를 간직한 마지막 TR시리즈

트라이엄프의 팬들에게는, 1969년식 TR6가 마지막 TR으로 여겨진다. 디자인이 세련되지 못하고 구식이긴 하지만, 매니아들에게는 큰 인기를 끌었다. 독일의 카르맨(Karmann)에서 디자인을 맡았는데, 끝쪽이 굴곡져있는 리어 라이트와 두껍고 공격적인 프론트 라인이 오히려 이 차를 클래식하게 만들었다. 앞에는 더블 위시본 서스펜션, 뒤에는 트레일링 암이 사용되었다. 이전 TR시리즈에서 사용된 리지드 액슬 서스펜션보다는 개선되었지만, 그래도 트레일링 암의 성능은 기대 이하여서, 넓은 타이어로 그립을 보완할 수밖에 없었다. 직렬 6기통 엔진은 1960년대 초에 사용된 4기통 엔진을 업그레이드한 엔진이었다. 루카스(Lucas)의 기계식 퓨얼 인젝션 시스템이 적용되어 출력을 향상시켰지만, 저속에서는 신뢰도가 떨어졌다. TR6는 TR7가 출시된 이후에도 계속 판매되다, 1976년 단종되었다.

최고속도	190km/h
0-96km/h	8.4초
엔진 형태	직렬6기통
배기량	2,498
변속기	4단 수동
최고출력	150마력(@5,500rpm)
토크	22.1kg·m(@3,500rpm)
공차중량	1,124kg
연비	6km/l

트라이엄프(Triumph) TR8

TR7의 후속으로, 미국시장을 타겟으로 했으나 큰 성공을 거두지 못한 비운의 차

영국 레이랜드 그룹에서 MGB에 V8엔진을 장착하면서 MGB를 살려낸것처럼, 트라이엄프도 TR7에 V8엔진을 장착해서 모델의 인기를 되살리고자 했다. TR7은 1975년 출시되었지만, 2리터 엔진이 사용되어 최고출력이 92마력에 불과했다. 미국 시장에서는 더 강력한 출력이 필요했고, TR8에는 수요에 부응하고자 로버의 알루미늄 V8엔진을 장착했다. 알루미늄 소재 덕분에 무게는 4기통 TR7엔진과 비슷했다. TR8은 앞에는 맥퍼슨 스트럿, 뒤에는 4링크 서스펜션을 사용해서 핸들링을 대폭 개선했다. 스프링은 부드러운 세팅이었으며, 이는 딱딱한 스포츠카의 승차감 보다는 편안한 레저형 승차감을 주기 위해서였다. 하지만 V8엔진 덕분에 퍼포먼스는 아주 뛰어났다. 0-160km/h에 도달하는 시간이 2리터 모델보다 12초나 빨랐다. 하지만 파업 때문에 2년간 생산이 지연되었고, 시장에 미친 영향력은 아쉽게도 크지 않았다.

최고속도	192km/h
0-96km/h	8.4초
엔진 형태	V8
배기량	3,528
변속기	5단 수동
최고출력	148마력(@5,100rpm)
토크	24.3kg·m(@3,250rpm)
공차중량	1,190kg
연비	7.1km/l

TVR 450 SEAC

경량 차체에 강력한 V8엔진을 장착한 퍼포먼스카

TVR의 철학은 가벼운 차체와 강력한 파워를 결합시키는 것이었고, 이 철학 덕분에 많은 팬들을 확보하고 뛰어난 머신을 만들 수 있었다. 450 SEAC는 과격한 디자인에 뛰어난 퍼포먼스를 내는 머신 중 하나였으며, 1988년부터 1991년까지 생산되었다. TVR은 전통적으로 센터 백본과 튜브형 스틸 섀시를 사용하고, 측면 라인을 통해 임팩트를 주는 디자인을 했다. 서스펜션은 앞에는 독립형 더블 위시본, 뒤에는 독립형 로어 위시본이 사용되어 날렵하고도 직관적인 핸들링이 가능했다. 차체에는 유리섬유가 사용되었고, 엔진은 알루미늄으로 제작되어 차 무게가 1톤도 나가지 않았는데, 덕분에 무게당 출력 비율이 매우 뛰어났다. 후기형 버전에서는 파워플랜트가 대폭 교체되었다. 엔진을 로버의 배기량이 더 큰 V8엔진으로 교체하고, 루카스(Lucas)의 L-타입 전제자어식 퓨얼 인젝션 시스템을 도입했다.

최고속도	264km/h
0-96km/h	4.7초
엔진 형태	V8
배기량	4,441
변속기	5단 수동
최고출력	320마력(@5,700rpm)
토크	41.9kg·m(@4,000rpm)
공차중량	1,052kg
연비	5.7km/l

TVR 세베라(Cerbera) 4.5

경량 차체에 강력한 V8엔진을 장착하고 최첨단 기술을 더한 퍼포먼스카

1997년 출시된 세베라는 TVR의 전통인 '가벼운 차체의 스포츠카'를 이어나가면서도 현대적으로 재해석한 모델이다. TVR의 전통을 충실히 따라서, 튼튼한 백본 섀시와 앞뒤 모두 더블위시본과 안티롤바 서스펜션을 사용했으며, 스프링을 다소 부드럽게 세팅해서 이전 모델보다 편안한 주행에 초점을 맞췄다. 처음에는 4리터 직렬 6기통 엔진을 사용해 356마력을 냈다. 이후에는 알로이 V8엔진으로 교체했다. 4.2리터 V8엔진은 349마력을 발휘했고, 4.5리터 V8엔진은 420마력을 발휘했다. 4피스톤 캘리퍼가 사용된 거대한 타공 디스크 브레이크 덕분에 브레이킹 성능이 매우 뛰어났다. 96km/h의 속도에서 차를 제동시키는데 2.8초면 충분했다. 도어 미러 아래에는 전자식 도어 버튼이 위치했다.

최고속도	269km/h
0-96km/h	4.1초
엔진 형태	V8
배기량	4,475
변속기	5단 수동
최고출력	420마력(@6,750rpm)
토크	51.3kg·m(@5,500rpm)
공차중량	1,180kg
연비	6.8km/l

TVR 키메라(Chimaera)

TVR의 고성능 로드스터

1993년 출시된 키마레는 그리피스(Griffith)의 부드러운 버전이다. 하지만 경량화 설계 덕분에 여전히 강력한 로드스터였다. 스틸 백본 섀시를 사용했으며, 사이드 레일이 사용되어 충격을 보호할 수 있었다. 위시본 서스펜션이 앞뒤로 사용되었으며, 4휠 모두 디스크 브레이크가 장착되었다. 50:50 무게배분 덕분에 핸들링도 매우 뛰어났으며 엔진도 흠잡을데가 없었다. 스티어링은 다른 TVR과 마찬가지로 랙앤 피니언 방식이었다. 엔진은 로버의 알루미늄 V8엔진을 가져와서, 압축비를 9.8:1로 올리고 파워 딜리버리를 개선했다. 1995년에는 5리터 엔진의 키메라를 출시했는데, 이 버전은 출력이 340마력에 달했고 0-95km/h를 4.1초만에 주파했다.

최고속도	253km/h
0-96km/h	5.2초
엔진 형태	V8
배기량	3,950
변속기	5단 수동
최고출력	240마력(@5,250rpm)
토크	36.5kg·m(@4,000rpm)
공차중량	1,027kg
연비	8.2km/l

TVR 그리피스(Griffith)

아름다운 디자인과 최첨단 기술이 접목된 TVR의 퍼포먼스카

1992년 출시된 그리피스는 전체적으로 둥글고 부드러운 모양으로, 쐐기형태의 디자인을 하고 있던 기존 TVR과 디자인에서 차별점을 두었다. 튼튼한 백본 섀시가 사용되었으며, 프레임은 부식을 방지하기 위해 플라스틱으로 코팅작업이 되었다. 앞뒤로 독립형 트윈 위시본 서스펜션이 사용되었고, 초기형 모델에는 파워스티어링이 없고 클러치도 무거워서 초반에 길들이기가 필수적이었다. 오버스티어 성향이 있었으며, 시에라(Sierra)에 사용된 리미티드 슬립 디퍼렌셜(LSD)이 사용되었다. 로버의 V8엔진이 장착되었는데, 토크와 출력을 끌어올려서 뛰어난 성능을 냈다. 앞뒤 무게배분을 위해 엔진은 섀시의 뒤쪽에 배치했다.

최고속도	258km/h
0-96km/h	4.3초
엔진 형태	V8
배기량	4,997
변속기	5단 수동
최고출력	340마력(@5,500rpm)
토크	47.4kg·m(@4,000rpm)
공차중량	1,077kg
연비	4.6km/l

TVR 투산 레이서(Tuscan racer)

TVR의 CEO가 직접 설계한 레이싱용 머신

TVR의 회장 피터 휠러(Peter Wheeler)는 투산 레이서를 '무섭다'라고 표현했다. 그만큼 투산 레이서는 엄청난 파워를 자랑했다. 메르세데스-벤츠의 420 SEC가 '다른 경쟁자들을 다 이겨 버린다'는 이유로 레이싱 출전을 금지당하자, 420 SEC에 대항하기 위해 만들어졌다. TVR은 '레이서(racer)' 시리즈를 탄생시켰고 투산을 출시하며, '어떠한 차도 투산을 이길 수 없다'라고 발표했다. 1989년 출시 이후 큰 성공을 거두었다. 투산은 백본 섀시를 사용했으며, 앞뒤로 더블 위시본 서스펜션을 장착했다. 커다란 디스크 브레이크가 사용되어 좋은 브레이킹 성능을 자랑했으며, 레이서가 직접 스프링, 안티롤바와 댐퍼의 강도를 조절할 수 있었다. 엔진은 TVR에서 튜닝한 로버의 V8엔진을 사용했다.

최고속도	264km/h
0-96km/h	3.6초
엔진 형태	V8
배기량	4,441
변속기	5단 수동
최고출력	400마력(@7,000rpm)
토크	48.7kg·m(@5,500rpm)
공차중량	802kg
연비	정보없음

울티마(Ultima) 스파이더(Ultima Spyder)

레이싱에서 좋은 성적을 거둔 울티마의 2인승 로드스터

울티마는 1986년 처음으로 만들어졌고, 영국 키트 카 챔피언십(British Kit Car Championship)에 출전해 두 번의 우승컵을 들어올렸다. 1992년 MKⅡ 버전이 출시되었고, 워낙 뛰어난 성능 덕분에 트랙데이 뿐만 아니라 오토크로스에서도 두각을 나타냈다. 1993년, 울티마의 MKⅣ 버전은 로드스터로 완벽하게 재탄생했다. 미드십 구조였으며, 튜브형태의 스틸 섀시와 롤바, 콤포지트 차체가 특징이었다. 더블 위시본 서스펜션이 양 끝에 자리했으며, 로우-기어 스티어링 랙과 12인치 AP레이싱 타공 디스크 브레이크가 사용되었다. 다양한 엔진 옵션이 제공되었는데, 심지어 스몰블락 쉐보레 엔진도 선택할 수 있었다. 해당 모델에는 쉐보레의 H.O. 유닉과 함께 포르쉐 911트랜스액슬이 사용되었다.

최고속도	272km/h
0-96km/h	3.8초
엔진 형태	V8
배기량	5,733
변속기	5단 수동
최고출력	345마력(@5,600rpm)
토크	51.2kg·m(@3,600rpm)
공차중량	991kg
연비	6.4km/l

복스폴(Vauxhall) 복스홀/오펠 칼리브라 터보(Vauxhall/Ope Calibra Turbo)

합리적 가격과 뛰어난 퍼포먼스를 자랑한 4WD 퍼포먼스카

칼리브라는 1989년 독일 프랑크푸르트 모터쇼에서 공개된 후 많은 사람들에게 호평을 받았다. 벡트라/카발리어 세단을 기반으로, 우수한 에어로다이나믹 파츠를 장착했으며 디자인은 매우 아름다웠다. 1990년의 최상위 모델은 2리터 16밸브 150마력 엔진을 사용했다. 벡트라/카벨리어 세단이 우수한 4WD시스템을 사용한것처럼, 칼리브라에도 4WD를 장착하고 세단 버전과의 차별점을 두기 위해 터보차저를 장착해 200마력까지 출력을 끌어올렸다. 섀시는 높아진 출력을 잘 견뎠으며 4WD 시스템의 그립은 엄청났다. 한계에 다다를 때쯤 언더스티어 성향이 조금 있었지만 그래도 매우 우수한 수준이었다. 칼리브라처럼 빠른 4WD 터보 차량이 없던 것은 아니나, 칼리브라처럼 합리적인 가격으로 시장에 출시된 차는 없었다.

최고속도	240km/h
0-96km/h	6.3초
엔진 형태	직렬4기통
배기량	1,998
변속기	6단 수동
최고출력	201마력(@5,600rpm)
토크	27.9kg·m(@2,300rpm)
공차중량	1,409kg
연비	8.9km/l

벡터(Vector) W8

소규모 회사인 벡터에서 출시한 비운의 하이퍼카

미국에서도 페라리와 람보르기니처럼 뛰어난 슈퍼카를 만들기 위한 노력이 오래 전부터 있었다. 그리고 벡터(Vector)에서 1977년, '세계에서 가장 빠른 차'라는 타이틀로 W2를 공개했다. 그 후 시간이 흘러 마침내 1990년 W8을 출시했는데, 기존에 사용되던 콜벳 엔진을 버리고 도노반(Donovan)이 디자인한 알루미늄 스몰블락 V8엔진을 장착했다. 2년 뒤 WX3을 선보였는데, 트윈터보를 장착해서 같은 엔진으로 엄청나게 강력한 1100마력을 뿜어냈다. 슬프게도 벡터는 너무 작은 회사여서, 큰 성공을 거두지 못하고 총 50대의 자동차도 생산하지 못했다. 하지만 이 차는 공기역학적으로 뛰어난 미드십 바디 디자인을 하고 있었으며, 경량화된 패널을 사용했고, 알루미늄 섀시와 거대한 ABS 디스크 브레이크를 사용했다. 당시 기준으로 슈퍼카의 영역을 넘어선 하이퍼카였으며, 아주 빠르고 비싸고 희귀한 차였다.

최고속도	312km/h
0-96km/h	4.1초
엔진 형태	V12
배기량	5,707
변속기	3단 자동
최고출력	492마력(@7,000rpm)
토크	57.8kg·m(@5,200rpm)
공차중량	1,504kg
연비	3km/l

벤츄리(Venturi) 260

프랑스 슈퍼카 제조사 벤츄리에서 르노 V6엔진을 기반으로 터보차저를 추가한 슈퍼카

프랑스의 유일한 슈퍼카 제조사 벤츄리(Venturi)는 1984년에 설립되어 처음에는 4기통 푸조 터보엔진을 테스트했다. 하지만 그들은 결국 르노의 GTA V6엔진을 가져다 사용했고, 1986년 부터 2개 모델을 생산하기 시작했다 2개 모델의 모델명은 각각의 출력을 따와서 210과 260이 었다. 260은 유리섬유로 만들어진 백본 섀시를 사용했으며, 강성이 높은 모노코크 구조였다. 서스펜션은 앞에는 더블 위시본, 뒤에는 복잡한 멀티링크 서스펜션이었다. PRV V6(푸조, 르노, 볼보가 사용한 엔진이라 PRV이라 불림)엔진이 장착되었고, 1990년식 초기형의 배기량은 2.5 리터였으나 1994년에는 3리터까지 커졌다. 벤츄리는 피스톤, 캠샤프트를 알로이 유닛으로 교 체하고, 압축비를 높이고 배기시스템을 새로 만들었다. 가렛 터보를 사용해서 추가적인 출력을 얻었다. 260의 그립은 놀라웠으며, 제어 가능한 정도의 오버스티어 성향이었으며, 스티어링은 날카로웠고 제동력도 뛰어났다.

최고속도	269km/h
0-96km/h	5.3초
엔진 형태	V6
배기량	2,849
변속기	5단 수동
최고출력	260마력(@5,500rpm)
토크	42.9kg·m(@2,000rpm)
공차중량	1,303kg
연비	7km/l

벤츄리(Ventri) 애틀란틱(Atlantique)

트윈 터보를 장착한 벤츄리의 퍼포먼스카

애틀란틱은 태국 컨소시엄이 1996년 벤츄리를 인수한 이후 만들어졌다. 백본 스틸 섀시와 앞
에는 더블위시본, 뒤에는 멀티링크 서스펜션을 사용했으며, 코일스프링과 텔레스코픽 쇼크 업
소버가 사용되었다. 커다란 타공 디스크 브레이크가 장착되었다. 플라스틱 차체 덕분에 차는 빠
르게 발전했다. 항력계수가 0.31이었으며, 쏜살같은 가속력을 자랑했다. 과거의 벤츄리들처럼
V6엔진이 사용되었는데, 알루미늄으로 만들어졌고 쿼드 캠샤프트와 24개의 밸브가 사용되었
다. 뛰어난 시퀀설 퓨얼 인젝션 시스템이 사용되었다. 하지만 엔진에서 가장 중요한 것은 트윈
터보였다. 거의 모든 rpm영역에서 터보가 작동해서 최고 출력을 낼 수 있었다.

최고속도	278km/h
0-96km/h	5.3초
엔진 형태	V6
배기량	2,496
변속기	5단 수동
최고출력	302마력(@5,500rpm)
토크	40.2kg·m(@2,500rpm)
공차중량	1,250kg
연비	8.5km/l

볼보(Volvo) C70 T5

첨단 안전장비와 럭셔리 소재가 사용된 퍼포먼스카

1996년 파리 모터쇼에서 데뷔한 C70은 보통의 볼보와 달랐다. V70 T5와 동일한 5기통 엔진을 사용했고 V70 세단에 사용된 서스펜션을 그대로 가져왔지만, F1 레이싱 팀 TWR이 새로운 용도에 맞게 차를 다시 세팅했다. 뒷바퀴가 돌아가서 핸들링을 보조하는 볼보의 델타 링크(Delta Link)가 이 차에 적용되었다. 엔진은 모두 알루미늄으로 제작되었고, 모트로닉(Motronic) 듀얼 인젝션 시스템과 고압축의 터보가 장착되었다. 자동변속기만이 제공되었는데, 스포츠, 이코노미, 윈터 모드가 있었다. 볼보답게 안전장비가 대거 사용되었는데, EBS(전자제어식 브레이크 배분 시스템)와 SIPS(측방 보호 시스템)가 대표적인 안전장비였다. 또한 내부는 나무와 가죽 소재가 대거 사용되어 아주 조용하고 고급스러웠다.

최고속도	248km/h
0-96km/h	6.3초
엔진 형태	직렬 5기통
배기량	2,319
변속기	5단 수동
최고출력	236마력(@5,100rpm)
토크	32.8kg·m(@2,700rpm)
공차중량	1,529kg
연비	6.4km/l

볼보(Volvo) S80 T6

가로배치 직렬 6기통 엔진을 장착한 볼보의 퍼포먼스 왜건

볼보는 박스 형태의 탱크를 잘 만들기로 유명했다. 잘 생긴 외모의 S80은 높은 측면 웨이스트라인을 특징으로 했으며, 스웨덴 고텐부르그에서 만들어진 가장 멋진 차였다. 퍼포먼스도 그 어떤 볼보보다 뛰어났다. 1998년 출시된 T6은 강력하고 안전했으며, 앞에는 맥퍼슨 스트럿, 뒤에는 멀티 링크 서스펜션이 사용되어 핸들링도 우수했다. 코너링과 주행성능도 뛰어났는데, 메르세데스나 BMW와의 경쟁에서 절대 뒤지지 않았다. 특이하게도 직렬 6기통 2.8리터 엔진을 가로로 배치했는데, 지난 10년간 한번도 사용된 적이 없는 레이아웃이었다. 트윈 터보를 장착해서 강력한 출력을 냈고, 2000~5000rpm 구간에서 32.8kg·m의 토크를 뿜어냈다. 트랙션 컨트롤과 리미티드 슬립 디퍼렌셜(LSD)이 파워를 효과적으로 제어했다. 최고 속도는 시속 240km에서 전자적으로 제한되었다.

최고속도	240km/h
0-96km/h	6.7초
엔진 형태	직렬 5기통
배기량	2,783
변속기	4단 자동
최고출력	268마력(@5,400rpm)
토크	37.8kg·m(@2,000rpm)
공차중량	1,627kg
연비	9.2km/l

볼보(Volvo) V70 T5

5기통 엔진을 장착한 볼보의 퍼포먼스 웨건

1992년 볼보 850이 출시되자, 많은 사람들은 볼보는 지루하다는 생각이 잘못된 생각이었음을 깨닫기 시작했다. 그리고 T5가 출시된 이후 이러한 사람들은 더욱 늘어났다. T5는 상업적으로도 큰 성공을 거뒀으며, 자동차 시장이 빠르게 변화하는 1990년대가 되자, 볼보는 S70과 V70으로 라인업을 분화했다. 'S'는 세단 모델, 'V'는 웨건 모델이었다. 차체는 유닛형태로 제작되었으며, 고무-마운트 서브프레임이 엔진, 변속기, 스트럿 서스펜션, 스티어링 같은 중요한 부품들을 감쌌다. 뒤쪽에는 멀티링크 서스펜션을 사용했으며, 모든 바퀴에 11인치 디스크 브레이크가 사용되었다. 5기통 엔진을 사용하는 회사는 거의 없었지만, 볼보는 완벽한 5기통 엔진을 V70에 장착했다. 트윈 캠샤프트, 실린더당 4개의 밸브, 시퀀셜 퓨얼 인젝션 시스템 덕분에 출력이 뛰어났다. 터보차저가 잘 작동하게 하기 위해 압축비는 낮은 편이었고, 유럽형 모델은 247마력을 발휘했다.

최고속도	243km/h
0-96km/h	6.9초
엔진 형태	직렬 5기통
배기량	2,319
변속기	5단 수동
최고출력	236마력(@5,100rpm)
토크	32.9kg·m(@2,700rpm)
공차중량	1,532kg
연비	8.9km/l

폭스바겐(Volkswagen) 비틀(Beetle)

폭스바겐 비틀을 기반으로 튜닝한 드래그 머신

1970년대 미국의 드래그 레이싱은 머슬카가 지배하고 있었는데, 폭스바겐이 웨스트 코스트 트랙에서 두각을 나타내기 시작했다. 엠피(Empi)와 스캣(Scat)같은 애프터마켓 전문 회사에서 폭스바겐의 퍼포먼스 부품들을 판매했으며, 겐 버그(Gene Berg)같은 사람들이 4기통 엔진을 튜닝해서 1/4마일을 12초 안에 주파하여 머슬카들을 부끄럽게 만들었다. 2리터의 작은 엔진으로 어마어마한 성능을 냈다. 이러한 튜닝은 오늘날까지 이어져서 비틀은 영국에서도 스트렛 레이서로 활약했다. 비틀의 플로어팬은 유지했지만, 서스펜션을 낮추고 댐퍼를 개선했다. 엔진도 대부분 튜닝을 해서, 커스텀 블럭, 레이스 스펙의 헤드, 2인치 듀얼 카뷰레터, 커스텀 캠샤프트 등이 엔진에 장착되었고, 변속기도 튜닝을 거쳤다. 슬릭 타이어를 장착하면 1/4마일을 12초만에 주파할 수 있었다.

최고속도	212km/h
0-96km/h	5.2초
엔진 형태	수평대향형 4기통
배기량	2,398
변속기	4단 수동
최고출력	210마력(@7,000rpm)
토크	24.3kg·m(@4,800rpm)
공차중량	740kg
연비	6.4km/l

폭스바겐(Volkswagen) 코라도(Corrado) VR6

핸들링이 뛰어난 전륜구동 퍼포먼스카

폭스바겐 코라도는 전 세계에서 가장 핸들링이 좋은 전륜구동 차로 꼽힌다. 뛰어난 골프 MKⅡ 플랫폼을 기반으로 만들어졌는데, 폭스바겐의 시로코를 대체하기 위한 의도로 만들어진 차가 아니었지만 코라도의 성능이 너무 뛰어나서 시로코를 대체하는 일이 벌어지기도 했다. 앞뒤 무게배분이 64:36으로, 앞쪽으로 무게가 쏠려있는 것을 고려해서 스프링과 서스펜션을 세팅한 덕분에, 코너링 성능이 매우 뛰어났으며, 언더스티어가 거의 없었다. 강력한 출력을 견뎌낼 만큼 섀시의 강성도 뛰어났다. 엔진은 아주 좁은 V형태의 엔진(각도가 15도에 불과했다)이었는데, 엔진을 컴팩트하게 만들기 위해 이러한 설계가 필요했다. 골프에 사용된 엔진이었으나, 코라도에는 배기량을 70cc 더해서 출력을 높였으며 압축비도 10:1으로 높였다. 트랙션 컨트롤이 사용되어 휠스핀이 일어나면 브레이킹을 해서 다른쪽과 속도를 맞췄다. 또한 스포일러는 속도를 감지하여 자동으로 열리고 닫혔다.

최고속도	224km/h
0-96km/h	6.8초
엔진 형태	V6
배기량	2,792
변속기	5단 수동
최고출력	178마력(@5,800rpm)
토크	24.5kg·m(@4,200rpm)
공차중량	1,277kg
연비	10km/l

폭스바겐(Volkswagen) 골프(Golf) GTi

1975년 출시된 핫해치의 아이콘

1975년 폭스바겐이 골프 GTi를 출시하자, '핫해치'라는 용어가 만들어졌다. 폭스바겐은 퍼포먼스와 패밀리카로서의 실용성을 동시에 만족시키는 매력적인 시장을 골프 GTi로 만들어냈다. GTi는 휠과 타이어가 기본형 골프보다 더 넓었으며, 플라스틱 휠 아치, 살짝 낮아진 서스펜션과 앞 스포일러가 사용되어 기본형 골프와의 차이점을 두었다. 빌스테인 쇼크 업소버, 리어 안티롤바가 환상적인 핸들링을 선사했으며, 앞에는 디스크 브레이크, 뒤에는 드럼식 브레이크가 사용되어 직관적인 브레이킹 성능을 자랑했다. 엔진은 4기통 1.5리터를 가로로 배치했는데, 곧 1.7리터까지 배기량이 커졌다. 보쉬의 퓨얼 인젝션 시스템이 사용되어 더 높은 출력을 낼 수 있었다.

최고속도	171km/h
0-96km/h	9.8초
엔진 형태	직렬 4기통
배기량	1,588
변속기	5단 수동
최고출력	110마력(@6,100rpm)
토크	32.8kg·m(@5,000rpm)
공차중량	865kg
연비	8.9km/l

웨스트필드(Westfield) 사이트(SEiGHT)

크리스 스미스(Chris Smith)가 만든 드라이빙 머신

크리스 스미스(Chris Smith)는 영국에서 1982년 웨스트필드(Westfield)를 설립하고, 미국 소비자를 위해 로터스 XI의 레플리카를 생산했다. 이는 이후 웨스트필드XI의 생산으로 이어졌다. 1984년부터는 로터스7의 레플리카를 생산했지만, 독자 모델을 만들어야 했고, 1988년 SE와 SEi를 만들어냈다. 1991년 독자 모델은 발전을 거듭해서 SE의 파생 모델인 SEiGHT가 탄생했다. 섀시는 스퀘어 섹션 스틸로 제작되었고, 차체 내부에는 창문도 없었다. 알루미늄으로 제작된 로버의 3.9리터 V8엔진은 처음에는 SU 카뷰레터를 사용했고, 나중에는 퓨얼 인젝션 시스템을 사용해 198마력 또는 273마력을 냈다. 더블 위시본 서스펜션이 앞뒤로 사용되었고, 스티어링이 아주 뛰어난 드라이빙 머신이었다.

최고속도	222km/h
0–96km/h	4.3초
엔진 형태	V8
배기량	3,946
변속기	5단 수동
최고출력	273마력(@5,750rpm)
토크	35.8kg·m(@4,750rpm)
공차중량	691kg
연비	8.5km/l

윌리스(Willys) 쿠페(Coupe)

큰 엔진룸과 단순한 구조 덕분에 튜닝카로 인기가 높은 차

1960년 드래그 레이스가 미국에서 큰 인기를 끌 시기, 2차대전 이전에 만들어진 차들은 가격이 저렴하고 개조가 쉬워 큰 인기를 끌었다. 이 차들은 큰 V8엔진을 장착했으며, 커다란 휠 아치와 엔진룸이 있어서, 별도의 튜닝이 없이도 큰 엔진을 집어넣을 수 있었다. 1940~1941년형 윌리스는 개조에 특화된 차였다. 드래그 레이싱이 인기를 끌면서, 튜너들은 에어로다이나믹 파츠를 장착하고 시트를 낮게 조정했다. 드래그 레이서들은 윌리스 바디를 1960년대부터 사용했지만, 가장 큰 인기를 끈 시기는 1980년대와 1990년대였다. 이 차는 많이 생산되었으며, 튼튼한 프레임 바디를 채택했고, 커스텀 더블 위시본 서스펜션을 앞에, 그리고 4링크 서스펜션을 뒤에 사용했다. 크라이슬러의 헤미엔진을 집어넣은 모델은 1/4마일을 10초 안에 주파하기도 했다.

최고속도	240km/h
0-96km/h	3.4초
엔진 형태	V8
배기량	6,423
변속기	3단 자동
최고출력	700마력(@6,800rpm)
토크	68.7kg·m(@3,200rpm)
공차중량	1,305kg
연비	1.7km/l

용어해설

9인치(228mm) 액슬: 액슬(차축) 하우징 내부 링 기어의 사이즈가 9인치임을 뜻하며, 포드의 고성능 액슬이 9인치 액슬인 것으로 유명하다

알로이(Alloy): 알루미늄 소재의 휠로, 스틸 소재보다 가볍다.

마력(bhp): 엔진의 출력을 측정하는 단위이다. 이에 상응하는 다른 도량형 단위로 kW(킬로와트)가 있다.

빅블락(Bog-Block): 커다란 미국산 V8엔진을 가르킬 때 널리 쓰이는 용어로, 보통 6.2리터급 엔진을 빅블락 엔진으로 칭한다. 달리 스몰블락(Small-Block) 엔진보다 물리적 크기가 더 큰 엔진을 빅블락 엔진으로 부르기도 한다.

캠(Cam): 캠샤프트(Camshaft)의 약자로, 엔진 밸브의 개폐를 조절해서 엔진으로 들어가는 공기 흐름을 조절하는 부품이다.

코일오버(Coilover): 스프링(Spring)과 쇼크업소버(Shock-absorber) 서스펜션 배열의 종류로, 쇼크 업소버가 코일 스프링 내부에 위치한다.

크랭크(Crank): 크랭크샤프트(CrankShaft)의 약자이며, 왕복운동을 회전운동으로 바꾸는 장치이다.

Ci: 큐빅 인치의 약자로, 엔진 배기량을 측정하는 단위이다(미국에서 주로 사용)

Cc: 큐빅 센치미터의 약자로, 엔진 배기량을 측정하는 단위이다(유럽, 일본 등지에서 주로 사용)

디퍼렌셜(Diff): 차량 회전시 차축의 기어를 통해 바퀴의 회전력을 제어하는 장치. differential의 약자.

포바(Fourbar): 4개의 컨트롤 암으로, 각각의 바퀴마다 위치해 있다.

핫 로드(Hot rod): 빠른 속도를 내기 위해서 튜닝된 자동차를 일컫는 말로, 주로 1949년 이전 미국산 자동차가 대부분이다. 핫 로더(Hot-rodder)는 튜닝된 자동차를 타고 경주를 즐기는 사람들을 칭한다.

직렬 4기통(Inline four): 4개의 실린더가 직렬로 배열된 엔진을 뜻한다. 엔진이 가로 또는 세로로 배치될 수 있으며, 가로로 배치될 경우 보통 전륜구동 방식을 채택한다.

인터쿨러(Intercooler): 엔진으로 향하는 공기를 흡입하는 라디에이터로, 공기 흡입을 통해 엔진 출력을 향상시킬 수 있다.

LB ft: 엔진 출력값인 토크를 측정하는 단위이다. 토크는 다양한 단위로 측정되는데, 국제적으로 Nm(뉴턴미터)가 널리 쓰인다. 이 책에서는 국내 도량형 단위인 Kg·m 값을 취했다.

판스프링(Leaf Spring): 몇 개의 철판을 겹쳐서 만든 스프링으로, 자동차의 중량을 효과적으로 지지할 수 있다. 마차에도 사용되던 전통적인 방식인데 이를 계량하여 자동차에도 사용하였다. 그 모양 때문에 준 타원형(semi-elliptical) 스프링으로 불리기도 한다..

라이브 액슬(Live axle): 뒤쪽 차축과 바퀴가 고정된 방식으로, 후륜구동 차량에 주로 사용한다.

로우라이더(Lowrider): 시트 높이가 아주 낮은 차를 뜻하며, 운전자의 체형에 맞추기 위해 유압식 서스펜션을 사용하는 경우가 있다.

머슬카(Muscle Car): 1964년부터 1972년 사이에 만들어진 차량 중, 대 배기량의 V8엔진을 중형 사이즈의 세단에 장착해서 중량 대비 출력이 뛰어나고 가속력이 빠른 자동차를 머슬카라 칭한다.

프로 스트리트(Pro Street): 뒷바퀴에 폭이 넓은 타이어를 장착하고 드래그 레이스용 서스펜션을 사용한 스트리트 카를 지칭한다.

쿼터마일(Quarter-mile): 1/4마일(1,600m)의 직선 구간을 달리는 일종의 드래그 레이스로, 정지상태에서 출발하여 도착시까지 걸리는 시간을 측정한다.

리어 엔드(Rear end): 리어 액슬 또는 서스펜션의 구조를 통칭하는 용어이다.

스몰 블락(Small-block): 배기량이 작은 미국산 V8 엔진을 칭하는 용어로, 보통 6.2리터 이하의 엔진을 스몰 블락 엔진으로 부른다.

슈퍼차저(Supercharger), 터보차저(Turbocharger): 엔진으로 향하는 공기와 연료를 증가시키는 일종의 과급기이다. 슈퍼차저는 크랭크샤프트를 통해, 터보차저는 배기가스를 통해 작동된다.

트랙션 바(Traction Bar): 판 스프링의 상하 진동을 방지하기 위해서 뒤쪽 차축에 장착되는 장치이다.

트랜스액슬(Transaxle): 트랜스미션과 파이널 드라이브를 일체화시킨 구조를 뜻한다.

V8: V자 형태로 8개의 실린더가 장착된 엔진 배열을 뜻하며, 미국산 V8엔진은 실린더의 배열이 60도의 각도를 이루는 것이 대부분이다.

휠 호프(Wheel hop): 바퀴의 상하진동을 뜻하며, 주로 판 스프링이 장착된 후륜구동 차량에서 심하게 발생한다.

위시본(Wishbone): 서스펜션의 한 종류로, 닭의 위시본(Wishbone) 즉 목과 가슴 사이에 있는 V자형 뼈와 비슷하게 생겨서 붙여진 이름이다. A-암(A-arm)으로도 불린다.

슈퍼카 색인

*주 : 볼드체는 해당 슈퍼카의 소개면임.

319

323